자연 몰입

Your Brain on Nature
by Eva M. Selhub and Alan C. Logan

자연 몰입

초조하고 지친 뇌를 위한 아날로그적 제안

에바 M. 셀허브·앨런 C. 로건 지음 | 김유미 옮김

해나무

일러두기

이 책의 상세 참고문헌은 http://www.yourbrainonnature.com과
아래의 QR 코드를 이용해 다운로드할 수 있습니다.

머리말

자연과 인류의 관계는 공포와 끌림을 바탕으로 숨 쉴 틈 없이 200만 년 이상 지속되었다. 우리 조상들은 점차 자연 경관을 이해하여, 생명을 유지시키는 자신들의 능력을 극대화하는 동시에 생명을 위협하는 여러 가지 요인을 최소화하게 되었다. 우리의 몸과 마음에 기여하는 자연의 선물에 경외와 감사의 마음을 느끼는 한편으로, 자연이 물어뜯고 독을 내뿜고 불구를 만들며 심지어 죽일 수 있다는 사실을 체득해가면서 자연에 대한 존경심을 키웠다.

철학자, 시인, 자연 작가, 야외 활동 마니아들은 정신적으로 원기를 회복시키고 기분을 향상시키는 자연의 힘을 극찬한다. 그러면 과학 분야에서는 어떤가? 200만 년 동안 우리 뉴런 속에 각인된 자연 환경과의 관계는 어느 정도이고, 자연 몰입과 자연 결핍이 개인에게 주는 긍정적·부정적 영향은 어느 정도일까?

현대의 과학기술 시대를 살아가는 과학자들은 자연의 치료적 측면과 관련된 열정적 주장을 평가하는 데 관심을 갖고 있다. 1970년대에 서서히 시작된 과학 연구가 강력한 대세가 되어, 지난 몇 년 동안 아주 놀라운 연구들이 많이 발표되었다. 과학자들은 인간이 점차 기계의 부품으로 전락하여 자연계와 크게 소원해진 이 시점에서 자연이 정신 건강에 미치는 영향을 연구하는 중이다. 인간은 오랫동안 기술을 잘 활용하여 자연을 정복하고 통제하며 적응해왔다. 원시 조상들은 불을 이용할 뿐 아니라, 자르거나 사냥하는 각종 도구와 옷과 거처를 만들었다. 그 후 놀라운 속도로 기술과 인간은 점점 더 자연을 지배해왔다. 100년 전의 작가들은 산업화 이후 기계가 정원에 등장한 것을 보고, 기계가 자연계를 크게 바꿀 것이라 예측하며 우려를 금치 못했는데, 오늘날 기계는 이미 정원을 접수한 지 오래일뿐더러 기계 안에 작은 정원이 있을 뿐인 상황을 걱정하는 것이 오히려 당연할 정도가 되었다.

자연 환경이 우리의 건강에 크나큰 혜택을 준다는 사실을 고려할 때 이는 아주 중대한 사안이다. 신경과학의 급속한 발달로 복잡한 뇌의 구조와 기능 및 생리적 특성이 밝혀졌고, 이제는 인간의 인지적·정신적 건강에 미치는 환경 요인의 영향을 꽤 상세하고 명확히 알게 되었다. 지금까지의 연구 결과에서는 우리가 그간 인간의 뇌가 물리적 환경, 특히 물, 식물, 동물과 같은 자연 요인의 영향을 받는다는 사실을 크게 간과한 것으로 나타났다. 여기서의 자연 요인은 우리가 일반적으로 자연이라고 말할 때 의미하는 것으로, 비인공적이고 비합성적인 환경을 가리킨다. 즉 가능한 한 인간이 진화해온 환경과 아주 가까운 경치, 소리, 향기, 강, 바다, 식물, 동물, 빛 등이다.

누가 뭐래도, 기술 덕분에 지구 상에서 인류의 영향력과 생활권이 확대되었기 때문에, 기술은 시의성 있는 비판과 다양한 대중 담론을 무사히 빗겨갈 수 있었다. 하지만 오늘날처럼 전자기기 접근이 용이하고 노출 시간이 늘어난 상황은, 결국 얻는 것보다 잃는 것이 훨씬 더 많은 자연 결핍으로 인류를 이끌고 있다.

여기서 우리는 TV, 스마트폰, 태블릿 PC, 가정용 PC와 같은 개인용 전자기기를 다른 기술(생명을 구하는 의료 기술에서 신선함을 유지하는 냉장고에 이르기까지 더 중요한 기술)과 구분하려고 한다. 기술을 반대하는 것도 아니다. 우리는 기술이 안전성과 편리함을 가져왔음을 알면서도 공공연히 스크린 시대를 비판해왔다. 자연 소외는 상당 부분 정보와 오락이 넘치는 광고 화면의 유혹 때문에 빚어졌다. 소위 비디오필리아(텔레비전, 인터넷, 비디오 게임 등 화면에 푹 빠진 상태—옮긴이)와 같이, 스크린과 실내 비디오 게임의 유혹은 매우 강력하다.

특히 어린 시절에 자연 접촉이 적으면, 심리적 스트레스에 대한 보호막과 인지 회복의 기회가 사라지는 것으로 나타났다. 일본의 한 연구는 자연 결핍이 면역 체계에 광범위한 영향을 준다는 사실도 제시했다. 거시적인 차원에서 우리의 자연 소외는 자연에 대한 공감과 끌림을 줄이고, 나아가 자연과 관련된 환경 활동에의 무관심으로 이어진다. 심각한 자연 소외로 인해 자연과의 공감이 사라질 것이 뻔하다. 지구가 지속 가능하려면 좋은 시민이 되어야 하고, 재활용해야 하며, 결과적으로 자연과 친밀한 관계를 유지해야 한다. 연구에서는 녹색 성장에 진정 관심을 가지려면 자연에 의미 있게 다가가라고 주장한다.

이 책에서 우리는 자연(또는 자연 결핍)이 개인과 사회에 미치는 영향을 깊이 실감할 수 있는 기회를 제공하는 동시에, 우리 생활 속에서 자연을 되찾을 방안을 제시하고자 한다. 자연 위주의 환경에 노출되면 혈압이 정상화되고 스트레스 호르몬인 코르티솔 수준(그리고 기타 객관적인 스트레스 지표)이 낮아진다는 연구를 소개할 것이다. 자연 접촉은 진정

작용을 담당하는 부교감신경계의 활동도 촉진한다.

이 책에서는 자연과의 유대를 회복하는 데 유익한 여러 가지 방안을 소개하고자 한다.

- **삼림욕하기**(숲의 공기를 듬뿍 마신다는 뜻. 또는 오감으로 숲을 체험하면서 걷는다는 뜻). 지난 몇 년 동안 삼림욕에 대한 과학 연구가 많이 발표되었다. 이들 연구에서는 도시의 숲마저도 정신 강장제 역할을 한다는 사실을 명확히 밝혔다.
- **사무실에 식물을 놓아두기.** 주의 집중에 도움이 될 것이다.
- **자연에서 추출한 에센스 오일을 이용하기.** 기민성 유지에 도움이 될 것이다. 아니면 원기를 회복하기 위해 휴식을 취할 때 몸과 마음의 진정에 도움이 될 것이다.
- **야외 운동하기.** 이는 몸과 마음에 더 유익한 것으로 나타났다.
- **애완동물 기르기.** 애완동물을 소유하는 것과 신체적·정신적 건강과의 관계는 아주 뚜렷하다. 애완동물은 스트레스 호르몬 수준을 낮추고, 그 밖의 스트레스 생리 관련 수치를 호전시킨다.
- **원예 치료나 여행(일상 탈출)으로 마음을 다스리기.** 원예 치료와 야생지 치료는 정신 질환에 효과적인 중재intervention 역할을 한다.
- **지중해식 식사와 자연 식품 위주의 식사.** 이는 튼튼한 인간으로 진화하는 데 기여했던 식사로 돌아가는 셈이다.

이제 생태심리학과 생태심리 치료로 인한 변화의 역사적 뿌리와 현재를 살펴보면서 논의를 마무리하기로 하겠다. 생태심리 치료라는 포괄적인 용어에 속하는 분야의 건강 전문가들은 자연과의 깊숙한 상호작용이 인간과 지구의 건강에 얼마나 중요한지를 의료인을 비롯해 대중과 영향력 있는 지도자들에게 알리는 중이다. 생태심리 치료야말로 광범위한 변화의 원동력이 될 것이다.

이 책은 대중심리서가 아니라서, 때로는 논의가 상당히 깊게 전개되기도 한다(우리는 수천 가지 역사적·현대적 출처를 검토했으며, 자세히 알아보려면 www.yourbrainonnature.com에 제시된 참고 문헌을 활용하기를 바란다). 가능한 한 쉽게, 가독성 있게 쓰려고 했지만, 전자기기를 내려놓고 야외로 나가는 것이 인간과 지구의 생존에 장기적인 영향을 미치는 이유를 제시하려다 보니 상당히 심도 있는 논의가 필요했다. 역사적 관점에 바탕을 둔 깊이 있는 분석 덕분에 자연 접촉이 개인, 공동체, 그리고 지구의 건강에 영향을 미치는 그 메커니즘을 제대로 알게 될 것이다.

전통적인 의사 훈련을 받은 사람들 중에 자연 요법을 실천하는 이는 드물다. 다행히 이 글을 쓰는 우리들은 훈련 경험과 배경이 서로 달라 독특하고 포괄적인 관점을 제공할 것이라고 기대한다. 이런 주제에 대한 의사들의 관심은 드문 편이지만, 전통의학이든 대체의학이든 모든 의료인이 자연의 치유력을 활용해야 한다. 전 세계적으로 도시가 확대되면서, 녹지의 중요성은 모든 이에게 공통 이슈가 되었다. 많은 이들이 전자제품에 휘둘려 살아가는 이 시점에서 이 책이 논의를 공유하거나 의사결정을 내릴 때에 기본 지침이 되길 바란다. 전 세계적으로 불가피한 도심 팽창에도 낙관적인 미래가 올 것이라 희망하며, 그처럼 밝은 미래가 녹지화의 증가와 관련되기를 기대해본다.

차례

y o u r   b r a i n   o n   n a t u r e

인간은 야외 동물이다. 사무실에서 힘들게 일하고도
장부, 가게, 심지어 미술관에 대해 대화하는데,
인간이 그렇게 버틸 수 있는 힘을 지닌 것은 원시조상들 덕분이다.
하지만 인간은 원시조상들의 연대의식 요구를 우습게 여기고
그들로부터 받은 생명력을 낭비해버렸다. 어쨌든 오늘날의 인간은
오랜 세월 직접적인 자연 접촉을 해온 산물이다.

– 제임스 H. 맥브라이드, 〈미국의학협회저널*Journal of the American Medical Association*〉, 1902

1

자연은 뇌의 축복

고대의 직관에서 MRI에 이르기까지

어린 시절 우리는 자연에서 소일하는 것을 격려하는 분위기 속에서 자랐고, 대부분 야외 활동으로 보냈던 그 시간이 평온, 기쁨, 행복, 호기심, 매력, 발견으로 넘쳐났음을 기억한다. 심지어 소나무와 꽃의 향기, 세차게 흐르는 개울이나 폭포, 파도가 부서지는 바다, 반딧불이의 모습, 그 외에 마음을 사로잡았던 흥미로운 동물들이 생각난다. 그러나 세월의 흐름 속에서 주어진 일과 온갖 활동을 하느라 자연에 몰입하는 시간이 줄어들었다. 더구나 기술 위주의 세계에서 성공하기 위해 애쓰다 보니 자연이 주는 혜택을 제대로 인식하지 못하거나 기억하지 못하는 실정이다. 우리가 자연의 치료적 측면, 즉 아동기 기억에 담긴 과학적 유효성 관련 연구에 다시금 관심을 갖게 된 이유는 각자의 스트레스 요인, 개인적 불안, 현대 생활이 주는 압도적인 부담 때문이다.

어릴 적에는 자연과 친밀했으나 성인이 되어서는 여러 가지로 자연과 멀어진 우리의 모습은 서구 문명의 발달을 잘 반영한다. 즉 사회가 발달하면서 우리는 자연에서 멀어졌고, 기술적 탐색과 인공적인 것을 훨씬 더 중시해왔다. 하지만 많은 과학적 증거는 자연에서 멀어진 우리 인간이 환경 위기에 무관심할 뿐만 아니라, 자연과 접촉할 기회를 잃고 있다는 사실을 제시하고 있다. 자연 접촉은 정신 건강에 기여하는 아주 중요한 수단이다. 그나마 우리는 자연 속에서 놀던 아동기 기억이 있다는 점에서 행운아다. 그런 경험 덕분에 우리는 자연의 가치와 환경보호의 중요성을 알고 인정한다. 그런데 그런 기억마저 없다면 어떨까? 우리의 아동기 경험이나 자연과의 관계가 픽셀 이미지뿐이고 스크린 앞에서만 시간을 보냈다면 어떨까? 자연을 부인한 인간은 우리 유산의 아주 중요한 부분, 아이러니하게도 의료 기술의 진보를 통해 검증 가능한 사실마저 부인하고 있다.

인간과 자연의 긴밀한 유대, 생명애

인간과 자연의 역사적 접촉은 불멸의 흔적으로 남아 식물이든 동물이든 우리가 온갖 생물에게 친근함을 갖는 원동력으로 작용한다. 우리와 자연의 유대는 우리의 DNA 안에 자리 잡고 있는데, 이것이야말로 생명애 가설의 핵심이다. 1900년대 초반 의학 사전에서 처음으로 '생명애'를 자기보존 본능 또는 생명을 유지하려는 본능적 욕구로 정의하였다. 1980년대 하버드대학교의 생물학자인 에드워드 O. 윌슨Edward O. Wilson은 생명애란 '살아 있는 다른 유기체에 대한 인간의 타고난 정서적 제휴'라

"우리는 대자연과 함께한 그 시간이
평온, 기쁨, 행복, 호기심, 매력, 발견으로
넘쳤음을 아직도 기억한다."

고 제안했다. 윌슨은 인간과 자연의 제휴를 개인적 경험이나 낭만적 개념에서 유래한다거나 자연에 대한 북아메리카인의 호감이 낳은 결과로 여기지 않았다. 오히려 그는 생명애를 여러 문화 전반에 걸친 공통적인 특성으로 보았다. 자연의 특정 측면에 대한 선호도가 문화 보편적이라는 사실을 밝힌 여러 집단의 과학자들은 생명애라는 현상을 공식화했다. 여기서 자연의 특정 측면이란 아름다운 경치를 볼 수 있거나 포식자의 접근을 어느 정도 파악할 수 있고 물이 맑으며 다품종의 식물과 동물이 어우러져 있고 나무가 있는 풍경(하지만 지나치게 밀집되지는 않은 풍경)이다.

윌슨은 '생명애'의 정의를 정서 영역으로 확장하였다. 그는 자연이 인간의 마음에 독특한 영향을 미쳐 정신 건강 관리자들의 관심사인 인지와 행동에 영향을 줄 수 있다는 것을 관찰했다. 그럼에도 불구하고 윌슨의 정의는 원래의 생명애 개념에 부합하는데, 이는 자연계에 대한 선천적인 인지 행동 반응이 자기보존을 보장하기 때문이다. 그 반응 덕분에 우리는 충분한 물, 음식, 거처에 접근할 수 있는 동시에 포식자인 맹수를 피할 수 있다. 가령, 우리가 독성을 가진 파충류와 거미를 한 번도 본 적이 없음에도 그런 동물을 두려워하는 성향을 가지고 태어난다는 증거가 있다. 실험 연구에서는 인간이 두려움을 의식적으로 인식하지 못할 때조차도 생리적 스트레스 반응이 일어난다는 사실을 제시했다. 연구자들이 거미처럼 위협적인 자극이 있는 사진을 피험자에게 30밀리초(1밀리초는 1000분의 1초-옮긴이) 동안 제시한 다음 이어서 중립적인 이미지를 제시하는 기발한 마스킹 기법을 활용하자, 질문을 받은 피험자들은 위협 자극을 의식적으로 인식하지 못했다. 그럼에도 불구하고 연구자들은 위협 자극에 대한 두드러진 스트레스 반응을 관찰할 수 있었는데, 조건화 연구에서는 총과 같은 오늘날의 위협물이나 버섯이나 꽃과 같은 중립 자극과 달리, 거미같이 '아주 오래된' 공포는 몸에 배여 없애기가 힘든 것으로 나타났다.

산타 바버라에 있는 캘리포니아대학교의 연구자들은 피험자들에게 차량이나 무생물·동물이 있는 풍경 사진의 변화를 찾게 함으로써 생명애 가설의 근거를 추가적으로 확인했다. 사람들이 매일 차를 접하고, 현대 생활에서는 차가 동물보다 훨씬 더 위협적이기 때문에 흔히들 피험자들이 차량 이미지에 더 민감할 것이라 예측할 것이다. 하지만 수렵인이나 채집인들에게 아주 중요한 기능(시각적으로 동물을 먼저 모니터하는 능력)이 늘 스크린을 들고 다니는 오늘날의 성인에게도 여전히 건재했다. 즉, 대도시를 걸어다니며 문자를 보내느라 모니터하기가 어려운 현실에서도 말이다. 이는 윌슨이 생명애에 대해 제시한 것으로, 구체적인 내용은 다음과 같다. "자연과의 접촉 속에서 인간의 뇌가 형성되었기 때문에 우리 뇌는 여러 세대 동안 지속되어온 특정 경관을 처리할 준비가 되어 있다. 그리고 기술로 인해 인간이 직면한 새로운 인공 환경에서는 그런 능력이 위축되었으나 여전히 은연중에 드러난다." 현대에 와서는 생명애 반응이 과소평가되어 상당히 위축되었지만 여전히 존재한다.

2010년 버지니아대학교의 연구자들이 수행한 연구에서는 자연에 대한 인간의 반응이 얼마나 선천적인지를 강조하고 있다. 즉 영아들이 문화적으로 두려움을 겪은 적이 없는 자연의 위협에도 공포 반응을 보였다. 심지어 거미에 잠재적으로 노출되었을 때조차도 편도체(크기와 모양이 아몬드와 비슷한 두 개의 뇌구조로 이루어졌으며, 뇌의 공포 센터임)의 활동이 크게 활성화된다는 점이 주목할 만하다. 편도체가 사회 학습(그리고 어린 시절 '거미공포증'과 같은 영화를 보는 것)을 통해 커졌을 수도 있겠지만,

뇌가 자연의 위협을 탐지하는 것은 유전 부호에 기록된 것처럼 보인다. 물론 사회 학습과 낭만주의를 통해 자연과 인간의 제휴가 늘어나긴 했겠지만, 자연은 원시조상들뿐만 아니라 현대인의 뇌도 활성화시킨다. 가령, 피험자들은 1초의 10분의 1에 불과할 정도의 잠깐 동안에도 자연 경관을 도시 경관이나 인공 경관보다 선호했다. 다른 환경 경관 사이에 자연 이미지를 제시하는 속도가 빠를수록 인공 경관보다 자연 경관을 선호한다는 연구 결과는 선천적 선호도를 주장하는 견해를 뒷받침해주었다.

버려진 고대의 치유법

인도 아대륙의 아유베다에서부터 중국의 전통의서에 이르는 의료계의 다양한 치료서들은 오랫동안 자연 접촉을 의료 형태로 옹호해왔다. 이들 의료서에서는 자연 환경 속의 산, 나무, 식물, 물 등 자연 요소를 에너지, 즉 사람들에게 줄 수 있는 생명력이 넘치는 것으로 여겨왔다. 인간의 삶이 전원 생활에서 도시 문명으로 바뀌면서, 자연의 치료 효과를 활용하려는 움직임이 더 커졌다. 가령, 초기 로마의 철학자이자 의사인 코르넬리우스 켈수스Cornelius Celsus의 책은 정원을 산책하고 햇볕이 좋은 방에 거주하며 물 가까이에 머무는 등 다양한 자연친화 활동이 정신 건강과 수면의 질을 크게 높인다고 기록하고 있다.

19세기 중반 이후의 북아메리카에서는 오염되지 않은 자연을 정신 치료제로 보는 견해가 인기를 끌었다. 그런 견해는 산업 혁명(어둑한 불빛 아래 환기도 안 되는 작업장과 붐비는 거주지에서 생활했던 때)으로 정신 장애가 증가했을 것이라는 우려와 급속한 도시화 때문에 다시 활기를 띠게 되었다. 1800년대의 작가인 헨리 데이비드 소로Henry David Thoreau나 자연주의자인 존 뮤어John Muir는 도시 생활에 대한 우려를 표하면서 자연이 웰빙의 핵심이라고 말했다. 소로는 자연이 진정 작용을 하는 강장제이자 창의성 촉진제라서, 자연에서는 "신경이 안정되고 감각과 마음이 마음껏 피어난다"고 말했다. 뮤어는 '지친 이들, 혼란스러운 이들, 과도하게 문명화된 이들'이 야생지를 거닐면서 깨달음을 얻는다고 보았다. 1898년 미국의학협회 연차대회에서 프레더릭 토머스Frederic S. Thomas는 정신 장애의 증가와 현대문명으로 인한 스트레스와의 관련성에 관해 연설했다. 그는 과잉 자극, 소음, 흡연, 악취가 유전적 취약성에 영향을 준다고 보았다.

조경사인 프레더릭 로 올름스테드Frederick Law Olmsted는 공원이 정신 건강에 긍정적 영향을 준다는 생각에 미국 전역에 걸친 공원 개발을 이끌었다. 요세미티 국립공원의 중요성에 대한 1865년의 연방보고서에서 그는 "아름다운 경관이 마음에 미치는 영향을 분석하고, 마음이 신경계 및 전반적인 물질 경제와 갖는 긴밀성(신체 상태와 정신 상태 사이에 부단히 일어나는 작용과 반작용)을 고려할 때, 그런 경관으로 인한 회복이 바로 와닿는다"고 말했다. 그 보고서는 자연 몰입이 건강, 정신력, 지적 능력에 유익하고, 일시적인 쾌감을 줄 뿐만 아니라, "이후의 행복 능력과 행복 유지에도 기여한다"는 사실에 주목했다. 딱히 정신 장애 치료법이라고 말하지는 않았으나, 자연 친화적인 취미야말로 '최적의 정신 기능을 방해하는 흥분, 시무룩함, 우울함, 성마름'을 줄이는 방법이라고 소개했다.

북아메리카의 도시가 급속도로 확대됨에 따라, 의사들은 스트레스를 줄이고 정신 상태를 촉진하는 방법으로 자연 접촉을 처방하게 되었다. 이런 사례는 과학적 증거에 바탕을 두기보다 고대 치료자들의 직관적인 권고를 따른 것이다. 그러나 오늘날의 연구들이 불안이나 우울을 현대의 도시 생활로 인한 스트레스와 관련지음에 따라, 스트레스 탈출이 그런 질환의 안전한 처방책이 될 것으로 보인다. 자연 깊숙이 자리 잡은 민간투자 요양원이나 건강 리조트 산업이 호황을 이루고 있다. 이들 요양원의 이름에는 자연 휴양지라는 의미가 암시되어 있다. 19세기에 의학 잡지에서 무수히 광고했던 수백 곳 중 몇 곳만 들어보면, 〈더 파인스The Pines〉, 〈더 하이랜드The Highlands〉, 〈레이크 뷰Lake View〉, 〈리버 뷰River View〉, 〈크레스트 뷰Crest View〉, 〈그랜드 뷰Grand View〉, 〈월넛 로지Walnut Lodge〉, 〈블루힐스Blue Hills〉, 〈리버 크레스트River Crest〉, 〈글랜 스프링Glen Spring〉 등이다. 이들 시설의 소유자들과 그곳에 근무하는 의사들은 경미한 신경 질환과 스트레스 관련 피로(특히 신경쇠약)에 적합한 서비스를 제공한다. 실제로 모든 광고에서는 아름다운 경관, 소나무 숲, 상쾌한 산책로 등을 자랑한다. 더 파인스를 선전하는 한 광고는 완만한 구릉이 있고 기복 정도도 다양하다고 자랑할 정도이다. 이들 휴양지는 돈 많은 도시인을 주 고객으로 삼아 이들을 녹지로 끌어들이려고 한다. 돈이 많지 않은 이들은 올름스테드(도시의 휴식처가 방문자들의 정신적 휴식에 기여한다고 주장한 조경사)가 설계한 뉴욕의 센트럴파크Central Park를 비롯해 새로 조성된 대도시 공원을 오아시스로 삼는다.

1900년대 초반의 의료계는 대체로 자연 휴양지의 혜택을 수용하는(일부는 그에 대해 아주 열정적인) 분위기였다. 하지만 그 당시에는 자연의 치료적 효과 덕분에 뇌(점점 복잡해지는 세계를 다루는 뇌)가 회복된다는 개념이 입증되지 않은 상태였다. 의사들은 한동안 자연을 처방하는 반면, 실내에 앉아 있는 생활 양식을 비판했다. 도시공원 계획자든 의학 박사든 모두 자연이 우리 안에 있고 자연 속에서 우리가 자라기 때문에, 우리가 자연을 외면한다면 위험을 각오해야 할 것이라는 가설을 세웠다. 산업 혁명이 세계를 급속도로 변화시키던 시절에 의사인 제임스 맥브라이드James McBride는 인간은 야외 동물이라고 주장하며 증가일로 중이던 자연과의 단절에 대해 경각심을 일깨우고자 했다.

문화, 경제, 과학 분야에 불어온 다양한 변화의 흐름은 요양원 붐을 일으켰다. 의료계는 어느 정도 수용적이었고 맥브라이드가 동료들에게 말한 대로 "인간이 야외 동물"이라는 개념에 이의를 제기하는 이는 거의 없었지만, 정작 그 말의 메시지는 방향을 상실하고 있었다. 이런 정신적 휴양지의 존재를 지지하는 과학적 근거는 극히 한계가 있었다. 타당한 증거를 지향하는 문화적 흐름이 주를 이루면서, 운동, 자연 식품, 햇볕, 야외, 수水치료, 자연 몰입 등 요양 시설이 정신적 고통의 완화에 기여할 것으로 기대하는 견해는 모두 사이비 과학의 특허약이나 대머리 치료법 정도로 싸잡아 폄하됐다. 요컨대, 의사와 과학자들은 자연 접촉 자체가 생명력이라는 취약한 견해와 거리를 유지하려고 했다. 자동차가 늘어나고 교외의 스프롤 현상sprawl(도심 팽창으로 교외 지역이 무분별하게 개발되는 현상)이 증가하면서, 글랜 스프링스 요양원을 선전하던 반 페이지의 하단 광고는 사라지고 항불안제인 메프로바메이트meprobamate(상품명은 최초의 화학약품인 밀타운)와 현대의 스트레스 요인을 다루는 기타 화학적 방법을 선전하는 전면광고가 대세를 이루었다. 나무와 관목이 우거져 지금은 버려진 이들 요양원 중 일부는 지난날의 영광스런 추억(자연에서 시간을 보내라고 처방하던 때의 추억)만 간직하고 있다.

자연과 스트레스

1979년 로저 S. 울리히Roger S. Ulrich가 상당한 관심을 가진 후에야 비로소 자연 경관이 심리적 웰빙과 스트레스 생리에 영향을 줄 것이라는 개념이 검증되었다. 그보다 몇 년 전에 지리학 박사과정생이던 울리히는 미시간 앤아버 근처의 주민들이 대형몰에 물건을 사러 갈 때 경치가 더 좋다는 이유만으로 고속도로 대신 시간이 더 걸리는 먼 길을 선택한다는 사실을 발견했다. 울리히는 그들이 더 먼 길을 다니느라 시간과 기름 값을 더 쓰고 있었던 까닭에 그 이유가 궁금했다. 울리히가 심도 깊은 연구를 통해 찾고자 한 것은 자연 경관의 미학이 인간의 행동에 어떠한 영향을 미치는지를 설명하는 심리적 변인이었다.

그는 자연 경관이 스트레스를 받는 학생에게 미치는 심리적 영향을 검토하기로 했다. 창문이 없는 방에서 한 시간 동안 필수과목 시험을 마친 46명의 자원자들은 몇 가지 심리 검사를 받은 후 50장짜리 슬라이드를 보았다. 울리히는 검사지에 응답한 자원자들을 두 집단으로 나눈 후, 한 집단에게는 건물이 없는 자연 풍경 슬라이드를 보여주고, 다른 집단에게는 낙서나 쓰레기가 없는 도시 건물(상가와 공장)을 보여줬다. 어느 슬라이드에도 사람이나 동물은 없었다. 한 시간 동안 시험을 본 자원자들은 스트레스를 받고 지쳐 있었지만, 심리 검사 결과 서로 다른 슬라이드를 본 두 집단의 정신 상태가 아주 다르게 나타났다. 자연 풍경을 본 집단에서는 애정, 장난기, 친절, 득의 등 긍정적 정서가 향상된 반면, 도시 풍경을 본 집단에서는 그런 향상이 나타나지 않았다. 도시 풍경은 스트레스를 받은 학생들의 슬픔을 상당히 증가시켰다. 자연 풍경은 분노와 공격을 줄이는 반면, 도시 풍경은 분노와 공격을 높이는 경향이 있었

자연 친화적인 취미야말로
흥분, 시무룩함, 우울함, 성마름을 줄이는 방법이다.

다. 만일 스트레스가 건강을 약화시키는 반면, 긍정적 정신 상태는 스트레스를 완화하고 건강을 촉진한다면, 이 보고서가 지닌 시사점은 아주 크다. 하지만 그 결과를 확인할 필요가 있었다. 특히 과학적으로 타당한 신체적 스트레스 반응 지표는 자연을 옹호하는 데 크게 기여할 것이다.

고무된 울리히는 자연 풍경이 스트레스 생리와 뇌 활동에 미치는 영향을 검토하던 초기의 주관적 연구에서 한 발 더 나아갔다. 그는 스트레스가 없는 건강한 성인을 대상으로 유사한 실험을 실시했는데, 이번에는 뇌 활동을 측정하기 위해 뇌전도EEG까지 활용했다. 실제로 그 팀은 자연 풍경을 보는 것과 높은 알파파(좋은 상태)가 밀접하다는 사실을 발견했다. 높은 알파파 상태는 세로토닌 생성의 증가와 관련된다. 세로토닌은 신경계에 영향을 주는 화학물질이다. 대부분의 항우울제는 시냅스 교류에 활용될 세로토닌(행복 호르몬)의 가용성을 높여 치료에 기여한다. 명상할 때처럼 과다 각성 상태가 누그러져 진정되면, 높은 알파파가 두드러진다. 한편 불안은 낮은 알파파나 높은 베타파와 관련된다.

울리히는 심장, 피부, 근육 등 스트레스 생리에 자연 풍경이 미치는 영향을 측정하기 위해 다른 후속 연구를 실시했다. 즉 맥파 전달 시간과 심전도EKG, 피부전도(스트레스 반응에 의한 피부의 땀), 근육 긴장(근전도를 통한 근육 긴장) 등을 측정하였다. 약 120명의 대학생들이 직장에서의 실수가 비극적인 결과를 낳는 10분짜리 스트레스 비디오('피할 수 없었던 일'이라는 비디오)를 시청했다. 피험자들은 그 비디오를 본 직후, 도시 풍경(차량과 군중이 있든 없든 상가가 나오는 사진)이나 자연 풍경(물이 있든 없든 나무와 풀이 나오는 사진)이 나오는 10분짜리 비디오를 시청했다. 객관적 측정치에서는 자연 풍경을 시청한 피험자들의 경우 비디오 '피할 수 없었던 일'을 보면서 생겼던 스트레스가 금방 다 회복된 것으로 나타났다.

자연이 일종의 시각적 신경안정제 역할을 한 셈이다. 즉 자연 풍경은 긍정적 사고를 촉진하고 스트레스 후의 분노와 공격을 낮추었다. 많은 참여자들의 경우 자연 풍경으로 스트레스 비디오의 영향이 사라졌을 뿐만 아니라, 심지어 사전 검사에서보다 긍정적 정신 상태가 더 높은 것으로 나타났다.

울리히 팀의 추가 연구에서는 자연 풍경이 혈액 기증자 872명의 생리적 스트레스 지표를 낮춘 것으로 나타났다. 이 연구에서 모든 기증자들은 3개월 동안 동일한 대기실의 동일 위치에 앉았다. 유일한 조작 변인은 벽면 TV에 방영된 프로그램이었다. 며칠은 TV를 껐고, 며칠은 일상적인 낮 프로그램이 방영되었으며, 며칠은 기복이 있는 도시 경관이 나오고, 그 후 며칠은 자연 풍경이 나왔다. 혈압과 맥박 측정치에서는 TV를 껐을 때 스트레스가 가장 낮은 것으로 나타났다. 다시 말해, 많은 TV와 낮 시간대의 TV 프로그램이 대기실 환자에게 유익하다는 통상적인 가정은 또 하나의 스크린 신화에 불과했다. 그러나 꼭 TV를 켜야 한다면, 스크린에 방영된 자연 풍경이 일상적인 낮 프로그램이나 도시 풍경에 비해 스트레스를 완화시켰다.

객관적 검사를 활용한 울리히의 선구적 연구는 최근 국제적인 연구자들의 연구에 의해 지지를 받고 있다.

- 텍사스에 있는 거주간호 센터의 노인들은 교실이 아닌 정원에서 정신 활동(사진첩을 훑어보거나 환경을 관찰하는 정신 활동)을 했을 때 스트레스 호르몬인 코르티솔 수준이 더 낮은 것으로 나타났다.
- 캔사스주립대학교의 연구자들은 교실에 식물, 특히 꽃이 핀 식물이 있으면 감정적인 비디오에서 받은 스트레스가 빨리 완화되고 EGG의 베타파가 바로 안정된

다는 사실을 발견했다.

- 대만의 한 연구 집단에서는 개울, 계곡, 하안단구, 과수원, 숲, 농장, 물과 같은 다양한 자연 풍경이 EGG, 근전도, 피부전도 등 객관적 지표에서 치료 효과가 있는 것으로 나타났다. 가령, 시골 농장 사진은 창의성과 관련된 우뇌의 높은 알파파와 관련되었다. 물이 흐르는 숲과 자연 경관은 알파파를 촉진하는 반면, 심박을 낮추었다. 반대로, 도시 경관을 보자 근육 긴장이 증가되었다.

- 일본의 연구자들은 꽃이 없는 식물을 화분에 이식한 119명의 생리적 스트레스 지표를 측정하였다. 화분에 흙만을 담은 집단에 비해 식물을 심은 집단의 알파파가 크게 활성화되었다. 그들은 주관적 피로가 감소되었을 뿐만 아니라, 근전도로 측정한 근육 긴장도 감소되었다.

- 일본의 연구자들은 20분 동안 자연 풍경이나 도시 풍경을 본 실험 참여자의 심전도를 검사했더니 자연 풍경을 본 이들의 심박이 감소되었다는 연구 결과를 반복 연구하였다. 정신 질환자들을 대상으로 한 2004년의 연구에서는 녹색 식물이 혈압과 심박을 낮추는 반면, 알파파를 높이는 것으로 나타났다.

이들 연구는 자연 속의 뇌에 대한 과학적 평가를 진일보시켰다. 그럼에도 불구하고 더 많은 측면에서 자연이 우리에게 영향을 미친다고 설득력 있게 주장하기에는(우리가 생각한 것에 비해) 턱없이 부족했다. 어쨌든 자연 풍경을 보기만 해도 스트레스 생리와 기분에 그렇게 큰 효과가 나타날 수 있다는 사실은 아주 인상적이었지만, 자연 속에서 산책하고 호흡하는 등 자연에 완전히 몰입할 때의 효과가 어떤지는 여전히 의문의 여지가 있었다. 여기에 일본숲의학협회 회원들의 더 많은 연구가 추가되면서 비로소 전반적인 그림이 드러났다.

삼림욕

숲이 인간의 마음에 영향을 주는 것은 그 아름다움 때문이라기보다
오히려 고목에서 나오는 오묘한 양질의 공기(지친 영혼에 생기를 부여하고
회복시키는 공기) 덕분이다.

– 로버트 루이스 스티븐슨 Robert Louis Stevenson

고대 숲의 명맥을 유지하려는 가장 중요한 이유는 바로 정신적 측면 때문이다. 숲이 피로 회복을 비롯한 공중위생 분야에서 특별한 위치를 차지한다는 개념은 새롭지 않다. 프랭클린 B. 허프Franklin B. Hough를 비롯한 의사들은 초창기 미국 의학 잡지에 "특히 정신 노동으로 지친 경우에는 숲에서 마음이 상쾌해지고 진정된다"는 사실을 보고하였다. 의사들은 숲이 소위 초월 경험을 유도하기에 완벽한 경관이라고 보고했다. 여기서의 초월 경험이란 극도로 행복하고 안팎의 자아가 일치하는 극히 인상적인 순간으로, 개인에게 아주 중요하게 인식되는 순간을 말한다.

1982년 일본의 산림청은 삼림욕 계획에 착수했다. '삼림森林'은 '숲'을 의미하고 '욕'은 '푹 담근다', '샤워한다', '쏘인다' 등을 뜻한다. 좀 더 폭넓게 보면, 삼림의 공기를 오감으로 흡수하는 것을 의미한다. 그 프로그램은 대중이 자연을 찾아 몸과 마음으로 녹지를 만끽하며 건강을 증진하는 방법으로 국유림을 활용하게끔 장려하는 프로그램이다. 일본은 국토의 약 64%가 숲이라서, 대도시에서 탈출하기가 쉽다.

확실히 일본인들은 고대 숲을 비롯한 자연의 치료적 가치를 오랫동안 잘 알고 있었다. 하지만 삼림욕이란 용어는 그리 오래되지 않았다. 그 용어는 1982년 토모히데 아키야마Tomohide Akiyama가 잠시 일본 산림청 장관으로 일하던 때 만들어진 홍보 용어다. 30년 전에 처음 시작된 삼림욕 계획은 자연, 특히 우거진 일본의 숲 길에서 보내는 시간이 몸과 마음에 유

익할 것이라는 오랜 인식에 바탕을 두고 있었다. 하지만 1990년 치바대학의 요시후미 미야자키Yoshifumi Miyazaki 박사가 야쿠시마의 아름다운 숲을 연구할 때 일본방송공사NHK의 영화 제작진이 동행하면서 그 삼림욕 계획이 수정되었다. 그 연구는 삼림욕 분야의 시금석으로, 일본방송공사가 그에 합류하였다. 미야자키가 야쿠시마Yakushima를 선택한 것은 그곳이 일본에서 크게 화제가 되었던 숲의 본고장이기 때문이었다. 야쿠시마는 일본에서 자연이 가장 잘 보존된 숲으로, 그곳에는 1000년 이상 된 최고의 삼나무 숲이 있다. 미야자키는 삼나무 숲에서는 연구실에서 하는 정도의 신체 활동(40분 정도 산책)만으로도 기분이 좋아지고 활기가 생긴다고 보고했다. 이 결과가 놀랄 만한 새로운 사실은 아니지만, 그는 실험실에서 걸었던 집단보다 숲에서 걸었던 집단의 코르티솔이 더 낮았다는 연구 결과로 주관적 보고서를 뒷받침했다. 그 연구는 숲 속에서의 산책이 다른 곳에서의 산책과 다를 수 있다는 최초의 암시였다.

그 후 대학과 정부의 연구자들은 숲에서 소일한 피험자의 생리 지표를 측정하는 등 구체적인 협동 연구를 수행했다. 치바대학의 환경·건강 및 필드과학 센터 소속의 연구자들은 삼림욕에 참여한 약 500명의 성인을 대상으로 심리적 자료와 생리적 자료를 수집하였고, 도쿄의 다른 연구자들은 다른 성인 500명을 대상으로 진행한 연구 결과를 발표하였다. 이들 연구에서는 숲에서 시간을 보내면 심리적 스트레스, 우울 증상, 적의감이 낮아지는 동시에 수면이 개선되고 활기와 생기가 높아진다는 사실을 확인했다. 이런 주관적 측정치는 약 10여 편의 연구에서 24개의 숲을 대상으로 보고한 객관적 결과(코르티솔 감소, 혈압 안정, 맥박 안정)와 거의 일치하였다. 더욱이 연구에서는 심박 변이 지수가 증가한 것으로 나타났다. 이는 좋은 현상인데, 그 지수는 곧 순환계가 스트레스에 잘 대처하고 부교감신경이 우세함을 의미하기 때문이다.

많은 연구들이 연구의 신뢰도를 높이기 위한 비교 방법으로 도시 환경의 객관적 측정치도 기록했다. 이들 연구자들은 신체 활동, 하루 중의 측정 시점, 온도, 평균 일조량 등도 통제했다. 다시 말해, 그들은 맑고 따뜻한 숲 속 환경과 비 내리고 추운 도시 환경의 객관적 측정치를 비교하여 객관화를 시도했다. 어떤 연구자들은 도시 환경과 숲 속에서의 뇌 활동을 측정하는 도구를 도입할 정도였다. 시간 해상도가 높은 분광분석 시스템TRISS 장비는 적혈구에 흡수된 근적외선으로 뇌의 산소 활용도를 측정한다. 일본의 연구자들은 20분 동안 도시 환경에 있던 집단보다 삼림욕을 한 집단에서 이완 상태를 반영하는 뇌혈류가 증가했음을 발견했다. 이를 좀 더 구체적으로 제시하면, 숲에 있는 동안 전전두피질에서 적혈구의 헤모글로빈 총량이 줄었다. 공포나 스트레스가 예측될 때나 정신적으로든 신체적으로든 격렬한 활동(복합 방정식, 컴퓨터 활용 시험, 비디오 게임, 탈진할 정도의 운동 등)을 한 후에는 이 부위의 헤모글로빈 수치가 높아진다. 그래서 기본적으로 헤모글로빈 감소는 곧 숲에 있는 동안 뇌가 쉬고 있다는 뜻이다. 물론 진정제도 이 부위의 활동을 줄이지만, 인지적 피해를 수반한다는 문제점이 있다(다음 장에서는 회복력을 주는 자연이 실제로 인지 능력에 어떤 영향을 미치는지 살펴볼 것이다).

스트레스 호르몬은 면역 방어 능력을 손상시킨다. 특히 스트레스 호르몬은 항바이러스 작용을 하는 자연살상세포와 같이 탁월한 방어세포의 활동을 억제한다. 삼림욕이 스트레스 호르몬 분비를 줄이고 기분을 향상시키는 데 기여하기 때문에 면역 지표에 영향을 주는 것은 당연하다. 일본의과대학의 칭 리Qing Li 팀은 면역 지표에 미치는 긍정적 영향이 도시 여행보다 삼림욕(하루를 하든, 사흘간 매일 2~3시간씩 하든)에서 더

Zoom-in

나무가 많을수록 좋을까?

연구에서는 특정 환경, 심지어 도시 환경에서도 나무의 밀도가 높아지면 쾌감과 행복이 증가하는 것으로 나타났다. 즉, 어느 정도까지는 나무가 크고 많을수록 경관이 더 아름다웠다. 그러나 나무가 너무 많아 길이 없거나 칙칙하면, 불길한 예감이 들거나 공포가 증가했다.

마찬가지로, 벽에 나무를 대는 것도 과하면 해로울 수 있다. 일본의 연구자들은 건물 안의 마루와 벽을 시공할 때 나무의 최적량(표면의 30~40%)이 있음을 발견했다. 그 정도일 때 이완 수준이 가장 높고 생리적 스트레스 지표(혈압과 맥박)도 낮았다. 1970년쯤 북아메리카 교외에서 유행하던 난평면 단층집의 지하실처럼 큰 맘 먹고 방 전체를 나무로 하면, 오히려 스트레스 지표가 증가할 수 있다!

지속적이라고 주장했다. 좀 더 구체적으로 보면, 자연살상세포 수가 크게 증가하고 이들 항바이러스성 세포의 활동이 활발해졌으며 세포내 항암 단백질의 양이 증가했다. 삼림욕 후 한 주 내내 그 변화가 유의미한 수준에서 유지되는 것으로 나타났다. 자연에 있는 동안 소변의 스트레스 호르몬이 감소하여 면역 기능도 개선되었다. 도시 여행을 한 비교 집단에서는 이런 현상이 전혀 관찰되지 않았다. 언급한 바와 같이, 스트레스 감소가 면역 방어 기능을 개선하는 데 거의 확실한 영향을 주었다.

그런데 상록수에서 분비된 자연 화학물질인 피톤치드는 우리 몸의 최전방 면역 방어자의 활동도 촉진했다. 쿵 리는 공기 중의 피톤치드량을 측정하여 이를 면역 기능 개선과 관련지었다. 이는 소위 숲 치료가 결핵 치료에 성공적이었다는 1세기 전의 보고서를 활용한 흥미로운 연구 결과다. 1800년대 중후반 에드워드 트루도Edward Trudeau는 뉴욕의 애디론댁 숲에 요양원을 지었고, 의사인 페터 데트바일레Peter Detweiler와 헤르만 브레머Hermann Brehmer는 독일의 소나무 숲에 요양원을 세웠으며, 둘 다 숲 공기의 혜택을 보고했다. 예측과 달리, 숲 공기가 습도를 잡아줄 때 그 효과가 더 컸다. 그 당시의 의사들은 소나무가 공기 중에 치료물질을 분비한다고 생각했고, 또 다른 삼림욕 연구에서는 눈에 보이지는 않지만 공기로 전달되는 치료제를 밝히는 중이다. 이에 대해서는 뒤에서 좀 더 자세히 살펴보기로 하겠다.

요즘에는 삼림욕이 유행하고 있어서 그 단어가 사전에 실릴 정도이다. 일본의 경우에는 44개 지역이 '숲 치료 기지'로 승인되었다. 이들 기지는 스트레스 생리 관련 이점을 제시하는 연구 대상 지역이다. 또한 숲 치료집행위원회의 전문가 팀이 접근 가능성, 수용 시설, 문화적 명소, 역사적 볼거리, 다양한 먹을거리, 편의 시설 등 기지로 지정하기 전에 그곳이 기타 기준에 부응하는지를 확인한다. 삼림욕을 예전의 마케팅 개념에서 믿을 만한 예방의학으로 전환하는 데 지대한 역할을 한 치바대학의 미야자키는 계속 연구 중이며, 현재는 도쿄의 주요 공원에서 일정 시간을 보낸 후에 나타나는 생리적 효과를 연구하고 있다.

식물과 치유

1984년 생리학 연구를 수행하던 울리히는 권위 있는 저널인 〈사이언스Science〉에 획기적인 연구를 발표하였다. 그는 1972년부터 1981년까지 펜실베이니아 교외에 있는 한 병원의 기록을 수집하였다. 그는 그 기간 동안 동일 수술로 담낭을 제거한 성인들을 아주 자세히 조사했는데, 환자들 간의 주요 차이는 회복기 동안 생활한 병실뿐이었다. 한쪽 병실에는 미니 숲을 바라볼 수 있는 창문이 있는 반면, 다른 쪽 병실은 벽돌 형태의 전혀 다른 경관이 보였다. 그 결과는 아주 인상적이었다. 나무를 볼 수 있었던 이들은 입원 기간이 상당히 짧았고 수술 후 통증이 더 적었다. 그들은 마약성 진통제 대신 아스피린을 복용했다. 그들의 차트에는 간호사들의 부정적 멘트가 더 적었다. 사실 의료 기록에 영원히 남을 '까다로운 환자'라는 단어를 남기지 않고 퇴원하는 건 모든 환자의 꿈이 아닐까?

텍사스 A&M 대학교를 은퇴하고 현재 스웨덴에 살고 있는 울리히는 최근 자신이 병원 창문의 경관을 연구하게 된 것이 그의 경험 덕분이라고 밝혔다. 십대 시절 신장병으로 장기간 침대 신세를 졌던 울리히는 자신이 바라본 상록수가 정서 상태에 크게 기여했다고 회상했다. 그 후 그의 독창적인 과학적 관찰은 반복적으로 연구되었다. 가령, 심폐 환자에 대한 최근의 연구(2011년 〈임상 재활Clinical Rehabilitation〉에 실린 연구 결과)에서 확 트인 자연 경관을 접한 환자들은 건강 상태가 좋은 것으로 나타났다.

울리히의 독창적인 관찰이 발표된 이후, 병실에 화훼와 관엽식물만 있어도 큰 효과가 있음을 입증하는 연구들이 추가되었다. 특히 맹장 수술을 받은 후 10여 종의 식물이 있는 병실에 임의로 배정된 환자들은 식물이 없던 병실의 환자들에 비해 진통제를 훨씬 덜 복용하였다. 그들은 혈압과 심박이 더 낮았으며, 별로 아프지 않다고 보고했다. 또한 식물이 있던 병실의 환자들은 에너지 수준과 긍정적 사고는 더 높은 반면, 불안은 더 낮았다.

자연 경관 아니, 식물을 심은 두어 개의 화분만으로도 객관적·주관적 스트레스에 영향을 줄 수 있고 그로 인해 퇴원이 더 빨라질 것이기 때문에 결과적으로 자연 덕분에 더 일찍 퇴원하는 셈이다. 1981년 건축가인 어니스트 무어Ernest Moore는 처음으로 이를 보고했다. 미시간 남부에 있는 주 교도소의 연례 환자 기록을 검토한 그는 수감실에 따라 의료 서비스를 활용하는 데 큰 차이가 있음을 주목했다. 특히 녹색 농장과 숲을 볼 수 있던 수감실의 수감자들은 콘크리트 내부를 바라본 수감자들에 비해 보건실 방문 횟수가 훨씬 더 적었다. 그 밖의 사항을 제시하면 다음과 같다.

- 노르웨이의 연구에서는 사무실의 워크스테이션에 식물 이미지를 화면으로 깔아 놓자 병가의 비율이 크게 감소하였다. 2010년 오스트레일리아 시드니에 있는 기술대학교의 연구에서는 분노, 불안, 우울, 피로가 3개월 동안 감소하였으며, 약간 정도가 아니라 거의 50%나 감소하였다. 한편, 시야에 식물 등 스트레스 완충제가 없는 이들은 연구 기간 동안 스트레스 수준이 20% 이상 증가했다고 말했다.
- 병원의 방사선실에 식물을 두면 단기 병가가 60% 정도 감소했다.
- 2008년 〈일본원예학협회〉 지에 실린 연구에서는 선정된 고등학교 학급에 4개월 동안 화분 식물을 배치하자, 이들 학급의 보건실 방문이 시야에 식물이 없던 동학년 학급에 비해 크게 감소한 것으로 나타났다.

생명의 구원자

지금의 추세라면, 세계 인구의 75%는 20년 내에 도시에서 생활하게 될 것이다. 그와 관련된 일상적 스트레스와 스트레스 호르몬 분비를 완화시킬 만한 특정 요인이 이후 세대에 큰 영향을 줄 것이다. 흥미진진한 최신 연구들은 자연 경관을 보면 솟구치던 스트레스 생리가 누그러질 수 있으며, 녹지 접근성이 아주 절실한 스트레스 완화제라고 제시하고 있다. 특히 녹지의 3킬로미터 반경 안에서 생활하는 이들은 스트레스가 건강에 미치는 부정적 영향을 별로 받지 않았다. 근래에 생활 스트레스(주요 상실, 재정 문제, 관계 문제, 법적 분쟁 등)를 경험한 이들 중 녹지의 3킬로미터 반경 안에 생활하는 이들은 녹지율이 낮은 지역에 사는 이들보다 건강 문제가 더 적었다.

337명의 아동을 대상으로 한 2003년의 연구에서는 주변에 녹지율이 높을 경우에 스트레스 생활 상태로 인한 심리적 영향을 줄일 수 있는 것으로 나타났다. 이 연구의 아동 집단은 평균 연령이 9세로 뉴욕 주의 5개 소도시에서 표집되었다. 이들 아동은 스트레스와 역경에 대한 면역력이 전혀 없었으나, 막상 아동기 문제가 쌓이게 되자 불안하고 우울한 사고에 적절히 대처했다. 뇌의 공포 센터인 편도체가 자연에서 안정되고 인공적인 도시 경관에서 활성화된다는 사실을 기억하라. 스트레스 요인(주요 상실, 폭력, 학대, 왕따, 시설 보호)이 누적된 상태로 자란 아동은 편도체가 꽤 크고, 그로 인해 뇌 안에서 오랫동안 부정성과 위험에 편향된 처리가 이루어진다. 물론 우리가 자연 속에서 지내는 것만으로 피해를 없앨 수 있다고 주장하는 것은 아니다. 안전한 주변 녹지가 일시적이나마 스트레스 호르몬을 줄여서 편도체에서의 부하가 일부라도 줄어든다면(연구는 그런 사실을 지지한다), 연구자와 임상가들은 녹지를 우선적인 치료제로 검토할 필요가 있다.

녹지는 스트레스 완충제다. 건강의 여러 가지 측면과 수명마저 스트레스의 영향을 받기 때문에, 이는 녹지가 건강, 활기 및 수명의 촉진제라는 것을 보여준다. 1만 1000명 이상의 덴마크 성인을 대상으로 한 연구에서는 녹지(숲, 공원, 해변, 호수 등)에서 1킬로미터 이상 떨어져 사는 이들은 스트레스가 높고 전반적으로 건강, 활기, 정신 건강, 신체적 고통 관련 검사에서 최악의 점수를 받을 가능성이 42%나 더 높은 것으로 나타났다. 1킬로미터 반경 안에 녹지가 10%도 안 되는 이들은 집 주변에 녹지율이 아주 높은 이들보다 우울증에 걸릴 가능성이 25%나 더 높았고 불안 장애에 걸릴 가능성은 30%나 더 높았다. 이는 대단한 연구 결과이다. 더욱이 네덜란드의 연구자들은 195명의 가정의가 제시한 의료 기록을 검토한 결과, 1킬로미터 반경 이내에 녹지율이 높은 이들은 매년 24가지 질환 중 15가지 질환에서 유병률이 아주 낮았음을 발견했다.

실제로 아래에 있는 네 편의 연구에서는 녹색이 낮은 사망률과 관련된다는 것을 제시하고 있다.

- 일본의과대학의 연구자들은 일본 보건성의 자료를 바탕으로 모든 현의 숲 면적 비율과 암 사망률을 비교했다. 흡연과 사회경제적 요인을 통제한 후에도 숲 면적 비율이 높은 현에서는 여러 가지 암(폐암, 유방암, 자궁암, 전립선암, 신장암 및 대장암)에 대한 예방 효과가 큰 것으로 나타났다.
- 미국 웨스트플로리다대학교의 연구자들은 뇌졸중 사망률과 관련된 5년간의 자료를 검토한 결과, 높은 녹지율(인공위성으로 측정한)은 뇌졸중에 의미 있는 예방 효과가 있었던 반면, 낮은 녹지율은 아주 높은 뇌졸중 사망률과 관련된다는

사실을 발견했다.

- 상하이의 주민을 대상으로 한 대규모 연구에서 연구자들은 주변에 넓은 공원, 정원, 기타 녹지가 있으면 사망률이 낮다고 보고하였다.
- 스코틀랜드에 있는 글래스고대학교의 연구자들은 토지 활용 데이터베이스의 녹지와 사망률을 비교했다. 상하이의 연구에서와 마찬가지로, 그들은 녹지 지역 주민들의 사망률이 낮음을 발견했다.

일본의 대규모 연구에서와 마찬가지로, 스코틀랜드의 연구자들도 부유층의 높은 녹지 접근성이야말로 그들이 누리는 기타 건강상 이점(건강관리 접근성, 영양, 낮은 스트레스, 낮은 코르티솔 등)을 반영하는 대리 지표일지 모르기 때문에 사회경제적 변인을 통제해보았다. 그 결과 놀라울 정도로 녹지가 아주 대단한 균형 장치인 것으로 나타났다. 녹지는 경제적으로 어려운 자들과 가진 자들 사이에서 나타나는 건강 불평등의 크나큰 격차를 상당 부분 설명해주었다. 녹지율이 높은 지역의 저소득층과 부유층을 비교했을 때에는 사망률의 차이가 근소했다. 그러나 저소득층 주변에 녹지가 적을 경우에는 부유층과의 건강 불평등 격차가 현저했다. 연구자들은 녹지야말로 매년 저소득층의 생명을 수천 명씩 구할 수 있는 독립 변인이라고 결론지었다.

주변 녹지는 다른 건강 촉진 요인의 대리 지표에 불과할 수도 있다. 즉, 녹지가 신체 활동과 사회적 유대 강화를 보장한다는 말이다. 실제로 한 연구에서는 녹지율이 낮은 지역보다 녹지율이 높은 지역에 살 때 주민의 신체 활동 비율이 3배 이상 높은 것으로 나타났다. 그러나 연구자들이 신체 활동과 사회적 유대 관계를 통제한 후에도 녹지와 긍정적 정신 건강과의 관계는 여전했다. 짧은 기간 동안 자연에 머무는 것(심지어 마음속에 자연을 상상하는 것)만으로도 스트레스 호르몬 분비가 감소하고 면역 방어 기능이 개선될 수 있다.

MRI에 반영된 자연

지금까지 자세히 살펴본 연구들이 모두 고무적이긴 하지만, 뇌가 자연의 영향을 받는 동안 두개골 아래의 뉴런이 정말로 크게 활성화되는지를 검증한다면 훨씬 더 설득력을 얻을 것이다. 보통 건강한 성인들이 들판과 숲을 찍은 컬러 사진을 볼 때 평정심이 증가하고, 도시 풍경을 찍은 컬러 사진을 볼 때 위험을 크게 지각한다는 사실을 고려한다면 일단 긍정적이다. 하지만 비판자들은 자연 풍경을 보거나 숲을 거닐 때 기분이 나아진다고 보고한 피험자들이 연구자들의 기대에 부응하기 위해 '그렇다'에 체크한 것뿐이라고 주장한다. 숲이 무성한 환경에 몰입해 있는 동안(다른 감각은 활용하지 않고 시각만 몰입할 때) 주름 깊은 곳에 있는 뇌의 작용이 정말 달라질까?

1899년 의사인 후안 브래냐Juan Breña는 "일반적인 어떤 의학 이론으로도 숲이 정신 건강에 주는 진정 효과와 활기를 다 설명할 수 없고, 우리에게 신체적 삶의 아주 내밀한 현상을 꿰뚫어보는 투시력이 없는 한 여전히 이해 불가능하다"고 말했다. 결국 브래냐가 살던 시대에는 자연 요양원이 과학적 검증을 받지 못하여 사라질 수밖에 없었다. 약 100년 후에야 캘리포니아의 연구자들은 fMRI와 같이 정교한 뇌 영상 기법의 강력한 투시력을 사용하게 되었다. 이들의 연구 결과에서는 아름다운 자연 경관과 해안 풍경처럼 좋은 경관일수록 뇌의 특정 영역, 즉 아편

에바 박사의 임상 노트

29세인 제나는 압도되고 혹사당한다는 느낌이 들지만, 컴퓨터 모니터의 많은 정보에 최대한 집중해 자신이 근무하는 대기업을 위해 많은 일을 신속하게 처리한다고 말했다. 그녀가 직면한 문제는 자신의 큰 실수(자기 상관이 염려하던 실수)로 집행유예를 받게 될 처지가 되었다는 점이다. 스트레스로 인해 그녀에게 불면증과 두통이 생겼고, 그녀는 스크린의 글자가 뭉쳐 보인다는 사실을 알게 되었다. 그녀는 집중할 수가 없었다. 추가 질문에서 그녀는 스마트폰이나 자신의 PC 활용을 제외하고도 하루에 12~14시간씩 사무실의 모니터 앞에 앉아 있다고 말했다. 그녀가 야외에서 보낸 시간은 고작해야 집이나 사무실과 주차장을 오가는 정도였다. 무엇보다도 제나는 '자연 결핍'이 분명해 보였다.

제나에게 그녀가 적어도 하루에 한 번 10분씩 자연을 인식하는 '마음챙김 걷기'를 하고, 사무실의 컴퓨터 옆에 좋아하는 자연 풍경 사진을 붙여보라고 처방했다. 또 그녀에게 15분마다 컴퓨터에서 눈을 떼 그림을 보면서 휴식을 취하라고 지시했다. 얼마 후 제나는 자신의 두통이 호전되고 집중력이 향상된 반면 스트레스는 감소되었음을 발견했다. 또한 그녀는 그 직업이 자기에게 안 맞는다는 사실도 깨닫게 되었다.

수용체가 풍부한 전측 해마방회anterior parahippocampal gyrus가 더 활성화되는 것으로 나타났다. 이 아편 수용체는 도파민 보상계의 뇌세포와 연결되어 있어서 긍정적인 행동 수정에 필요한 만족감과 동기를 촉진할 수 있다.

이는 놀라운 연구 결과로, 자연이 뇌에 몇 방울의 모르핀처럼 작용한다는 사실을 보여준다. 아편 수용체는 통증을 억제하는 것으로 잘 알려져 있지만, 그 밖의 기능도 많다. 이 수용체가 활성화되면, 특이한 반응이 일어난다. 즉 스트레스를 덜 받고, 정서적 유대가 형성될 가능성이 높으며, 긍정성에 집중하여 부정적 기억이 줄어든다. 실제로 우울증이 있는 이들은 전측 해마방회의 활동이 감소하는 것으로 나타났다.

추가적인 연구에서 이들을 비롯한 많은 연구자들은 야외의 자연 경관(숲, 물, 산, 식물) 대신 내부 경관(사무실, 부엌, 복도)을 제시하자 경관 처리에 관여하는 특정 뇌 영역이 일관적으로 크게 활성화되었다고 보고했다. 2011년의 연구에서도 모종某種의 무리들, 영화관, 아웃도어 몰, 슈퍼마켓 외관, 엘리베이터, 터널, 교통 체증, 야외 기차역, 영화 속 도시철도, 버스, 다리 및 타워를 보여주자, 뇌의 해마방 장소 영역parahippocampal place area이 크게 활성화되는 것으로 나타났다. 간단히 말해, 경관 정보를 처리하는 뇌 영역은 각성과 상호작용을 하는데, 인공 환경에서는 과도하게 활성화된 것이다. 결국 오늘날의 도시에서 생활하는 현대인은 뇌를 관리하느라 더 많은 노력을 기울여야 하기 때문에 정신 피로를 겪을 수 있다. 실제로 내부든 외부든 인공 환경을 처리하는 데 요구되는 뇌의 노력은 불안 성향이 높은 이들에게서 현저히 높았다.

한국의 연구자들은 도시 풍경과 자연 풍경이 뇌의 어떤 영역을 활성화시키는지를 정확히 파악하기 위해 fMRI로 뇌를 관찰하였다. 두 편의 독립된 연구에서, 그 연구자들은 피험자들이 자연 풍경이나 도시 풍

전원 풍경이 긍정적 정서 및 행복과 관련된 뇌 영역을 활성화시킨 반면,
도시 풍경은 불안 및 각성과 관련된 주요 세 영역을 크게 활성화시킨 것으로 나타났다.

경을 보는 동안 fMRI로 뇌의 활성화 패턴을 측정하였다. 첫 연구에서 피험자들이 도시 풍경을 보자 편도체와 전측두극anterior temporal pole이 현저히 활성화되었다. 편도체는 오래된 뇌 영역으로, 자연과 더불어 우리가 진화하는 동안 줄곧 우리에게 존재했던 영역이다. 앞에서 본 바와 같이, 이 영역은 영아가 거미 그림 검사에 노출되었을 때 활성화되는 영역이다. 편도체는 성급한 판단을 요구하는 혐오 자극이나 혐오 상황뿐 아니라, 위험(환경적 위협을 비롯한 위험)에 처했을 때 활성화된다. 편도체가 과잉 활성화되면 충동성과 불안을 경험한다. 더욱이 만성적인 스트레스와 스트레스 호르몬인 코르티솔이 편도체의 활성화를 촉진한다. 일단 편도체가 과잉 활성화되면, 부정적인 사건과 경험을 우선 기억하는 경향이 있다. 이는 악순환을 자아낸다. 즉 세상이 더 무섭고 우울하게 보이는데, 이는 지배적인 기억 체계에서 그것이 사실임을 인정해버리기 때문이다. 다시 말해, 편도체가 자주 활성화되면, 뇌의 공포 회로를 부채질하여 편도체의 활동을 진정시키는 영역이 제 기능을 못하게 된다. 편도체를 진정시킬 곳에 꾸준히 가거나 자신의 사고를 인식할 경우, 막 나가던 편도체를 다시 통제할 수 있다는 희소식이 있다. 즉, 긍정적 태도로 마음챙김하는 인식 전환을 통해 부정적 정서보다 긍정적 정서를 더 강조하면(분노, 원망, 죄책감, 공포, 수치, 우울 대신 기쁨, 만족, 활기, 흥미, 사랑을 더 강조하면), 편도체를 억제할 수 있다. 이때 자연이 중요한 역할을 할 수 있다.

첫 번째 연구에서 한국의 연구자들은 도시 풍경이 분노, 우울 등 주관적인 부정적 정서 반응과 관련된 전측두극에도 영향을 준다는 사실에 주목했다. 놀랍게도 자연 풍경은 전대상anterior cingulate과 뇌섬insula을 크게 활성화시켰다. 이들 영역이 크게 활성화되면 공감이 증가한다. 전대상의 활성화는 정서 안정도 및 긍정적 태도와 관련된 반면, 활성화 부족

Zoom-in

도시인의 편도체

수십 년간의 연구는 대도시 생활로 인해 정신 건강에 적신호가 켜졌다고 제시한다. 즉 도시인에게 불안과 우울이 발생할 가능성이 전원 생활을 하는 사람에 비해 40%나 높다는 것이다. 정교화된 뇌 영상을 통한 한국의 연구자들은 도시 풍경을 보는 건강한 성인의 편도체가 크게 활성화되었음을 발견하였다. 하지만 자연 풍경을 본 참여자들에게는 그런 현상이 뚜렷하지 않았다. 2011년 독일의 연구에서는 피험자들에게 의도적으로 스트레스를 준 다음 fMRI를 촬영했다. 그들은 다른 사람이 스트레스를 준다고 느낄 때 도시 생활을 오래 한 도시인의 편도체가 훨씬 더 활성화되었음을 발견했다. 다른 조건이 다 동일할지라도, 계속해서 위협적으로 보이는 환경이라면 정신 장애 위험 요인을 분명히 높일 것이다.

은 주의 결핍과 관련된다. 뇌섬의 활동은 사랑과 관련된다. 도시 풍경은 전대상이나 뇌섬의 활동에 영향을 주지 않았다.

대체로 두 번째 fMRI 연구에서도 동일한 결과가 나타났다. 실험 설계는 동일했다. 참여자들은 2분씩 시골 풍경과 도시 풍경을 본 다음 30초 동안 휴식을 취했다. 잡념이 주는 영향을 최소화하기 위해(저녁에 뭘 먹을지나 TV 유선 방송비가 얼마나 많이 나올지 등에 대한 잡념을 막기 위해) 피험자들에게 사진을 꽤 빨리 제시했다. 새로운 사진을 각각 1분 30초씩 제시했다. 그 이유는 이 실험이 진지하게 예술 작품을 감상하는 연습이 아니고, 오래된 뇌 영역의 활동을 통해 그 영역이 얼마나 자동적으로 반응하는지를 알아보려는 연구였기 때문이다. 또 연구자들은 피험자들이 도시 풍경을 볼 때 편도체의 활동이 두드러진다는 사실을 관찰했다. 자연 풍경은 행복한 얼굴을 보거나 행복한 기억을 회상할 때 활성화되는 기저핵의 활동을 크게 촉진했다. 흥미롭게도 자연 풍경은 중독과 보상을 담당하는 뇌 영역도 활성화시켰는데, 이는 아직도 자연으로 스크린을 물리칠 수 있다는 희망을 시사한다.

다른 대학교의 뇌 영상 연구가 현재 계획 중이고, 일부 연구에서는 자연 풍경과 도시 풍경이 정신 상태 및 친환경적 행동과 어떻게 상호작용하는지를 밝히기 위해 심리 검사도 도입할 예정이다. fMRI를 활용한 아주 최근의 연구에서는 전원 풍경이 긍정적 정서 및 행복과 관련된 뇌 영역을 활성화시킨 반면, 도시 풍경은 불안 및 각성과 관련된 주요 세 영역을 크게 활성화시킨 것으로 나타났다. 실제로 도시 풍경을 보자 분노할 때 활성화되는 영역의 활동이 증가되었다. 자연 속의 뇌를 보여주는 이들 초창기 지표(정교화된 뇌 영상 장비 안에서 진행된 연구임)는 긍정심리 분야 안에서 협력해온 심리학자들과 신경과학자들이 제시한 최신의 신경 영상 결과와 일치한다. 이들 연구자들은 사람들이 순간적인 행복이나 일상의 행복을 보고할 때 활성화되는 소위 행복 뇌를 정확히 밝히려고 애쓰는 중이다.

회고와 미래 예측

이 장에서 다룬 논제를 잠깐 생각해보면, 고대인들이 뭔가를 알고 있었던 것 같고, 요양원 붐이 다소 과장된 면은 있으나 그리 나쁘지 않았던 것 같다. 따로따로 보면 일부 연구를 무시해버리기 쉽다. 하지만 종합해 보면(기분과 스트레스에 대한 객관적·주관적 평가를 활용한 연구와 스트레스 완화 효과를 제시한 대규모 연구를 고려하고, 나아가 이를 병원의 질병 자료 및 기능적 뇌 영상 연구에 비추어보면), 자연의 영향에 대한 전반적인 그림이 그려진다. 그리고 일본에서 1000명 이상의 피험자 및 집계 자료와 함께 제시한 수십 편의 삼림욕 연구를 고려해보면, 자연이 인간의 건강과 생리에 무익하다는 주장은 말도 안 된다.

뇌는 확실히 자연의 영향을 받으며, 이제는 철학자와 시인이 낭만적인 몽상가에 불과하다고 폄하해서는 안 된다. 이 장에서 검토한 과학 연구 결과는 우리 모두에게 경종을 울릴 것이다. 자연이 우리의 일부임을 인식하고 이를 수용하는 정도에 따라 개인, 국가, 지구의 생존이 달려 있다. 스트레스 인식, 정신 상태, 면역력, 행복, 회복력은 신경계와 자연 환경에 대한 신경계의 반응에 의해 화학적 영향을 받는다.

자연이야말로 인간이 문명이라는 인공물을 만드는 원료이다.
전원에 자리 잡지 못한 어리석은 현대인은 자기들이 중요한 무언가를
이미 발견한 양 착각하고 있다.

– 앨도 레오폴드 교수, 1948

2

자연으로 돌아가라

아직은 행복한가?

전 세계적으로 기술은 인류의 진보에 크게 기여했다. 도구는 우리에게 상당한 도움을 주었고, 우리는 기술·도구와 더불어 진화해왔다. 우리가 자연 환경에서 먹을거리와 거처를 구하는 방법을 배우면서 자연과 함께 진화해온 것과 마찬가지로 말이다. 우리 몸에는 우리가 가진 도구를 활용해 우리 자신을 개선할 수 있다는 믿음이 깊이 배여 있다. 스마트폰, 태블릿 PC, 랩탑, 기타 스크린 전자기기 등 현대의 기구들이 소중한 정보를 가져다줄 것이라고 말이다. 이 기구들은 여러 가지 면에서 우리와 함께 진화해온 도구의 연장선이고, 그러다보니 우리는 스크린 시대가 좋은 점만 넘칠 것이라고 생각하기 십상이다.

우리는 이런 스크린 전자기기들이 있으면 생활이 더 편리해지고 나아질 것이라 기대하며 이 기기들을 구입한다. 여가 시간이 아주 행복해지고 인간 관계에서도 공감이 넘치며 다양한 정보에 바로 접근할 수 있어 생활이 더 스마트해질 것이라고 여긴다. 그러나 기술이 풍부한 '멋진 신세계'에서 우리는 그 어느 때보다 스트레스, 불안, 우울, 산만을 겪을 가능성이 더 높은 반면, 우리에게 정작 많은 도움을 주는 자연 환경은 제대로 이용하지 못하는 경향이 있다. 물론 이 글을 쓰는 우리가 기술에 반대하는 것은 아니다. 우리는 그런 전자기기를 포기해야 한다거나, 다시는 베스트 바이Best Buy(미국의 전자제품 전문 소매회사—옮긴이)에 들어가지 말라고 조언하지도 않을 것이다. 이들 제품에 적극 반대하라고 하지도 않을 것이다. 우리는 우리가 소유한 전자기기의 가치를 겸허히 인정하고 있으며, 스마트폰이 혼동의 시대를 살아가는 우리에게 질서와 도움을 가져다줄 수 있음을 알고 있다.

인터넷과 인터넷 연결은 그 이점이 실로 크다. 다양한 형태의 지원 집단에서부터 지역 공동체 기구, 지구 공동체 기구에 이르는 연결이 '위안'의 원천인 동시에, 긍정적 변화를 불러일으키는 기제가 될 수 있다. 우리는 기술을 수용할 뿐만 아니라, 그 기술이 우리의 건강 관리와 삶의 질 개선에 여러 가지로 기여한다는 사실도 인정한다. 업무상이든 사적이든 우리는 컴퓨터에 의지하고 무선 장비와 MP3 플레이어를 사용하며 페이스북을 한다. 그러나 서구 문화에 만연된 생각, 즉 더 많은 생활 기술과 정보 흡수만으로 웰빙과 행복이 촉진될 것이라는 견해에는 회의적이다. 안타깝게도 대부분이 연거푸 최신 제품을 구매하려고 아등바등하고 있다. 하지만 멋진 미래를 위해 전자기기를 쫓는 것(결코 끝나지 않는 게임)이 해롭다는 증거가 늘어나고 있다.

헛된 약속

사실 모든 매스컴에서 컴퓨터 기술이 대규모 유한계급을 양산할 것이라고 약속한 지 벌써 반세기나 되었다. 소위 사이버 혁명 분야의 모든 전문가들은 몹시 기뻐했다. 이들 미래학자들은 컴퓨터가 개인이나 사회 또는 세계의 모든 문제를 해결하는 만병통치약인 양 주장해왔다. 주당 근로시간이 20시간 이하로 떨어질 것이고 인간은 거의 유토피아에 가까운 삶을 누릴 것이라고 말이다. 1965년 〈타임 매거진Time Magazine〉은 "이윽고 컴퓨터 덕분에 인간이 헬레니즘 시대와 같은 여가를 누리게 될 것이다. 그 당시 그리스인들은 마음을 계발하고 환경을 개선할 시간을 갖는 반면, 노예들은 노동을 전담했다. 현대의 헬레니즘에서는 컴퓨터가 노예 역할을 할 것이다"는 표지 기사를 내보냈다. 1967년 〈새터데이 리뷰Saturday Review〉에는 '인간의 탁월한 창의성이 가져온 사이버 노예'가 여가의 황금기를 예고할 것이라는 내용의 기사가 실렸다.

그러나 그런 기대는 전혀 계획대로 이루어지지 않았다. 오히려 정반대의 결과가 나타나, 우리들 대부분이 스크린의 노예가 되었다고 말할 수 있을 지경이다. 우리는 TV, 인터넷, 문자 메시지, 음악, 게임 등 스크린을 통한 정보 활용에 약 12시간을 소비하고 있다. 1980년 이후의 정보 소비를 추적한 연구자들은 정보 소비가 엄청나게 증가했고, 그런 현상이 비단 업무에만 국한되지 않는다는 사실을 발견했다. 업무와 무관한 정보 소비는 350% 증가했다. 1999년 불안 및 우울과 관련된 컴퓨터 사용은 주당 평균 27시간이었다. 2012년에 이미 그 평균 시간을 한참 넘었다. 그래서 우리는 불과 2~3일 동안 스크린에 27시간을 소요하고 만다. 실제로 우리는 정보를 서핑하고 그 정보를 수박 겉핥기식으로 처리하며 다른 활동을 할 시간에 스크린에 몰두하고 있다.

우리가 전자기기의 손아귀에서 벗어난다 할지라도 우리가 여가 시간을 유익하게 활용할 것 같지는 않다. 안타깝게도 우리는 여전히 마이크로칩 덕분에 주당 근로시간이 20시간으로 줄어들 날을 꿈꿀 것이다. 사실 우리는 컴퓨터와 무선 장비가 직장과 가정의 경계를 없앨 것이라고 예측하지 않았다. 그러나 저녁이나 주말 심지어 휴가 중에도 업무 이메일을 체크하는 것이 일반적이고, 심지어 그럴 것이라고 기대할 정도이다. 18세에서 44세에 이르는 근로자의 75%가 휴가 중에도 이메일을 체크한다. 그 유혹이 대단해서 약 40%는 휴가 중에도 이메일을 자주 체크하거나 강박적으로 체크한다고 말할 정도이다. 그동안 마케팅 귀재들은 최신 전자기기가 우리의 문제를 해결해줄 '답'이라고 약속하며 우리를 부추겨왔다. 매년 소비자들이 몇 톤씩이나 되는 전자기기를 구식으로 여기고 폐기하는데, 이는 사실상 작년의 전자기기가 그 답이 아니었음을 시사한다.

스크린 문화는 개인에게나 사회(현 시점에서)에 더 나은 세계를 가져오지 못한다. 이에 반대하는 이들은 오늘날의 과도한 스트레스를 설명하기가 어려울 것이다. 애플리케이션이 넘치는 지역에서는 정신 질환, 아동의 학습 장애와 행동 장애, 수면 장애가 높은 반면, IQ와 전반적인 행복지수는 낮다. '많은 곳에 스크린이 널려 있다'고 해서 정신 건강이 높아지지 않는다. 마케팅 분야에서는 여전히 더 많은 스크린(벽에는 더 큰 스크린을, 주머니에는 더 작은 스크린을)과 스크린 위주의 사회적 연결이 행복에 이르는 길이라고 떠벌릴 것이다. 하지만 공감 능력이 떨어지고 트럭 운전사가 주변의 대도시에 프로작을 운반하는 사회 현실에 비추어볼 때 확실히 더 많은 스크린이 행복에 이르는 길은 아닌 것 같다. 1960년대에

우리는 전자기기들이 있으면
생활이 더 편리해지고 나아질 것이라 기대하며 이 기기들을 구입한다.
여가 시간이 아주 행복해지고 인간 관계에서도 공감이 넘치며
다양한 정보에 바로 접근할 수 있어 생활이 더 스마트해질 것이라고 여긴다.
그러나 기술이 풍부한 멋진 신세계에서 우리는 그 어느 때보다
스트레스, 불안, 우울, 산만을 겪을 가능성이 더 높다.

자주 떠들어댔던 낙관적인 사이버 유토피아와 우리가 당면한 현 상태 사이의 격차가 너무 크다. 북아메리카인의 정신적·인지적 건강을 면밀히 검토해보면, 기술 혁명과 관련된 거짓 약속들이 밝혀질 것이다.

스트레스, 우울, 불안

행복은 정의하기가 어렵다. 그 증거를 찾으려면 아마존 닷컴의 건강 섹션에서 책 제목에 '행복'이라는 단어가 붙은 2000권 이상의 책을 자세히 살펴보라. 제목에 '행복'이라는 단어가 붙은 책 중 약 75%가 2000년 이후 출판되었다. 대부분의 책에서는 행복을 전반적인 생활 만족도로 보거나, 부정적 정서 상태가 아닌 긍정적 정서 상태로 두루뭉술하게 정의하고 있다. 여기서 긍정적 정서 상태는 기쁨, 만족, 활기, 관심, 사랑은 더 높은 반면, 분노, 원망, 죄책감, 공포, 수치, 슬픔은 더 낮은 상태다. 그런데 현재 캐나다와 미국 모두 이 생활 만족도가 낮아지는 추세다.

151개국을 대상으로 한 세계갤럽조사Gallup World Poll에서 미국 거주자들은 슬픔(68개국보다 슬픔이 더 높음)과 분노(74개국보다 분노가 더 높음)를 자주 보고했다. 이를 만연된 스트레스, 정신 장애 증가율, 우울 성향 인구와 비교해보기 바란다. 틀림없이 미국이 행복이 넘치는 사회가 아님이 밝혀질 것이다. 연구자들은 행복한 사람들이 20%도 안 된다고 제시했다.

실제로 요즘 성인들은 스스로를 행복하지 않다고 보는 스트레스 인식이 사상 최고치라서 큰 우려를 낳고 있다. 스트레스는 신체 질환과 정신 장애를 유발하는 동인이다. 북아메리카인들은 스트레스와 부담이 많다고 보고하였으며, 44%는 지난 5년간 자신의 스트레스가 늘었다고 말했다. 캐나다 정신건강협회에서는 해가 갈수록 캐나다인의 스트레스가 늘고 있다고 보고했다. 미국인은 특히 스트레스를 많이 받아 151개

에바 박사의 임상 노트

43세의 싱글인 자넷은 자신이 중독된 상태라는 것을 알았다. 아동기의 트라우마로 인해 불안과 외상후 스트레스 병력이 있는 그녀는 혼자서 온라인 근무와 쇼핑을 하며 생활해왔다. 그녀의 온라인 쇼핑 중독은 우연찮게 시작되었다. 잠 못 이루던 어느 날 밤 그녀는 인터넷 서핑을 시작했다. 그 후 그녀는 많은 상품을 찾아 '바로구매' 버튼을 누를 때마다 행복감을 느끼는 자신을 발견했다. 문제는 그녀가 멈출 수 없다는 점이었다. 밖에 나가거나 누군가를 만나기보다 온라인 쇼핑을 즐겼다. 그런데 사실 자넷이 도움을 요청하게 된 것은 외로움 때문이라기보다 빈털터리가 되었기 때문이다.

간단히 해결할 수 없는 복잡한 사례이지만, 나는 자넷이 스크린에서 벗어나야 하고, 질주하는 마음을 진정시킬 새로운 방법을 찾아야 한다는 사실을 알았다. 그녀에게 어떤 자연 경관이 가장 좋은지를 묻자, "해변요. 전 해변을 좋아해요."라고 말했다.

그래서 자넷에게 두 가지 처방을 내렸다. 1) 하루에 10분씩 물가나 해변과 관련된 유도심상을 할 것, 특히 가만히 있기가 힘든 저녁에는 꼭 그렇게 할 것. 2) 실제로 물가나 해변으로 갈 것.

1개월쯤 지난 후 자넷은 기분이 호전되고 자율감을 느꼈으며, 그것은 꾸준히 하고자 하는 동기가 되었다. 그녀는 도움이 더 필요하다는 사실을 깨닫고는, 그녀가 알고 있던 지지 집단에 가입하여 외로움을 줄여줄 친구도 사귀었다.

국 중 5위였다.

정신 장애를 겪을 가능성은 몇십 년 전보다 훨씬 더 높다. 1938년 이래 미국에서 꾸준히 활용해온 인성 검사 결과, 2007년 당시 정신병리 경계선 이상의 학생 수가 1938년보다 5배나 증가한 것으로 나타났다. 이제는 북아메리카인 2명당 한 명꼴로 정신 장애 기준에 부응할 것이라 예측할 수 있다. 특히 우울증은 걷잡을 수 없다. 오늘날 북아메리카의 젊은 성인들은 우울증이 4명당 한 명꼴로 나타나는데, 불과 두 세대 전만해도 10명당 한 명꼴이었다는 점을 명심하라.

진단 가능한 정신 장애, 특히 우울과 불안은 보통 연속선상에 있다. 한쪽 극단에는 사고와 정서가 긍정적이라서 건강하고 자족하는 성인이 있다. 이들도 부정적 사고와 스트레스 요인의 영향을 받긴 하지만, 긍정적 정서가 우세하다. 스펙트럼의 다른 극단에 있는 우울과 불안 환자들은 부정적 사고가 주를 이루고 골치 아픈 일이나 스트레스 요인에 아주 민감하다. 실제로 점점 더 많은 이들이 진단 가능한 우울이나 불안을 겪으며 근근이 살아간다. 1차 진료 의사를 방문한 모든 방문자의 약 30%가 주요 호소와 관계없이 이들 그룹에 속한다. 이 위치에 있는 이들은 좋은 상황이 아니다. 삶의 질이 떨어지고 정신 상태에 문제가 생긴다.

이 책을 쓸 무렵 바퀴가 18개나 되는 대형 트럭이 현대 생활로 생긴 정신 장애를 치료하기 위해 미국과 캐나다를 잇는 곳곳의 고속도로를 따라 한창 향정신제를 운반하고 있었다. 매년 네 종류의 항불안제가 12톤, 가장 인기 있는 ADHD 약물은 한 제품만 38톤, 수면제는 7톤, 항우울제는 150톤이 운반되고 있다. 2009년 의사들은 4억 장이나 되는 향정신성 약물을 처방했는데, 이는 20년 전의 4배 이상이고 미국과 캐나다의 모든 남성, 여성, 아동에게 모두 한 장씩 나눠줄 수 있는 수치다. 이런 약물의 활용과 정신 장애 진단은 사상 최고치다.

IQ 저하

20세기 내내 선진국에서는 IQ가 10년마다 약 3~5점씩 꾸준히 올랐다. 플린 효과Flynn effect(IQ 상승을 처음 보고한 제임스 플린James Flynn의 이름을 딴 용어)라는 이 경이로운 현상을 영양 증진, 교육 개선, 건강 관리, 특정 사회 요인 등 다양한 요인으로 설명해왔다. 플린 효과가 나타나지 않는 요인으로는 소위 뇌훈련 게임, 비디오 게임, 스마트폰 애플리케이션, 기타 미심쩍은 디지털 훈련 도구를 들 수 있다. 실제로 디지털 전자기기 위주의 문화로 인해 우리 뇌가 멍해지는 것으로 보인다. 연구자들은 IQ 점수의 정체뿐 아니라 플린 효과의 역전까지 제시하면서 경종을 울리고 있다. 여러 선진국의 대규모 연구에서는 IQ 저하가 1990년대 후반(디지털 마니아의 등장과 맞물려)에 시작되어 1998년~2004년 사이에는 10년마다 나타나던 IQ 상승이 사라졌다고 보고했다. 플린 박사 역시 역전을 보고했다. 2009년 수행된 그의 연구에서는 영국 십대들의 IQ가 1980년대의 최고점보다 떨어졌다고 보고했다. 문자 메시지를 보내거나 이메일을 확인하느라 IQ가 10점이나 날아가버린 셈이다. 일시적이긴 하지만 자연과의 단절은 창의성을 파괴하고 인간을 막다른 지경으로 몰아가고 있다. 가령, 근로자들은 한 통의 이메일로 인해 담당 업무 처리가 평균 24분이나 지연된다. 그리고 수업 시간 40분 동안 짧은 문자 메시지(3분 이하의 문자 메시지)를 한 통만 보내도 학생의 단어 회상이 반으로 떨어진다. 결국 우리는 아동과 성인의 ADHD 비율이 엄청난 산만의 시대에 살고 있는 것이다.

우리는 기술의 진보 덕분에 우리가 더 스마트해졌다고 생각할지 모르지만, 증거들은 전혀 그렇지 않음을 분명히 제시하고 있다. 아래 사항을 살펴보자.

- 비디오가 어린 시청자의 천재성을 개발하지 못한다는 점을 공식 인정하지 않으면서도 디즈니에서는 현재 2004~2009년까지 구입한 모든 '베이비 아인슈타인' DVD에 대해 전액 환불 조치를 취했다.
- 연구자들은 부모들이 비디오 게임을 잘 모르는 아동(6~9세)에게 게임기, 게임 컨트롤러, 연령 제한이 없는 게임을 제공하자 학업 수행이 떨어졌음을 발견했다.
- 인지심리학자인 알랭 뉴어리Alain Lieury는 소위 뇌개발 비디오 게임이 사실상 기억 점수를 낮추었음을 발견했다.
- 약 200명의 성인 대상 연구에서는 나이든 성인에게 컴퓨터와 인터넷 사용을 가르쳤을 때 인지 기능이 전혀 향상되지 않은 것으로 나타났다.

공감과 자아도취

디지털 시대는 우리에게 초고속 정보 통신망과 더 많은 곳에서 더 많은 친구를 사귈 수 있는 네트워크 수단을 가져다주려고 했다. 의도된 대로는 아니나 그 약속은 실현되었다. 하지만 선구자들은 정보 과부하 문제를 예측하지 못했고, 의심스런 정보로 인해 양질의 정보가 무력화될 것도 예측하지 못했다. 물론 소셜 미디어가 우리를 연결할 것으로 보인다. 하지만 전자기기를 통해 연결될 것이라는 모든 감언이설에도 불구하고 더 배려하는 세계가 된 것 같진 않다. 특히 북아메리카에서는 그런 현상이 더 심각하다. 타인의 고통에 대한 정서 반응을 측정하는 '공감 점수'는 1980년 이후 49%나 감소했고, 타인의 상황적·개인적 환경에 대한 지적 이해를 측정하는 '관점 조망'은 34%나 떨어졌다.

과도한 인터넷 사용자들은 문제 해결 상황에서 정서를 활용하는 정서 지능 점수가 낮았다. 정서 지능이란 타인의 정서 상태를 모니터하기 위해 언어적·비언어적 단서를 활용하는 능력을 말한다. 정서 지능은 직장과 사회 생활에서 협동과 이해를 이끌어내어, 결과적으로 스트레스 회복력과 실제 상호작용에 기여한다. 전기생리학적 연구들은 낮은 정서 지능과 관련된 뇌 활동을 다루었는데, 과도한 인터넷 사용자들은 인간의 얼굴을 인식하고 처리하는 방식이 다르다고 결론지었다. 인간의 상호작용에서 공감은 고통을 표현하는 아주 사소한 얼굴 단서까지 인식하는 능력이다.

연구에서는 환경 과부하로 인해 중요한 사회적 단서를 간과하면 공감과 사회적 관심이 떨어질 것이라고 단언한다. 환경 과부하로 인해 다른 이들의 결핍을 아예 인식하지 못할 수 있다. 인지 피로로 인해 미묘한 결핍 단서를 해석하는 능력이 손상되어, 다른 이들이 다중 과제를 완성하지 못하더라도 그들의 결핍을 아예 무시해버릴 수 있다. 기술에 푹 빠져 스크린에서 헤어나지 못하면 주변 사람들을 신경 쓰지 않는다. 가령, 스마트폰을 하며 걷는 이들은 주변 사람들에게 신경을 쓸 수 없다. 그래서 무척이나 바쁜 근로자들 틈을 천천히 걷다가 자칫 다른 보행자의 분노를 일으킬 수 있다는 인식도 부족하다. 이에 대한 과학적 증거는 이미 많다. 이때 도시의 규모는 중요하지 않다. 뇌에 산만한 환경 정보가 많이 유입되면 조력 행동이 줄어든다.

작업 환경의 산만함과 정보 과다로 과부하에 걸린 사람은 타인에게 호의를 베풀 가능성이 줄어든다. 환경 과부하로 인해 충동성은 높아지는 반면, 사색과 이해, 판단 유보에 할애할 기회는 줄어든다. 실제로 환경 과부하가 높으면 타인에게 둔하고 성급한 결정을 내리게 된다. 환경

과부하 상태에서 내리는 판단은 안정 지향적인 것으로 나타났는데, 이는 일반화와 두루뭉술한 정보에 바탕을 두었을 가능성이 높다. 나중에 알게 되겠지만, 자연 몰입은 정반대이다. 자연은 뇌를 회복시키고 환경 과부하로 인한 스트레스를 줄이며 사색의 기회를 제공하고 이타심을 촉진한다.

타인의 고통에 대한 관심과 이해가 크게 감소함에 따라 자기 몰입과 자아도취가 증가하고 있다. 2009년의 한 연구에서는 인성 검사의 자아도취 관련 문항 대부분에 응답한 사람이 1994년에 비해 89%나 많아 젊은 성인들의 자아도취가 크게 증가한 것으로 나타났다. 흥미롭게도 자아도취를 측정하는 인성 검사에서 아주 높은 점수를 받은 이용자들은 하루에도 페이스북을 여러 번 방문하고 페이스북 친구가 많으며 방문할 때마다 많은 시간을 소비한다.

공감에서 자아도취로 기울면서 사회와 자연 환경에 엄청난 문제가 발생했다. 자아도취는 착취, 속임수, 공격, 피상적인 관계, 정서적 친밀감 부족과 같은 대가를 치르게 되는 반면, 공감은 조력 행동과 사회 정의의 핵심 요인이다. 자아도취는 이후의 결과를 고려하지 않는 과도한 모험이나 충동성과도 관련된다. 연구에서는 집단적 자아도취로 인해 부당이득을 노리는 정책을 부추긴 나머지 윤리적 목표가 흐려지고 자원이 낭비된다고 제시하고 있다. W. 케이스 캠벨W. Keith Campbell 팀의 심리학 연구에서는 자아도취 성향이 있는 이들은 욕심 때문에 미래의 숲을 줄일 가능성이 높아서, 결국 장기적인 이익과 지속 가능성을 포기하는 것으로 나타났다. 결국 자아도취자들은 자연과 친구가 될 수 없다.

스크린과 수명

의료 기술은 수명 연장, 특히 영아와 아동의 사망률 감소에 크게 기여하였으며, 노년기에도 어느 정도 긍정적 영향을 주었다. 하지만 우리는 이렇게 경이로운 기술과 의료 발전을 일상적인 전자기기나 스크린('기술'이라는 이름하에 널려 있는 장비)과 혼동하지 말아야 한다. 우리는 스트레스를 받아 집중이 안 되면 스크린을 탈출구로 삼는다. 그러나 자성을 지닌 스크린은 사망률을 높이는 데 기여할 뿐이다. 저명한 문화 비평가인 네일 포트먼Neil Postman은 『죽도록 즐기기*Amusing ourselves to death*』라는 고전적인 책에서 이에 대한 모든 것을 다루었다. 30년이 지난 지금 스크린이 일반 상식, 피상적인 기분 전환, 무궁무진한 오락을 제공함에도 불구하고 사실상 조기 사망에 기여한다는 연구가 쏟아지고 있다. 그렇다, 포트먼이 옳았다.

몇 년 동안 4500명 이상의 성인을 추적 연구한 2011년의 연구에서 총 스크린 사용 시간이 높은 사망률과 관련된 것으로 나타났다. 그 사망률이 결코 낮지 않았다. 스크린 사용 시간이 가장 적었던 이들에 비해 52%나 더 높았다. 놀랍게도 운동이나 운동 부족이 매개 요인이 아니었다. 스크린 사용 시간이 가장 높고 신체 활동이 많았던 이들은 스크린 사용 시간이 가장 낮고 운동을 했던 이들에 비해 사망률이 겨우 4%(그래도 48%나 더 높은 사망률) 낮았다. 오스트레일리아의 연구자들은 평생 동안의 TV 시청 시간 자체가 예상 수명을 줄이는 요인이고, 그로 인한 비만과 운동 부족에 따른 사망률도 높다고 보고했다. 획기적인 스크린 제한기를 설치하면(하루에 두 시간 정도로 제한해서) 비만 아동의 체질량지수와 섭취 열량이 감소한다는 점도 고려해보자.

과잉 자극은 뇌를 혹사시켜 직접적인 피로는 물론이고, 수면의 양과

질을 떨어뜨려 간접적인 피로까지 준다. 미국에서 90억 달러 규모에 이르는 카페인 에너지 음료의 매출만 보더라도 미국인이 활기찬 생활을 못한다고 말할 만하다. 1989년 이래 십대의 카페인 섭취는 두 배 이상으로 늘었다. 좀 더 구체적인 통계자료를 제시하면, 〈미국의 스트레스Stress in America〉에서 실시한 최신 조사 결과 미국 성인의 41%가 피로감을 느끼는 것으로 나타났다. 극도의 피로가 이미 심각한 상태이고, 에너지 음료는 미봉책에 불과하다.

정보를 갈망하는 뇌

과도한 정보가 이렇게 심각한 정신적·신체적 피해를 주는데도 거기에서 벗어나 정보를 적절히 활용하지 못하는 이유는 무엇일까? 사실 그 이유는 아주 간단한다. 즉 피상적 수준의 정보에 빠져 있으면 기분이 좋아지는데, 그것은 다 도파민 때문이다. 실제로 우리 뇌는 정보를 갈망하도록 만들어져 있다. 우리 뇌는 생존을 위해 음식과 물 등 필수품을 구하는 우리를 보상하려고 신경 통로에 도파민을 분비한다. 새로운 연구에서는 뇌에서 정보 추구를 보상하기 위해 도파민을 활용하는 것으로 나타났다. 이는 정말 합리적인 것 같다. 그 이유는 정보가 생명을 구할 수 있기 때문이다. 그러나 뇌의 도파민 보상 회로에는 어두운 측면이 있다. 즉, 그 회로가 다른 통제 회로를 압도하여 다른 유형의 보상은 무시하고 한 가지 보상만 아주 중요시할 수 있다. 가령, 고칼로리 음식, 알코올, 마약과 같은 보상을 아주 중요시하여 뇌의 통제 체계를 장악할 수 있다. 이렇게 우리는 생존을 위해 음식을 필요로 하지만, 제대로 균형을 잡지 못하

Zoom-in

방목하기를 두려워하는 부모

정말 우리 아이들을 우리 시야에 묶어두는 게 옳은 일인지, 아이들이 세균, 나쁜 사람, 운동하다 다치는 것, 운동하다 좌절하는 것, 스트레스, 햇볕에 타는 것, 살모넬라균, 무릎이 까지는 것, 기타 등등 사소한 위험을 겪지 않게 빈틈없이 지키는 게 과연 말이 되는지 생각하다가, 나는 놀랍게도 새로운 움직임의 선두에 서게 되었다. 방목 운동! 사실은 내가 붙인 이름이다. 우리 시대 또 하나의 거대한 움직임, 곧 '헬리콥터 육아'에 맞서기 위한 운동이다.

– 리노어 스커네이지, 『방목하는 아이들*Free Range Kids*』, 2010

연구에서는 부모의 두려움이 자녀의 스크린 사용과 실내 오락을 지지하는 주된 원인인 것으로 나타났다. 끔찍한 범죄와 비극을 전하는 뉴스가 텔레비전, 컴퓨터, 스마트폰을 통해 부모들의 시각피질에 물밀듯이 들어오기 때문에 부모들은 세상을 아주 무서운 곳으로 인식한다. 반면에 실내는 훨씬 더 안전한 곳으로 여기는 것 같다. 2009년의 베스트셀러였던 『방목하는 아이들』의 저자이자 뉴욕 시민인 리노어 스커네이지Lenore Skenazy는 아동이 밖에 있으면 위험할 것이라는 매체의 과장에 반격을 가했다. 안타깝게도 스크린에 얽매인 생활이야말로 결코 안전하지 않다. 그런 생활은 우울, 불안, 추후의 심리 문제를 일으킬 위험이 있다.

면 설탕이 많이 함유된 고칼로리의 스낵류에 큰 피해를 입을 수 있다.

요즘에는 정보의 질과 무관하게 정보 자체가 도파민 보상 회로의 뉴런을 활성화시키는 아주 맛난 음식처럼 작용하고 있다. 일단 도파민 보상 체계가 개입되면, 정보 추구를 더 강화할 것이다. 즉각적인 정보와 일반 상식의 바다에는 보상적인 정보가 많아 뇌의 보상 체계를 활성화시킬 준비가 되어 있다. 이는 우리 자신이 전자기기에서 헤어나지 못하는 이유를 잘 설명해준다. 즉, 왜 전자기기를 그만두기가 아주 어려운지를 말해준다. 간단히 말해, 들어오는 문자 메시지나 열지 않은 이메일은 나비 리본으로 잘 포장한 작은 선물과 같다. 그 위에는 당신의 이름이 있고 금방 소중한 정보를 줄 것이다. 프로 선수의 과외 활동이나 헐리웃 연예인의 결혼 관련 최신 뉴스는 뜨거운 퍼지를 얹은 맛있는 선데가 담긴 작은 그릇과 같아서 결국 그 기사를 읽게 된다. 그런데 이메일이며 문자며 기사며 읽어야 할 게 한두 가지가 아니다. 하루에 수백 개씩이나 된다. 이따금 바이러스에 걸린 비디오가 웹에 문제를 일으키던 시대는 이미 과거이고, 이제는 바이러스에 걸린 비디오가 매일 무수할 정도로 많다. 연예인의 스캔들이 하나가 아니라 수백 개씩이고, 그 내용을 기록하는 블로그가 수천 개에 이르며 각 블로그에는 많은 독자들의 코멘트가 있다.

우리가 만든 지구촌인 인터넷에는 나비 리본으로 포장한 작은 선물이 너무 많다. 결국 우리는 정보 과부하에 걸려서, 실제로 중요한 정보와 정크 푸드류의 정보를 구분하느라 고생한다. 패스트 푸드류의 정보는 뇌의 보상 센터에 분비되는 약간의 도파민과 마찬가지로 일시적인 기분 개선제이다. 소로는 도파민의 강력한 매력을 몰랐으나, 사람들이 의심스런 정보에 끌리는 경향이 있음을 알았다. 그는 『월든Walden』에서 "메인에서 텍사스까지 자석 전신magnetic telegraph 건설을 몹시 서두르고 있다. 하지만

에바 박사의 임상 노트

프레드는 스트레스 관리에 대한 조력을 구하려고 내 사무실을 방문했다. 물론 자발적으로 온 것이 아니라, 순전히 아내의 생각 때문이었다. 그의 아내는 도움을 청하지 않으면 헤어지겠다고 협박했다. 한 시간 동안 프레드는 문자 메시지를 다섯 번이나 확인했고, "전화를 받아도 되나요? 워낙 중요한 전화라서요"라고 말하며 전화를 네 통씩이나 받았다.

내가 파악한 바에 따르면, '중요한' 직업을 가진 프레드는 긴 통근시간을 포함해 하루에 12시간이나 근무했고, 운동, 자가 치료, 휴식 시간이 거의 없었다.

나는 그에게 "스마트폰이나 이메일 등이 없던 20년 전이었다면 뭘 했을 것 같아요?"라고 물었다. 그는 잠시 생각한 다음, "아마 이완법에 관심을 갖고 배웠겠죠"라고 대답했다.

그래서 나는 쉬는 시간, 휴식, 이완의 기회가 없어 반응 체계가 과잉 활성화되면 우울과 불안, 심장병, 고혈압, 염증성 장애, 근골격 문제, 기억 상실, 면역 체계 손상이 나타날 수 있다고 설명했다. 난 "계속해도 될까요?"라고 물었다.

메인과 텍사스 사이에는 전달할 만한 중요한 것이 없다. … 우리는 대서양 해저에 터널을 뚫어 구세계와 신세계의 거리를 몇 주 더 당기길 열망하지만, 아마도 귀가 얄팍한 미국인들에게 들리는 첫 뉴스는 고작 애들레이드 공주가 백일해에 걸렸다는 소식일 것이다"고 썼다.

아직 공식적인 진단은 아니지만, '인터넷 중독'과 '디지털 기기 중독'은 의료계에서 널리 언급되어온 용어다. 오늘날 미국인의 42%는 단연코 핸드폰 없이 '생활할 수 없다'는 말에 동의하고, 성인의 반 이상이 자신이나 자기 자녀들이 온라인에 너무 많은 시간을 소모한다고 걱정한다. 추정치가 다양하긴 하지만, 전체 인구의 약 10%는 확실히 인터넷 중독에 걸린 것 같다. 플러그를 뽑지 못하고 전원을 끄지 못하는 확실한 이유는 무언가를 놓칠 것이라는 두려움 때문이다. 사실 우리는 이미 무언가를 놓치고 있다. 그 예를 몇 가지만 들자면, 수면, 면대면 상호작용, 사색 시간, 신체 활동, 자연 몰입 등이다. 하지만 적어도 이제는 전자기기의 최면에 걸린 것에 대해 "도파민이 나를 그렇게 만들었어!"라는 확실한 핑계가 있다.

일상적 스트레스와 스트레스 생리

수명에 가장 중요한 한 가지 비결이 뭐냐는 질문을 들으면,
난 걱정, 스트레스, 긴장을 피하라고 말할 것이다.
물론 나에게 그런 질문을 하지 않아도, 난 여전히 그렇게 말할 것이다.

— 조지 F. 번스 George F. Burns

스트레스가 인간의 건강에 미치는 영향을 다룬 책은 많다. 초창기부터 이 분야의 연구는 생활 변화, 상실, 트라우마와 같은 주요 스트레스 요

인과 그 요인들이 신체적·정신적 건강에 미치는 피해에 관심을 쏟았다. 최근에 연구자들은 경미한 스트레스라도 만성적이면 건강을 해칠 수 있다는 사실을 면밀히 관찰했다. 해안을 침식하는 파도처럼 사소한 스트레스라도 계속 받으면 건강과 웰빙을 해칠 수 있다. 교통, 소음, 가정과 직장에서의 다툼, 이웃과의 불화, 무례한 대우, 서비스 센터와의 다툼은 심리학자들이 말하는 '일상적 스트레스'의 극히 일부일 뿐이다. 전문적으로는 이런 스트레스를 '짜증, 동요, 불안, 좌절, 걱정, 전반적인 분노 등 부정적 감정을 유발하는 사건, 생각 또는 상황'으로 정의한다. 일상적 스트레스는 보통 특정 목표의 도달을 방해하는 장애물로 인식된다. 이런 정의를 고려하면, 디지털 시대에 어떤 차원이 새로이 추가되었는지를 쉽게 알 것이다. 가령, 스마트폰을 하느라 앞을 안 보고 천천히 걷는 사람들이 길을 막아 회의에 늦거나, 보고서를 마무리해야 할 때 주변에서 핸드폰으로 크게 통화하는 사람들 때문에 집중이 안 될 수 있다. 그 외에도 현대 사회의 여러 가지 침해로 인해 북아메리카의 성인들은 짤막한 스트레스 반응 회기를 매일 약 50회씩 겪는다.

이런 일상적 스트레스는 건강에 결코 좋지 않다. 요즘에는 그런 스트레스가 주요 생활 스트레스보다 우울증 발발과 재발을 예측하는 훨씬 더 강력한 요인으로 등장했다. 일상적 스트레스에 대한 정서 반응은 스트레스 호르몬인 코르티솔 분비를 높이는 등 연쇄적인 스트레스 생리를 일으킬 수 있다. 그 외에 불안과 우울을 겪는 성인들과 마찬가지로, 업무 스트레스가 높다고 보고하는 건강한 성인들 역시 코르티솔 수준이 높다. 일반적으로 과도한 책임, 일상적 업무에서 겪는 시간 압박, 작업 과부하로 인해 휴가를 미루는 근로자들은 스트레스를 덜 받는 이들에 비해 코르티솔 수준이 훨씬 더 높았다. 직장인들의 분노와 높은 코르티솔 수준과의 관계 또한 언급된다. 심각한 위기가 닥쳤을 때 분비되는 코르티솔은 단기적으로 어느 정도 건강에 이점(면역 지원)을 주지만, 환경 과부하로 인한 장기적인 스트레스 상승은 파괴적이다. 특히 만성적인 코르티솔 상승은 세포를 죽이는 경미한 염증과 산화 스트레스 사이클을 유발한다. 만성적인 염증과 산화 스트레스의 유해한 상호작용은 사실상 여드름에서 궤양에 이르는 모든 만성 질환과 관련된다. 더 심각한 점은 한때 불안과 우울의 결과로만 여겨졌던 코르티솔 상승, 염증 및 산화 스트레스가 기분 장애를 더 악화시킨다는 점이다. 이 세 가지 모두 직접 신경세포를 공격하고 기분조절 신경전달물질의 가용성availability을 낮출 수 있다.

스트레스로 인해 건강을 손상시키는 화학물질이 분비되면 전반적인 세계관이 바뀔 수 있다. 건강한 성인들에게 코르티솔을 투여하면, 행복한 얼굴 사진을 보고도 뇌 각성 수준이 정상 이하로 떨어질 것이다. 이와 달리 건강한 성인들에게 우울한 기분을 유도하면, 신체적으로든(통증을 크게 인식함) 정서적으로든 세상이 더 고통스러운 곳이 될 것이다. 자족하고 정상적인 성인의 염증성 화학물질 수준을 의도적으로 높이면, 그로 인해 불안감, 우울한 생각, 인지적 브레인포그brain fog(머리가 혼란스럽고 뿌연 안개처럼 선명하지 못하여 분명한 생각이나 표현이 어려운 상태—옮긴이) 등 정신 상태가 바뀔 것이다.

일상적 스트레스로 건강한 행동과 동떨어진 행동을 할 수도 있다. 가령, 일상적 스트레스를 받으면 설탕이 많이 함유된 고지방 스낵을 많이 섭취하는 동시에 식사를 건너뛰고 야채를 꺼리게 된다. 또 일상적 스트레스를 받으면 브로콜리와 근대를 먹으려 하지 않는다. 일상적 스트레스가 많다고 보고한 이들에게 의도적인 신체 활동이 적다는 점도 주목할

Zoom-in

탄광 속 카나리아

언젠가 나는 질식성 가스가 깔린 깊은 우물에 빠져 죽을 뻔했다. 눈에 보이지 않는 독을 마실수록, 거기에서 벗어날 행동을 적극 취하기가 힘들어졌다. 상업이나 쾌감의 소굴인 번잡한 도시에서 힘들게 일하든 어정거리든 탕진하든 그 당시의 나와 똑같은 상태이다. –존 뮤어John Muir

스크린 시대는 비교적 새로운 현상이라서 최근에야 비로소 과다한 정보에 장기 노출되었을 때의 문제점이 밝혀졌다. 스크린 문화에 몰입한 이들에 대한 연구들이 쏟아지고 있는데, 인터넷 위주의 생활은 문화 전반에 어떤 일이 일어날지를 암시하고 있으며, 그 결과는 탄광 속 카나리아에게든 나머지 사람들에게든 길조吉兆는 아니다. 이들 연구에서는 신체적·정신적으로 건강한 청년과 젊은 성인의 스크린 활용 시간을 기록한 다음, 이들을 장기간 추적한 후 어떤 일이 일어나는지를 검토했다. 2~7년 이상 추적 연구한 결과에서는 연구를 시작할 때 측정한 스크린 매체 소비, 비디오 게임 활용, 컴퓨터 활용 정도를 건강한 청년과 성인의 우울, 불안(특히 사회 불안), 심리적 문제, 수면 부족 등의 증가와 관련지었다.

우울증이 없는 4100명 이상의 십대를 대상으로 한 7년간의 추적 연구에서 스크린 매체 소비가 젊은 성인의 추후 우울증을 예측했다면, 우리는 분명히 모든 것을 재고해야 한다. 연구에서는 폭력 비디오 게임 노출이 공격성 증가와 공감 감소를 예측한다는 사실을 분명히 제시했다. 어떤 종류든 비디오 게임 몰입이 불안과 우울을 예측한다는 사실을 알게 된 지금이야말로 정신 차리고 대책을 취해야 할 때이다.

필요가 있다. 이는 〈미국의 스트레스〉에서 최근 조사한 결과에 잘 반영되어 있는데, 텔레비전을 보며 스트레스를 푼다는 응답자가 약 40%이고 위안 삼아 다른 스크린(컴퓨터, 비디오 게임)에 의존한다는 응답자가 35%였다. 스트레스 상태에서는 그 전보다 도파민이 더 필요하기 때문에 그게 당연해 보인다. 정교한 뇌 영상 연구에서는 스트레스 자체가 뇌 활동을 변화시켜 갈망 대상에 자꾸 의지하게끔 열렬한 갈망을 증폭시키는 것으로 나타났다.

일상적 스트레스 상황에서 뇌에 꼭 필요한 것은 긍정적 정서다. 일상적 스트레스가 스트레스 연쇄 반응을 자극한다는 사실이 확실하므로, 일상적 행복감으로 일상적 스트레스를 막을 수 있다. 행복감을 주는 경험만 늘려도 염증이 감소할 수 있는 것이다. 이는 일상적 스트레스가 있어도 긍정적 정서를 통해 스스로 지탱할 수 있음을 의미한다. 다시 말해, 긍정적 정서를 도입하여 일상적 스트레스를 물리칠 수 있다. 실제로 연구자들은 질병과 사망을 아주 정확히 예측하는 것은 긍정적 정서의 부재와 부정적 정서의 존재라고 제시했다.

자연을 대체한 스크린 문화

미래 세대가 우리를 경멸이 아니라 감사함으로 기억하게 하려면,
기술의 기적 그 이상을 남겨야 한다. 우리는 그들에게 초토화된 세계가 아니라,
창세기의 모습 그대로를 남겨야 한다.

– 린든 존슨Lyndon Johnson

미국의 대통령이었던 존슨은 1964년 야생지보호법Wilderness Act에 사인하면서, 기술의 기적이 '오염되지 않은 자연'을 보려고 하는 바람을 줄이지

는 않을 것으로 추측했다. 하지만 1964년 당시에는 아주 탁월한 미래학자들마저도 스크린이 뇌, 인간 관계, 자연과의 관계를 얼마나 바꿀지 예측하지 못했다. 연구자들은 스크린 위주의 자극과 초현실성이 넘치는 세계에서는 자연이 별로 매력적이지 않을 것이라고 주장했다. 실제로 자연이 지루하게 느껴질 수 있다. 확실히 자연에 매력을 느끼지 못하고 의식적으로 자연의 경이를 보려는 바람이 줄어든다는 것은 심각한 징후이다. LED 스크린, 비디오 게임 컨트롤러, 그리고 소위 혼자만의 작업 공간은 숲을 포기하고도 남을 만큼 아주 매력적이다.

전미과학협회보Proceedings of the National Academy of Science의 최근 연구에서는 지난 40년간 자연 위주의 휴식이 전체적으로 50%나 감소했다고 발표했다. 1일 스크린 활용 시간의 증가가 그만큼 자연 위주의 휴식을 대체하고 있다. 일리노이대학교의 과학자인 올리버 퍼갬스Oliver Pergams와 그 동료인 퍼트리샤 제라딕Patricia Zaradic에 따르면, 우리 사회 전체에 '자연 위주의 휴식을 외면하는 현상이 만연된' 듯하다는 것이다. 이 연구자들은 국립공원 방문을 외면하는 주 요인이 실내 오락과 스크린임을 확인했다.

스크린이 공원 방문(국립이든 주립이든 도립이든)을 대체했다는 증거를 제시하긴 어렵지만, 어차피 하루 시간이 정해져 있고 오락 매체의 1일 총 소비량이 엄청나게 증가했다면 그럴듯한 주장이다. 측정하긴 어렵지만 아동과 십대의 경우에는 요즘 학교 밖의 매체 사용 시간이 하루에 7시간 38분이나 된다. 국립공원 방문이 25%나 떨어지고 하향 추세가 시작된 1988년만 해도 비디오 게임과 인터넷 서핑에 소요된 평균 시간은 무시할 만한 정도였다. 1999년 8~18세의 학생들은 학교 밖에서 매일 비디오 게임에 26분을 소비하고 컴퓨터에 27분을 소요했다. 오늘날에는 게임에 1시간 13분, 컴퓨터에 1시간 29분을 소비한다. 1999년과 비교해보면, 별도의 TV 시청 시간은 42분이나 된다. 1990년에 최고점을 찍은 후 지난 20년간 미국 주립공원의 방문자 수도 감소했다. 같은 해 미국의 30개 도시에서 닌텐도 세계챔피언십 대회가 열렸고, 이는 가정에서든 모바일이든 비디오 게임 문화를 부채질했다. 파크 캐나다Park Canada에서는 2004년부터 2009년까지 캐나다의 국립공원과 국립사적지 방문자 수가 6% 감소했다고 보고했다. 가장 인상적인 야외 휴식 장소로 유명한 미네소타에서는 1996년 이후 자연 위주의 휴식이 크게 줄었다. 백만 에이커의 야생지가 있고 오염되지 않은 호수와 개울이 1000개 이상이나 있어 아주 유명한 BWCABoundary Waters Canoe Area Wilderness의 활용도도 1996년 이후 약 30%나 감소했다. 이는 BWCA가 기술 세계와 동떨어져 있고 이동통신 송수신 탑이 없는 지역이라는 사실과 관련되지 않을까?

스크린 문화가 증가함에 따라 의식적으로 자연에 몰입할 기회가 줄었다. 도파민 보상 체계의 강력한 매력과 정보의 소용돌이로 인해 녹지의 혜택이 가려지고 있는 것이다. 우리는 자연이 주는 정신 회복과 인지 회복의 혜택을 점점 깨닫지 못해 개인적 손실을 겪고 있다. 또한 집단적 무관심이 보존에 도움이 안 되기 때문에 환경적 손실도 있다. 환경 인식과 친환경에 대한 논의는 많지만 진정한 의미의 친환경(자연과 연결되고 실제로 마음챙김하며 녹지에 존재하는 친환경)에 관한 한 우리 사회는 아직 우왕좌왕하고 있다. 스크린이 장착된 전자기기는 자연과 자연이 주는 혜택을 멀리하도록 우리를 유혹하고 있다. 우리가 아예 자연과 떨어져 있으면 자연에 대해 진정한 관심과 공감을 개발하기 어렵다. 대인 관계든 대자연 관계든 진정한 관계가 형성되어야 상대에 대한 공감과 관심이 높아진다. 대부분 우리는 우리가 알고 있고 경험한 것을 옹호하기 때문이다. 하지만 그 어느 때보다 보존 노력과 스트레스 해소가 요구되는 이때 우리는 자연을 저버리고 있다.

우리는 무엇을 잃고 무엇을 얻을까?

내가 숲으로 간 것은 마음먹은 대로 살고 싶어서였다. 삶의 정수만을 마주하고 싶었고,
인생이 가르치는 바를 내가 배울 수 있는지 알고 싶었다.
그리고 목숨이 다하는 순간 잘못 살았다고 후회하고 싶지 않아서였다.

– 헨리 데이비드 소로

소로의 고독한 은거와 자연 몰입은 인간이 지혜와 행복을 찾아 방황하다 항로를 벗어났던 그 갈림길로 돌아온 것이었다. 그런 갈림길은 랜드 맥널리Rand McNally 사에 보관된 지도에 존재하지 않는 게 분명하다. 최첨단 기술 시대에 갈림길을 찾으려는 오늘날의 그 어떤 자연 복귀 노력도 퐁스 드 레옹Ponce de Leon이 젊음의 샘Fountain Youth을 찾았던 것만큼이나 무의미하다. 숲 속 생활을 낭만적으로 바라보는 시각을 넘어서면, 우리는 한때 갈림길에 존재했던 무언가로부터 배울 수 있다. 우리는 과거 자연 속의 뇌에 대한 정보를 얻기 위해 인류학적 증거와 스크린이 없던 수렵 사회를 살펴볼 수 있다. 비교문화 연구에서는 전통적인 생활 양식이 우울증을 예방하는 반면, 현대화 정도는 우울증 증가와 관련된다는 사실을 명백히 제시하고 있다.

스크린과 도시를 피하기 위해 수렵인의 생활 양식을 따르거나 소로의 오두막에서 살 필요는 없다. 우리는 사라져가는 것이 주는 혜택을 검토하기만 하면 된다. 이 책의 뒷부분에서는 과학 연구를 탐색한 후에 자연을 잊으면 절대 안 된다는 직접적인 임상 경험을 공유할 것이다. 최근의 자료에서는 기술의 흐름이 자연에서 너무 멀어지면 실제로 부정적 측

면이 나타남을 보여준다. 이 자료는 자연에 대한 시나 낭만적 이야기가 아니라 바로 과학이다. 이제 우리는 인류 진화사에서 또 다른 주요 갈림길에 직면했다는 사실이 분명해졌다. 노란 경고등이 켜진 상태이므로 결정을 내려야 한다. 사회적 GPS는 우리에게 어떻게 하라고 안내하는가? 우리는 재고할까? 기술과 자연이 멋진 균형을 이루는 방법을 배워야 할까, 아니면 계속 기계의 부품이 되어야 할까? 구태여 소로의 갈림길로 돌아갈 필요는 없다. 바로 우리 앞의 갈림길에 대해 마음챙김해야 한다.

우리 스스로 발견한 새로운 갈림길을 제대로 알고 싶으면 〈인성과 사회심리학 회보*Personality and Social Psychology Bulletin*〉에 실린 2009년의 연구를 고려해보자. 로체스터대학교의 연구자들은 자연 몰입이 삶의 열망에 미치는 영향을 검토했다. 삶의 열망에는 내적 열망과 외적 열망이 있으며, 이 두 가지는 중요한 결정, 판단, 지각, 전반적인 삶에 영향을 준다. 외적 열망은 명예, 돈, 이미지 등 외적인 것에 초점을 두고, 내적 열망은 개인의 성장, 커뮤니티, 친밀함, 기본적인 심리적 욕구를 지원하는 욕망에 초점을 둔다. 간단히 말해, 내적 열망은 친사회적 가치와 관련된다. 연구에서는 한 집단의 참여자들에게 4장의 자연 환경 사진을 보여주고 다른 집단에게 4장의 인공적인 도시 경관 사진을 보여준 다음, 잠재적인 소리, 냄새, 색깔, 감촉을 고려해 자신이 그 환경에 완전히 몰입해 있는 장면을 약 8분 동안 상상해보라고 요청했다. 이런 절차를 거친 후에 피험자들은 자신이 심리적으로 그 환경에 몰입된 정도뿐만 아니라, 열망과 이타심에 미치는 효과를 측정하는 일련의 질문에 응답했다. 연구팀은 인공의 도시 경관을 관람할 경우, 더 높은 외적 열망이 나타날 것으로 예측했다. 즉, 도시 경관이 돈에 대한 바람을 높여 타인보다 자신을 우선시하는 것으로 보였기 때문이다. 도시 경관을 본 이들은 타인과 자료를 공유하는 경향이 적었다. 아마도 이런 결과는 당연한 듯하다. 도시 경관 관람은 돈, 명성, 운에 대한 생각을 유발하는데, 이는 도시 경관이 우리의 문화 학습과 밀접하기 때문이다. 어쩌면 남녀노소 스스로 도시를 자신의 환경으로 인식하도록 사회화된 것뿐이다. 반대로 자연 경관을 보고 자연에 진정 몰입되었다고 느낀 이들은 내적 열망에 훨씬 더 가치를 부여한다. 사실 이런 경관은 태도를 변화시켜 참여자들이 자연에 몰입하기 전보다 친사회적 목표에 더 관심을 가졌고 기꺼이 기부했다.

이어서 연구자들은 사진을 치운 다음, 이번에는 75명씩 나눈 각각의 젊은 성인 집단에게 유사한 열망 검사에 응답하도록 한 후 그들의 돈 분배 방식을 평가했다. 이때 그들은 2개의 방 중 한쪽 방에 있었는데, 식물의 존재 여부를 제외하고는 동일 조건이었다. 구체적으로 말하자면, 한 방에는 두 개의 바닥 식물을 두고, 구석 테이블과 검사받는 책상 위에는 화분 식물이 각각 하나씩 있었다. 방 하나에 4개의 식물이 존재하는 것만으로도 확실하고 의미 있게 내적 열망이 상승되었다. 더욱이 자연 식물의 존재는 식물이 없는 방에서 동일한 검사를 받은 집단에 비해 자연과의 유대감과 관대함을 높였다. 이는 단순한 문화 학습보다 설명하기가 더 어렵다. 이는 우리의 기술 문화에서 과소평가된 더 심오한 무언가가 작용함을 시사한다. 200만 년이라는 진화사를 거쳐온 자연 접촉을 상실한다면 인간 관계와 지구와의 관계에서 진정한 연결이 손상될 것이다.

진화사에서 자연 접촉에 들인 총 시간을 고려할 때 현대의 기술은 급속한 환경 변화를 가져온 셈이다. 두 과학자 집단이 각기 스크린 문화가 뇌를 어떻게 바꾸는지를 밝힌 다음 자연이 주는 막대한 영향을 검토한 결과, 이 두 가지 관심사가 별개의 논의가 아님이 밝혀졌다. 사실 자연 환경을 외면했을 때 잃는 것을 고려하지 않은 채 디지털 몰입만 보는

··

방에 식물이 존재하는 것만으로도
확실하고 의미 있게 내적 열망이 상승되었다.

"자연은 형언할 수 없이 순수하고 자애로워서
우리에게 무한한 환희를 준다."
- 헨리 데이비드 소로

일이 너무 많다. 연구자들은 대부분 인터넷이나 스크린 전자기기가 뇌의 정보 처리나 인간의 의사소통을 어떻게 바꾸는지에 초점을 두고 있다. 하지만 그에 못지않게 중요한 요인은 인터넷이나 스크린 세계가 자연 결핍과 어떻게 상승 작용을 하여 인간의 뇌와 행동을 바꾸는가이다. 현대 과학에서는 "우리는 절대 자연에 싫증나는 일이 없고" 자연 속에 "세계 보존이 있다"는 소로의 생각을 확인하는 중이다. 윌슨의 생명애 가설은 옳다. 하지만 우리 인간은 자연 보호와 동떨어지게 스스로를 내몰고 있다. 이후의 장에서는 광범위한 자연과 그 요소들이 인간의 뇌와 뇌 건강에 미치는 영향을 다룰 것이다.

나는 인공 자극제가 항상 마음이나 몸의 성장을
촉진하는지에 의문이 든다. 인공 자극제는 한 가지 활동에
필요한 에너지를 높일지라도, 그 에너지는 외부에서 우리에게
주어진 것이 아니라 우리 안에서 끌어모은 것이라서
틀림없이 몸의 총 에너지가 줄어 지치게 될 것이다.
결국 인공 자극제는 총 에너지를 높이는 것이 아니라 줄인다.

— 윌리엄 W. 미첼 William W. Mitchell, **〈메사추세츠 티처** *Massachusetts Teacher*〉**의 편집자**, 1852

3

자연의 힘

녹색은 우리에게 뭘 해줄까?

2008년 후반 "신경과학자들이 구글 덕분에 현대인이 '더 스마트해지고', '마음이 개선된다'는 사실을 밝혔다"라는 핫한 헤드라인이 인터넷을 달구었다. 안타깝게도 신경과학자들은 그런 발견을 하지 않았다. 사실 연구자들이 제시한 사항은 인터넷을 더 오래 사용한 노인이 소위 인터넷을 잘 모르는 노인에 비해 인터넷을 하는 동안 더 넓은 뇌 영역이 각성되었다는 것이었다. 언론 광고와 달리, 뇌의 각성이 곧 스마트함은 아니다. 인터넷 중독자든 약물 중독자든 갈망하는 이들은 누구나 자신이 중독된 것과 연관된 아주 미미한 단서에도 뇌의 신호 강도가 크게 증가될 것이다. 이것은 그들이 더 스마트하다는 의미가 아니다.

안타깝게도 대중 문화에서는 각성을 주의 및 지능과 동의어로 인식하고 있다. 결국 우리는 늘 더 많은 자극, 더 많은 에너지 음료, 더 많은 비디오 게임, 더 많은 카페인, 더 많은 설탕 등 기본적으로 모든 것을 더 많이 소비하고 있다. 물론 어느 정도까지는 정신적 도전(특히 신기한 사항)에 대한 뇌 각성과 자극이 신경세포의 성장과 보호를 지원한다. 하지만 인지 단련에 있어서 '사용하지 않으면 사라진다'는 관점에 대한 반론이 없다보니, 우리는 각성과 자극이 인지 수행을 촉진한다고 성급하게 판단해버린다. 하지만 퍼즐이나 게임 못지않게 중요하면서도 계속 간과되어 온 뇌 단련 측면도 있다.

요즘 뇌 계발 관련 논의에서는 억제 피로inhibition fatigue의 실제적 손실을 거의 고려하지 못하고 있다. 억제는 아주 중요한 뇌 조절 기능으로, 뇌의 에너지를 산만 요인에서 주의 집중 과제로 전환하는 인지 기능의 총 지휘자이다. 산만 요인이 넘치는 오늘날에 와서는 과도한 정보의 영향을 줄이느라 여과 체계가 과잉 작동한다. 가령, 스크린 위주의 세계에서 탐색 중인 정보와 무관한 창을 웹페이지에서 없애려면 뇌가 열심히 작동해야 한다. 즉 툴바, 팝업, 광고, 주 페이지의 좌우에 연결된 무관한 기사들 말이다.

오늘날의 뇌는 계속 끼어드는 지속적인 산만 요인 때문에 더 바쁘게 작동할 뿐만 아니라, 소비자의 선택이 증가됨에 따라 늘어난 일상적 결정에도 대처해야 한다. 현대 사회는 선택 기회가 아주 많아 뇌의 실행 회로가 계속 작동하기 때문에 큰 에너지를 요구한다. 계획, 추상적 사고, 창의성, 인지적 유연성에 관여하는 실행 회로는 자기통제 센터이다. 선택의 한 예로, 1976년 북아메리카의 슈퍼마켓에 약 9000종의 상품이 있었다고 가정해보자. 하지만 요즘에는 보통 규모의 슈퍼마켓에 약 4만 종 이상의 상품이 존재한다. 케이블 TV를 시청하는 일반 가정에서 100개 이상의 채널을 사용한다고 가정해보자. 그렇게 많은 채널에서 몇 번을

봐야 할까? 연구에서는 다중옵션 상황에서 우리의 정신 에너지가 바닥나고 유해한 갈망을 통제하는 뇌 영역의 에너지 고갈이 심각해 결국 자기 통제가 어려운 것으로 나타났다. 과식 행동, 과소비 행동, 기타 충동적이고 위험한 행동에 탐닉하는 것을 생각해보자. 뇌의 억제 요구가 증가함에 따라 그 대가가 너무 커져 결국 억제 피로 형태로 지불하게 될 것이다. 요즘 연구자들은 이런 상태를 흔히 지향적 주의 피로directed attention fatigue라고 한다.

지향적 주의 피로의 발견

1800년대 후반 하버드대학교의 심리학자인 윌리엄 제임스William James는 많은 사무직 근로자들이 정신 피로를 겪는 이유가 궁금했다. 그는 지속적인 노력을 요하는 주의(의식적 주의)와 어느 정도 흥미나 흥분 요소가 있어서 노력을 요하지 않는 주의(자동적 주의)를 구분했다. 의식적 주의란 인지 과제(가령, 오전 커피 타임 전에 엑셀 파일에서 다양한 정보를 발췌하는 일)에 주의를 유지해야 하는 업무에서 손을 들고 자청하는 정신적 자유 지원 형태로 볼 수 있다. 반면에 자동적 주의에서는 자원하지도 않고 "좋아, 내가 그걸 할게"라고 말하려고 손을 들지도 않으며 자청하지도 않는다. 정말로 그것은 결코 일이 아니라서 노력하지 않아도 그냥 일어난다.

제임스는 따분한 정보와 재미없이 실랑이하느라 고생하는 사무직 근로자들이 의식적 주의를 유지해야 하는 부담스런 과제에 계속 부딪친다는 사실을 알았다. 그는 장기적인 의식적 주의가 '불편한 긴장감'이라는 형태로 문제를 일으킬 것이라고 주장했다. 요컨대, 장기적인 주의 집중은 엄청난 노력을 요한다. '노력'해서 자신을 정신적으로 가다듬어 의식적 주의를 유지하려 할 때 문제가 생긴다. 심리학자들은 "모든 일에 의식적 주의를 기울이는 것은 쓸데없는 낭비로, 심기가 불편해지고 신경이 소모되며 결과가 어설프다"라고 말한다. 다른 한편, 인지 영역이 탁월한 이들은 자동적 주의 형태의 몰입을 더 활용한다. 그들은 제임스가 말한 대로 사고思考를 연속적이고 재미있게 연결하는 사고 패턴을 만들어 '일단 시작하면 다 매력적인 결과가 나온다.' 매력을 통해 인지 피로를 예방할 수 있기 때문에 교과가 재미있으면 활기차게 과제에 착수하기가 쉽다. 제임스가 인지적으로 우수하다고 본 천재들은 자동적 주의를 유지하기 때문에 사실 인지 노력을 결코 노력으로 여기지 않는다.

제임스의 동시대인들은 그의 연구를 확장하여, 장기간의 의식적 주의로 인한 소모적인 정신 피로를 연구했다. 제임스의 제자인 심리학자 에드워드 손다이크Edward Thorndike는 사무실의 행정 업무 처리나 대수 문제 풀기 같은 활동 자체가 정신 피로를 야기하지 않는다는 사실을 지적했다. 오히려 '다른 생각을 억제할 때 고도의 에너지가 소비된다'고 말했다. 다시 말해, 산만한 사고를 억제하느라 뇌 영역들이 활성화되어 정신 피로가 커진다. 이는 브레이크를 잡으면서 자동차를 운전하는 것과 같은 이치인데, 정말로 비효율적이다. 한편, 손다이크는 우리가 아주 매력적인 자극에 몰입할 경우에는 "우리 입장에서 전혀 힘들이지 않고도 그 일에 몰입할 수 있다"고 주장했다. 즉 해당 과제가 "매력적이고 흥미진진하면 피로가 줄어든다."

제임스의 동시대인들은 산만 요인이 늘어날수록 과제에 주의를 기울이는 데 요구되는 노력이 더 늘어나 정신 피로가 높아진다는 사실을 알았다. 특히 그들이 '원시적'이라고 말한 주의 형태인 자동적 주의를 촉진하는 데 집중하면 정신 장애 환자들에게 아주 요긴할 것으로 여겼다. 아이오와의 정신과 의사인 맥스 E. 위트Max E. Witte는 "이런 환자들을 치료하려면 '자동적 주의'를 촉진하는 농장 활동이나 정원 활동을 더 늘려야 한다"고 제안했다. 그의 입장은 자동적 주의를 활용할수록 '환자의 장애와 피로가 줄어든다'는 것이다. 1899년 아이오와의 정신 건강 1차 진료기관장인 위트는 활동을 통한 자동적 주의 촉진에 관해 '대부분이 땅을 파는 것만으로도 그렇게 느꼈다'고 말했다. 위트는 수천 명의 환자들에 대한 직접적인 관찰을 바탕으로 신체적인 자연 접촉이 정신 과정에 아주 유익한 영향(대부분 자연 접촉 덕분인지 모르고 넘겨버리는 혜택)을 준다는 사실을 밝혔다. 이처럼 1세기 이전의 연구에서 '구글로 검색하는' 동안 뇌에 주의 과부하가 걸리는 분명한 이유를 제시했는데, 이는 자동적 주의가 자연 속의 인지적인 뇌에 어떤 영향을 주는지를 이해하는 계기가 되었다. 하지만 과학과 증거 지향적인 관점에서 보면, 그 연구는 관찰과 일화에 불과하다. 과학자들이 제임스의 연구를 땅 파기의 인지적 이점과 관련짓기까지는 족히 1세기 이상이 걸렸다.

주의 회복 이론

1977년 심리학자인 스티븐 카플란Stephen Kaplan 박사는 자연 자체가 현대 사회에서 요구되는 억제 노력으로 인한 부담을 줄여 인지 회복을 가져온다는 작업 가설을 설정함으로써 제임스를 비롯한 선구자들의 연구를 발전시켰다. 카플란은 자연 환경이 매력적이어서 인지 피로를 야기하는 뇌의 에너지를 요구하지 않고 자동적 주의를 유지한다고 주장했다. 자연 체험은 정신이 집중되어 인지적 명석함을 촉진할 수 있다. 이런 형태의 주의 집중은 수백만 년 동안 자연 환경에서 인간에게 많은 도움이 되었다. 카플란이 말한 대로, 사고가 산만한 정신 피로 상태라면 아프리카의 사바나에서 아주 치명적이었을 것이다. 자연 환경이 주는 매력은 많은 에너지를 소모하지 않아 정신적 명석함을 높이기 때문에 생존을 보장한다. 하지만 현대 사회에서 우리가 하는 경험은 대부분 내적 매력이 별로 없고, 카플란이 말한 대로 '흥미는 더 이상 중요하지 않다.' 다시 말해, 현대의 모든 악성 정보(의심스런 정보)가 흥미를 가장해 우리를 유혹하지만, 그런 정보들은 중요하지 않고 매력이 없어 에너지를 고갈시키는 경향이 있다.

물론 지향적 주의 피로는 방해 요인과 산만 요인이 없는 약간의 휴식으로 해결할 수 있는 일시적 상태이지만, 오늘날의 험난한 도시에서 살아남으려면 상당한 의식적 주의가 요구되기 때문에 우리는 스스로 카페인, 에너지 음료, 보조제, 약물, 오락에 의지한다. 카플란은 무의식적인 매력으로 사람들을 쉽게 사로잡는 환경을 활용하면, 매력 없는 요구 때문에 활성화된 뇌를 억제하느라 생긴 오늘날의 정신 피로를 없앨 수 있을 것이라는 가설을 설정하였다. 카플란은 "자연에 이런 특성이 있는 것으로 밝혀진다면, 과부하와 스트레스에서 벗어나려고 자연을 찾는 것이 타당성을 얻을 것이다"고 말하고 있다. 삼림욕이야말로 인지적 효과를 높이는 좋은 에너지 음료일 것이다.

카플란은 초기의 인지 자연 이론을 주의 회복 이론attention restoration theory, ART으로 정립하면서, 인지 회복 환경의 4가지 주요 요소로 다음과 같은 것을 제시했다.

1. **피정**Being away 물리적이든 심리적이든 일상의 고단함에서 벗어나는 것을 피정이라 하는데, 의식적 주의의 근원에서 물리적으로 멀어질 필요는 없다. 즉 정신적으로 현재의 환경을 재구조화하거나 시야의 방향을 바꾸는 것처럼 간단할 수도 있다. 피정은 눈을 감고 자연을 시각화하거나 엑셀 파일에서 눈을 떼서 자연 경관이 있는 창가를 보는 것처럼 간단할 수도 있다.
2. **매력**Fascination 인간은 분명히 자연 경관에 매력을 느낀다. 무당벌레와 지네에서 개울 바닥의 둥근 돌과 유목流木에 이르기까지, 사구에서 눈더미까지, 그리고 분재에서 세쿼이아에 이르기까지 모두 우리의 주의를 끌 수 있다. ART는 인지 회복 방법으로 '경성hard' 매력(북아메리카 아이스하키 리그 게임에 가기)보다 '연성soft' 매력(일몰을 보기)을 지지한다는 특징이 있다. 둘 다 매력적이고 자동적 주의를 유지하지만, 그 중 일몰이 인지 회복 기회를 더 많이 준다.
3. **정도**Extent 마음을 상당히 사로잡을 만큼 깊이 있는 환경이어야 한다. ART 맥락에서 하나의 화분 식물로는 정도라는 기준에 부응하기 어렵지만, 꽃밭이나 숲은 충분하다. 하지만 일본의 정원처럼 경관의 시야를 넓히는 설계 기법을 활용하면 작은 도시 공간에서도 정도 요건에 부응할 수 있다. 또한 광대한 자연 경관이 있는 사진도 시각의 범위를 넓힐 수 있다.
4. **친화성**Compatibility 환경은 발버둥치거나 애쓰지 않고도 개인의 활동과 의도를 충족시킬 방법을 부여한다. 대부분의 자연 환경은 친화성 기준에 바로 부응하는데, 이는 자연 환경이 대부분 방문자의 기대에 부응하기 때문이다. 작은 도시공원에서 잠깐 취하는 정신적 휴식이든 완벽한 휴식이든 인간은 대개 자연에 대해 실망하지 않는다.

카플란은 자연 환경을 이용해 지향성 주의 피로로 인한 오늘날의 문제를 해결할 수 있다고 제안했다. 대부분의 자연 환경은 매력적일 뿐만 아니라 우리의 정신적 시야를 엑셀, 파워포인트 발표, 무수한 활동(의식적 주의를 요하는 활동)에서 해방시켜주기 때문에 자연 몰입은 저비용 뇌 촉진제가 될 수 있다. 카플란이 이론을 제시한 이후, 많은 연구에서는 자연을 통한 주의 회복이 지닌 인지적 이점을 지지하고 있다. 2005년의 한 연구에서 연구자들은 의식적 주의를 요하여 인지적 요구가 큰 과제를 이용해 피험자의 정신 피로를 야기했다. 연구자들은 피험자들이 정신적 피로 상태가 된 후 회복 가능성이 있다고 판단된 사진을 제시하였다. 집단의 반은 숲, 물, 산, 해안 등 회복 가능성이 높은 사진을 보았다. 반면에 정신적 피로 상태의 나머지 반은 많은 차로 붐비는 도시 거리, 공장 지역, 주택 단지, 공장 경관 등 회복 가능성이 낮은 사진을 보았다. 피험자들은 회복 가능성이 높든 낮든 5분 동안 약 25장의 사진을 본 다음, 5분간 인지적 요구가 큰 이전의 과제를 다시 풀었다. 회복력이 높은 자연 경관을 본 집단은 도시 경관을 본 집단에 비해 더 좋은 결과를 보였다. 이들은 요구한 목표 탐지에 민감하고 반응 시간이 빨랐으며 정답률이 높았다. 최근 그 연구 집단에서는 정신적 피로를 일으킨 다음 인지 검사에 재도전하도록 했으며 매력이 높은 것으로 판단된 자연 경관을 관람한 후 반응 시간이 향상되었다는 연구 결과를 반복 연구하였다. 그들은 인공의 도시 경관에 비해 자연 경관을 본 후 전반적인 기억이 향상되었다고 보고했다.

2008년 〈심리과학 Psychological Science〉 지에 독창적인 ART를 지지하는 연구가 또 발표되었다. 연구자들은 의식적 주의에 부담을 주는 도전적인 뇌 게임으로 정신 피로를 유발했다. 35분 동안의 강도 높은 인지적 뇌

인간은 분명히 자연 경관에 매력을 느낀다.
무당벌레와 지네에서 개울 바닥의 둥근 돌과 유목에 이르기까지,
사구에서 눈더미까지, 그리고 분재에서 세쿼이아에 이르기까지
모두 우리의 주의를 끌 수 있다.

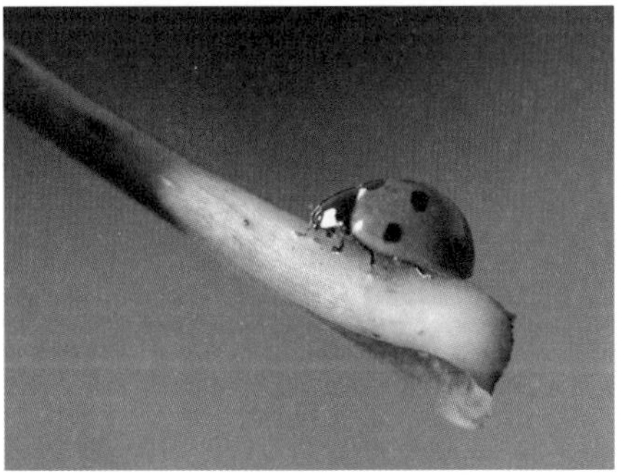

활동과 검사를 마친 직후, 피험자들은 나무가 무성한 공원과 도시의 거리를 산책했다. 산책 후에 인지 검사를 반복했는데, 그 결과에서도 자연에서 시간을 보낸 집단의 수행 능력이 의미 있게 높아진 것으로 나타났다. 동일 연구의 다른 부분에서는 자연 경관 사진을 보면 실행적 주의 집중이 향상된다는 사실을 확인했는데, 이러한 실행적 주의 집중은 단기 기억 관리에 관여할 뿐만 아니라 과제 처리 과정에서 주변에 있는 산만 요인의 방해를 줄인다. 이 연구에서 피험자들은 기분 자체가 변하지 않았음에도 인지 회복을 경험했다. 다시 말해, 자연이 주는 정신적 혜택, 그야말로 불안을 줄이고 긍정적 태도를 높이는 결과를 간과할 수 없다. 이 결과는 자연 체험을 통한 직접적인 인지 강화를 보여준다. 결국 이 결과에서는 자연이 주는 모든 정신적 혜택 외에, 브레이크를 걸지 않고도 인지적 동기를 유발하는 독특한 능력이 있음을 제시한다. 자연에서는 억제를 담당하는 브레이크 패드가 마모되지 않기(매력적이라서, 억제하느라 에너지를 쓸 필요가 없음) 때문에 직접적인 주의 피로가 줄어든다. 물론 이 말은 ART가 불안, 우울, 일상적 스트레스가 높은 이들과 무관하다는 뜻이 아니다. 어차피 인지 회복은 이후의 스트레스를 예방하는 중요한 요인이기 때문이다. 누군가가 도시의 공원을 걷거나 공원에서 시간을 보낸 후 꼭 큰 기분 변화가 나타나지 않더라도 이후의 심각한 인지 장애에 잘 대비하는 셈이다.

인지 회복이 중요한 이유

도시의 업무가 기술의 도움을 안 받던 육체노동에서 멀어지면서, 성공

Zoom-in

뇌 촉진제인 도시 숲

2011년 서울(대도시에 넓은 국립공원이 있을 정도로 운 좋은 도시)의 연구자들은 소나무 숲과 시내 거리를 산책한 후의 인지 효과를 측정하는 실험을 설계했다. 피험자들은 인지 검사와 기분 검사를 받은 후 50분 동안 산책했다. 산책 후 피험자들은 또 인지 검사를 받았다. 그 후 집단을 바꿔서 시내 거리를 산책한 이들은 소나무 숲을, 소나무 숲을 산책한 이들은 시내 거리를 산책하게 했다. 그 결과에서는 기대한 대로 시내 거리 산책자들에 비해 숲 산책자들의 기분이 더 좋았다. 그리고 소나무 숲을 산책한 직후에만 인지 상태가 향상되었다.

은 대부분 인지적 요구가 큰 과제에 대한 '의식적 주의'에 좌우된다. 서류, 파일, 웹페이지, 교재, 트윗, 문자 메시지에서 소중한 정보를 찾으면서 팝업 광고, 툴바, 사이드 스토리, 유튜브(관련이 없는데도 꼭 보길 유혹하는 무료 동영상 사이트)를 차단하는 동안, 우리는 한 발은 액셀을, 다른 발은 브레이크를 밟으며 운전하는 셈이다. 그리하여 인지 피로가 엄습한다. 당신이 환히 불 밝힌 고급 사무실을 바라보며 칸막이 사무실에서 일하는 회사원이든, 아니면 잠재력을 발휘하려는 학생이든 다른 사람보다 앞서고 싶다면 정신 피로가 발목을 잡게 내버려두면 안 된다.

정신적으로 피로한 뇌가 제대로 회복되지 못하면 안 좋은 결과가 나타난다. 최근 많은 연구에서는 정신 피로로 인해 무관한 정보를 무시하지 못하고 사소한 정보를 확대하여 산만 경향이 급증하는 것으로 나타났다. 정신적으로 피로한 피험자는 실수가 잦을 뿐만 아니라, 최적의 정신 상태에서 쉽게 찾아낼 만한 실수마저도 인식하지 못하는 것으로 나타났다. 또한 정신 피로는 예측 능력과 사고의 유연성을 떨어뜨린다. 정신 피로로 인해 세부적인 경관을 처리하는 소위 부분 처리가 어려워진다. 가령, 집은 보면서도 블록과 모르타르는 놓치고 만다. 정신 피로 상태인 사람들은 자동조종장치처럼 생각하고 행동하기 때문에 예기치 않은 일이 발생하면 새로운 상황과 정보를 처리하지 못해 매우 곤란해진다.

정신 피로는 건강한 성인의 신체적 수행 능력도 크게 떨어뜨릴 수 있다. 〈응용생리학저널*Journal of applied Physiology*〉에 실린 2009년의 연구를 살펴보자. 그 연구에서는 피험자들이 인지적 요구가 큰 컴퓨터 활용 검사를 받은 다음 헬스용 자전거를 탔다. 통제 집단 역시 자전거를 탔으나, 실험 집단만 오리엔트 특급이나 페라리에 대한 다큐멘터리처럼 정서적으로 중립적인 내용을 시청했다. 지칠 때까지 자전거를 탄 두 집단의 차이는 현저했다. 정신 피로 상태의 집단은 통제 집단에 비해 훨씬 더 일찍 최선을 다했다고 생각하고는 바로 포기했으며, 운동하는 동안 훨씬 더 노력했다고 느꼈다. 요컨대, 정신 피로 상태에서는 몸도 피곤했다. 분명히 이 연구는 정신적 과로 상태인 많은 성인들이 밖으로 나가 운동하기 어려운 이유를 설명해준다.

윌리엄 제임스는 의식적 주의에 대한 요구가 높을 때 긴장감이 쌓인다고 보았다. 이렇게 불편한 감정은 우리가 건강상 위험한 선을 넘고 있음을 알리는 경고 신호라는 점에서 적응 기제일 수도 있다. 긴장이 쌓이면 반드시 인지적 결함이 나타나고 수행 수준이 떨어진다. 그것은 확실하다. 과로한 병원 레지던트를 대상으로 한 연구에서는 너무 오랫동안 인지적 주의가 소진되면 분노와 충동성이 나타나기 쉬운 것으로 나타났다. 정신 피로를 방치하면 결국 신경쇠약, 불안, 우울, 건강 문제가 야기된다. 또한 만성적 스트레스, 불안, 분노, 우울로 인해 정신 피로에 취약해진다. 불안 환자나 우울 환자 또는 이 두 가지 증상이 있는 환자들이 주의, 기억, 정보 처리, 실행적 통제에 문제가 있는 것은 이미 잘 알려진 사실이다. 피로가 불안이나 우울과 연결되는 전 과정은 쌍방적이며, 만성적 스트레스 상태에서는 높은 인지 요구와 긴장감 사이의 완충지대가 훨씬 더 줄어든다.

스트레스 호르몬인 코르티솔 수준이 며칠만 높아도 성인의 기억 수행에 문제가 생길 수 있고, 염증을 유발하는 면역 화학물질인 사이토킨 수치가 조금만 상승해도 언어적이든 비언어적이든 기억이 손상된다. 자연은 스트레스 호르몬 수치를 낮추고 염증을 억제하기 때문에 자연이 인지적 건강에 아주 중요하다고 말할 수 있다. 요약컨대 자연은 기분과 스트레스 관련 기제를 통해서뿐 아니라, 의식적 주의와 억제 요구를 줄여 인지를 촉진한다. 하지만 이렇게 매력적이고 저렴한 개입에도 불구하고 인지 요구가 넘치는 세계에서 많은 이들이 자연의 회복력을 멀리한 채 에너지 음료만 자꾸 들이킨다.

학업 성적과 ADD/ADHD

아이들을 자연으로 데려가라. 구릉 꼭대기와 계곡에서 아이들을 가르쳐라.
자연에서 그들은 더 귀 기울이게 될 것이고, 자연에서의 자유로움은
그들에게 어려움을 극복할 힘을 줄 것이다.

– 요한 H. 페스탈로치Johann H. Pestalozzi, 1774

1995년 〈환경심리학저널*Journal of Environmental Psychology*〉에 실린 흥미로운 연구

에서 연구자들은 자원자인 대학생들의 기숙사를 방문했다. 그들은 문에 '조용히 하시오'라는 경고문을 붙이고 전화선을 뽑았다. 그 다음 그들은 객관적인 신경인지 주의 검사를 실시했다. 학생들은 연령과 학습 배경이 비슷했고 유일하게 중요한 차이는 사생실의 환경, 즉 창밖 경관뿐이었다. 한 집단의 창가에는 나무와 호수 같은 자연 경관이 있었고, 두 번째 집단의 경우에는 자연 경관이 좀 보이긴 했으나 주로 블록과 모르타르가 보였으며, 세 번째 집단의 경우에는 아예 블록이나 슬레이트 지붕과 같은 인공 경관만 있었다. 확 트인 자연 경관을 본 집단은 객관적인 주의 측정치에서 동료들을 능가했다. 그들은 주관적인 주의에서도 가려지거나 인공적인 경관을 본 집단에 비해 더 높게 보고했다.

2010년 발표된 한 연구에서 미시간대학교의 로드니 H. 마츠오카 Rodney H. Matsuoka 박사는 교실에서 본 자연 경관과 학업 수행과의 관계를 측정하기로 했다. 미시간 주의 공립고등학교 101개가 참여한 그 연구에서는 교실에서 본 경관을 자연의 정도와 유형으로 척도화할 뿐만 아니라, 각 학교의 주요 카페테리아에서 본 경관도 측정했다. 사회경제적 요소, 학급 규모, 학교 시설의 노후 정도 등을 통제한 후에도 교실과 카페테리아에서 본 녹색 경관이 표준화 검사의 학업 수행에서 중요한 요인으로 작용했다. 더욱이 나무와 관목이 우거진 경관은 높은 졸업률 및 미래 계획(4년제 대학교 진학)과 관련되었다. 경관에서 자연이 차지하는 정도가 중요하기 때문에 '나무'와 '관목'이 키워드였다. 따라서 잔디밭이 보이는 경관은 학업 수행의 촉진제가 아니었다. 시골학교와 교외학교 71개교의 5학년 학생 1만 명을 분석한 별도의 연구에서는 주차장과 벽이 아니라 녹색과 생물이 보이는 바깥 경관이 높은 읽기 점수, 언어 숙달도, 수학 점수와 관련되었다. 연구에서는 20세기 초반에 한때 인기였던 야외교실이 전통적인 학교에서의 수업에 비해 수학과 과학 점수를 높이는 것으로 나타났다.

자연 경관과 자연 환경이 건강한 학생의 신경 인지 점수에 영향을 줄 수 있다는 사실로 인해 과학자들은 주의 과정을 지원할 필요가 있는 학생들에게 그 연구가 어떤 시사점을 줄지가 궁금했다. 2004년 일리노이대학교의 연구자들이 인공 환경에서의 활동보다 녹지에서의 활동이 ADD/ADHD 증세를 낮춘다고 보고했을 때에는 호기심을 불러일으켰다. 정식으로 ADHD 진단을 받은 아동의 부모 452명의 자료를 활용한 연구자들은 읽기에서 스포츠에 이르는 약 50가지 활동이 주의에 효과적 인지를 밝히기로 했다. 연령, 아동의 과잉 행동 여부, 경제 계층, 지리적 위치, 거주지(시골인지 도시인지)와 무관하게 녹지에서의 야외 활동이 주의 결핍 증세를 줄이는 데 효과적인 것으로 나타났다. 이 연구팀이 그 효과를 제시한 것은 처음이 아니었다. 더 작은 표본(96명의 부모)을 대상으로 한 이전의 연구에서도 주의 결핍 증세가 녹지의 놀이 공간에서는 완화된 반면, 창문이 없는 실내의 놀이 공간에서는 더 심해진 것으로 나타났다.

최근에 연구자들은 자연 환경이나 인공 환경에서 지내는 ADHD 아동을 대상으로 객관적인 주의 검사를 실시하였다. 유럽의 연구에서 연구자들은 자연적인 숲이나 인공적인 도시에서 일정 기간 가벼운 정도에서 적절한 정도의 신체 활동에 참여한 아동을 대상으로 집중검사를 실시했다. 그 결과에서는 숲에서 놀았던 아동의 집중 과제 수행도가 더 높은 것으로 나타났다. 연구자들은 숲 지역 아동의 경우에는 집중 행동이 대체로 변함없이 높은 반면, 인공적인 지역에서는 더 낮을 뿐만 아니라 변화무쌍했다. 이는 인공 환경에서 인지적 브레이크를 잡는 억제 요구로 인해 아동의 주의 자원이 소모되었음을 시사한다.

일리노이대학교의 다른 연구에서는 ADHD 진단을 받은 아동에게 20분 동안의 산책을 앞두고 지향성 주의 피로를 높이는 도전적인 퍼즐을 완성하도록 했다. 그 후 한 집단은 도시 내의 무성한 공원을, 다른 집단은 시내 지역을, 세 번째 집단은 주택지를 산책했다. 세 환경의 낙서와 쓰레기 정도는 비슷했고 모두 비교적 평지였으며 주변 소음이나 사람들의 왕래는 적었다. 산책한 날씨 조건도 비슷했다. 세 집단 모두 20분 동안 산책한 후에 객관적인 주의와 실행 기능을 측정하기 위해 조용한 실내로 들어갔다. 결과는 자연 환경이 확실히 인지적 촉진제라는 사실을 보여줬다. 공원을 산책한 아동의 인지 기능이 베스트셀러인 ADHD 약물(두 가지)을 복용할 때만큼이나 향상되었다.

분노와 충동성

정신 피로의 여파는 비단 피로한 사람에게만 국한되는 개인적인 문제가 아니다. 뇌를 혹사하면 분노와 충동성이 높아지기 쉬우며, 나아가 대인관계에서도 연쇄적으로 부정성이 나타난다. 정신 피로로 좌절과 긴장 상태에 있는 사람들은 모든 것을 부정적으로 지각한다. 정신 피로 상태에서는 모든 환경 자극이 더 부정적으로 보인다. 사무실이나 교정에서 발끈하는 사람들은 친구를 얻지 못하고 사람들에게 긍정적 영향도 주지 못할 것이다. 다시 말해, 부정성은 부정성을 낳는다. 주의 결핍의 영향은 상당히 광범위해서, 결국 가족, 업무, 학업뿐 아니라 기본적으로 모든 사회 관계가 어려워질 것이다. 인간의 건강과 웰빙에서 사회적 유대의 중요성을 고려하면 그 시사점이 크다. 또한 사회적 고립을 느끼는 것만으로도 인지 기능이 떨어지는 것으로 나타났다.

녹지에서의 야외 활동은 주의 결핍 증세를 줄이는 데 효과적이다.

현대 사회에서 부정성이 표출되는 가장 흔하고 위험한 사항 중 한 가지는 도로에서 나타난다. 북아메리카인의 약 3분의 1은 자신이 운전자 폭행을 겪었다고 말했다. 운전자 폭행이란 다른 차의 운전자에게 악을 쓰고 무례한 제스처를 하며 난폭하게 운전하는 행위를 말한다. 이런 사건은 흔히 교통 체증이 심할 때 나타나고 온종일 장거리 운전을 한 후에 더 흔하다. 틀림없이 그런 사건은 스트레스, 좌절, 피로 때문이다.

자연은 모종의 운전자 폭행 백신이 될 수 있다. 2003년의 연구에서는 고속도로 주변에 있는 식물의 양이 운전자의 좌절을 감소시키는 데 기여한 것으로 나타났다. 그 연구에서는 길가에 있는 식물의 양만 다를 뿐, 자원자들은 모의주행 전에 미리 정신적 도전을 수행하여 인지적 피로 상태였다. 길가에 식물의 양이 더 많은 차도를 '주행'한 집단은 좌절 역치가 훨씬 더 높았다. 연구자들은 모의주행 후의 피험자들에게 복잡한 정신 과제를 풀게 했다. 흥미롭게도 식물이 많은 공원 도로를 '주행'했던 사람들은 인공적인 지역을 '주행'했던 사람들에 비해 주행 후의 도전적인 정신 과제를 훨씬 더 오래 열심히 풀었다. 이것이 바로 정신 피로의 핵심이다. 즉, 정신 과제로 인해 좌절이 쌓이면 당면 과제를 포기할 뿐만 아니라, 더 이상 목표 추구 동기가 생기지 않는다. 이 결과는 기본적으로 이 피험자들의 좌절 감소를 인지적으로 확인한 것이다. 도로에서의 피로 감소가 인지적 예리함과 타인에 대한 관용으로 나타날 수 있다. 충동성이란 예측하거나 계획하지 않고 성급하게 행동하는 경향으로, 뇌의 억제 회로에 결함이 있을 때 주로 나타난다. 그것은 마치 1980년대의 액션 영화 장면과 같다. 운전자가 브레이크 페달을 미친 듯이 밟지만 전혀 말을 안 듣고(브레이크 라인이 끊어져서), 차는 구불구불한 산비탈 도로를 질주해 내려간다. 정신 피로 상태일 때에는 뇌의 브레이크인 억제 센터가 소진되어 충동을 억제할 수 없다. 충동적일 때에는 위험한 선택을 할 뿐만 아니라, 장기적인 목표와 보상을 고려하지 못한 채 단기적인 보상을 추구한다. 충동성은 음식 선택과 물품 구매(그리고 이후의 카드 대금)에 영향을 줄 수 있다. 더 극단적인 경우에는 중독, 자살, 심각한 폭력이 일어날 수 있다. 충동적으로 행동하는 경향이 있으면 의도가 아주 좋을지라도 건강한 생활 양식을 갖추기 어렵다.

자연으로 그 브레이크 라인을 수선하고 브레이크 오일을 채우면 분노와 충동성을 억제할 수 있다. 연구에서는 다음과 같은 결과를 제시했다.

- 식물이 풍부한 경관(시골이든 도시든)을 보면 분노 수준이 낮아진다.
- 아파트 창 너머로 자연을 더 접하면 충동성은 낮아지는 반면, 자아 통제는 더 높아진다.
- 창문 너머로 더 많은 식물을 본 소녀(평균 9세)들에게 긍정적 영향이 있었다. 즉, 장기적 이익을 위해 기꺼이 단기적 만족을 지연하고 집중 과제에서 우수한 수행 능력을 보이며 충동 억제 점수가 높았다.

실내 식물과 행복감

1980년대에 연구자들은 긍정적 정서가 인지 능력에 유익하다는 자료를 누적해갔다. 특히 그들은 5분간의 코미디 영화, 작은 선물, 긍정적 단어 위주의 단어 연상 게임, 다과(주스와 쿠키 등)와 같은 잠깐 동안의 긍정적 정서마저도 사물 간의 연결이나 상호 관련성을 시각화하는 능력을 높여 개인의 창의성을 촉진한다는 사실을 발견했다. 기분이 좋으면 전체 모습

을 보고 새로운 도전이나 정보에 호의적으로 반응하는 반면, 소위 고통, 불안, 분노 상태에서는 신속한 '인지적 재구조화'가 어렵다.

일본의 연구자들이 식물과 사무실의 업무 수행에 관한 최초의 공식적인 연구를 실시했다. 두 편의 각 연구에서는 컴퓨터 근처에 화분 식물이 있으면 눈의 긴장과 피로가 감소한 것으로 나타났다. 이러한 초기의 연구가 진행된 후에 북아메리카의 연구자들은 화분 식물만 두어도 시각 집중, 정신 처리, 손재주와 관련된 컴퓨터 과제에서 성인의 생산성과 반응 시간이 개선된다는 사실을 밝혔다. 컴퓨터 검사 직후에 피험자들은 자신의 주의 수준이 어느 정도인지에 대한 질문을 받았다. 몇 개의 작은 식물이 있던 방의 피험자들은 그렇지 않은 피험자들에 비해 주의 수준이 의미 있게 높은 것으로 나타났다. 유사한 연구에서 일리노이대학교의 연구자들은 3개의 검사실을 식물이 없는 조건, 몇 개의 화분 식물이 있는 조건(10개 정도), 식물이 무성한 조건(22개, 사무 공간의 20%에 가까운 조건)으로 꾸몄다. 피험자들은 세 조건 중 한 곳에서 일련의 생산성 과제를 완성한 다음, 주관적인 조사에 응답했다. 식물이 무성했던 조건의 피험자들은 그 환경이 아주 안락하고 매력적이었다고 보고했지만, 생산성 점수는 세 조건 중 가장 낮았다. 심지어 식물이 없는 조건보다도 낮았는데, 이는 사무실이 가상의 열대림일 필요는 없음을 시사한다. 일을 하기에는 그 환경이 피험자들에게 너무 편안했었나 보다! 식물이 중간 정도인 방에서는 기분과 수행이 균형을 유지했다.

최근의 연구에서는 사무실에서 약간의 식물이 주는 효과를 강조한다. 이들 연구에서 연구자들은 식물이 없는 방과 식물이 4개 있는 방(창턱의 작은 꽃식물 두 개, 책상 위의 1피트짜리 녹색 식물, 4피트짜리 바닥 식물)을 비교했다. 피험자들은 기억 회상 과제와 복잡한 교정 과제를 받았다.

식물이 있던 방의 피험자들은 10분 후의 평가에서 기저선보다 수행이 향상되었다. 게다가 일본의 연구자들은 작은 사무실에 4피트짜리 옥수수나무를 둔 후 기분과 창의성 평가 과제에서 여성들의 수행 점수가 향상되었다고 보고했다.

실내 식물은 학업 상황에서 주관적 학습, 행동, 건강을 촉진하며, 창이 부족한 방에서는 특히 그 현상이 뚜렷했다. 이 책이 완성될 무렵, 오스트레일리아에 있는 시드니기술대학교의 연구자들은 교실에 식물을 두면 중학생들의 학업 성적이 크게 증가한다는 사실을 확인했다. 이를 구체적으로 제시하면, 브리즈번에 있는 3개 학구 소속 중학교의 2분의 1에 식물을 배치했다. 그 연구에는 350명 이상의 학생들이 참여했으며, 그들 모두 선정된 교실에 식물을 배치하기 전과 식물을 배치하고 6주가 지난 후 표준화 학업 검사를 받았다. 식물이 배치된 교실에 있던 학생들의 수학, 철자, 과학 점수가 의미 있게 향상되었다. 향상 정도는 10~14%(10% 정도의 긍정적 변화도 교육학계에서 대체로 의미 있는 효과로 간주됨)에 걸쳐 나타났는데, 이는 의미 있는 효과이다.

화분 식물을 몇 개 둔다고 해서 누군가가 갑자기 멘사 회원이 될 만큼 속성 과정에 진입하는 것은 아니다. 하지만 경쟁 가도를 달리는 학교와 작업 환경에서 식물이 제공하는 인지적 이점의 가능성을 결코 무시할 수 없다. 지금까지의 연구에 비추어볼 때, 작업장에서 자연(심지어 작은 화분 식물로라도)을 활용해 약간의 행복감을 자극하고 스트레스를 줄일 수 있다면 단순히 미적인 측면을 넘어 연구하고 투자할 가치가 있다.

작은 화분 식물마저도
약간의 행복감을 자극하고 스트레스를 줄일 수 있다.

자연과 인지 능력

자연이 인지에 큰 혜택을 주긴 하지만, 자연 속에서 생활한 뇌에 대한 장기적 결과가 훨씬 더 중요하다. 녹지는 분명히 정신 상태를 개선하고 우리 몸의 스트레스를 줄이기 때문에 노화 과정 내내 뇌의 예리함을 유지한다는 장기적 이점이 있을 것이다. 우울증과 과도한 스트레스는 뇌세포를 공격하는 모종의 녹으로 부식력이 커서 뇌의 노화 속도를 가속화한다. 하지만 자연은 평생 뇌세포의 성장과 계속적인 재구성(뇌가소성)을 촉진할 수 있다.

이는 인지-자연 연구의 미래로, 이 연구는 자연에서 보낸 시간이 노화 과정 내내 인지 건강을 유지하는 뇌 화학물질을 생성하는 데 기여한다는 증거를 제시하고자 한다. 적어도 한 연구에서는 이미 숲 산책(동일 시간 도시에서 산책한 집단에 비해)이 DHEA(생식 호르몬-옮긴이)를 의미 있게 높이는 것으로 나타났다. 노화와 더불어 DHEA가 감소하고 DHEA 섭취가 성인의 인지 수행을 개선한 것으로 나타났다는 점에서 이는 중요한 결과이다. DHEA는 신경영양인자와 같은 다른 화학물질의 생성을 촉진하고 노화 과정 내내 인지적 예리함을 유지한다. 뇌에 신경영양인자가 풍부한 노인은 인지 감퇴에 대한 회복력이 큰데, 현대화된 서구 생활로 노인들의 DHEA가 감소한 것으로 나타났다. 스트레스 호르몬인 코르티솔이 DHEA 생성을 방해하기 때문에, 노화 과정 동안의 높은 스트레스 및 불안이 낮은 DHEA와 관련된다는 점은 그리 놀랄 만한 것이 아니다.

도시 생활로 인한 스트레스는 인지 건강과 거리가 멀다. 노인학자인 마르타 산체스로드리게즈Martha Sanchez-Rodriguez 박사는 2006년 〈생활과학

Life Sciences〉에 시골 거주에 비해 약 5배나 높을 정도로 도시 거주가 노화 과정 동안 인지 능력을 훼손하는 위험 요인이라고 보고했다. 이를 구체적으로 살펴보면, 영양 상태가 양호하고 건강한 60~80세의 도시 노인과 시골 노인을 비교한 결과, 시골 노인이 인지 감퇴와 임상적 인지 장애를 측정하는 검사에서 더 좋은 점수를 받은 것으로 나타났다. 연구팀은 산화 스트레스와 관련된 도시 노인의 혈액 지표가 시골 노인보다 높다는 것을 발견했는데, 산화 스트레스는 인지 장애와 밀접한 관련이 있다. 앞에서 논의한 바와 같이, 산화 스트레스는 뇌를 부식시켜 심리적 스트레스와도 상호작용을 한다. 도시 녹지, 원예, 숲이 노화 관련 인지 감퇴를 얼마나 완화시키는지는 아직 잘 알려지지 않은 상태이다. 지금까지의 정보에 비추어볼 때, 아마도 소형 '뇌 게임기'보다 훨씬 더 효과적인 자연이 도시 생활로 인한 인지 감퇴를 완화시킬 것으로 보인다.

에바 박사의 임상 노트

알렉스의 어머니는 대학교 3학년인 알렉스가 '걱정거리'라고 말했다. ADHD 약물이 그 증세를 악화시켰음을 알게 된 그녀는 어떻게 해야 할지 몰라 쩔쩔매다가 내게 도움을 청해왔다. 그녀는 알렉스가 집중하지 못하고, 거의 온종일 비디오 게임을 하거나 잠을 자느라 수업을 빼먹는다고 불평했다. 알렉스는 학업에 대해 생각할 때 밀려드는 압도적인 불안을 피해 스크린에 집중하다보니 비디오 게임에 중독되었다고 말했다. 1~2학년 때에는 그럭저럭 대부분 B를 받았다. 3학년인 지금은 겨우 패스할 정도이다. 알렉스가 수업이 더 어려워진 것도 아니라고 말했기 때문에, 나는 3학년이 되면서 무엇이 변했는지 알고 싶었다.

그는 2학년 말에 두 가지 일이 생겼다고 말했다. 오래된 여자 친구와 헤어진 다음, 생일날 X박스(미국의 마이크로소프트 사가 내놓은 비디오 게임 콘솔)를 받았다. 처음에 그는 스크린 세계의 전쟁 속에서 위안을 찾고 도피했다. 그는 친구와의 외출이나 심지어 야외에 나가는 것마저 그만뒀다. 그는 자신이 언제까지 다른 사람과 함께 있기를 즐겼는지마저 기억하지 못할 정도였고, 다른 사람과 함께 있는 생각을 하는 것만으로도 사회 불안이 엄습했다.

그래서 나는 알렉스에게 꼭 사람이 아니라, 자연 속에서 행복을 느꼈던 때(어쩌면 스포츠를 하면서)를 생각해보라고 말했다. 그는 별 생각 없이 바로 "산에서 스키를 타거나 하이킹을 할 때요"라고 말했다. 나는 "그러면 우선 하루에 15분씩 하이킹하면 어떨까?"하고 물었다. 알렉스는 웃었다. 하지만 바로 진지해지더니 그 계획을 따르기로 했다.

그는 처음에 15분으로 시작했는데 몇 개월이 지난 후 하이킹과 스키에 점차 더 많은 시간을 할애했고, X박스에 소모하는 시간을 줄였다. 그는 불안과 압도된 느낌이 사라져 학업에 더 집중하게 되었다고 말했다. 알렉스는 여전히 X박스를 즐기지만 친구와 노는 것이 아주 중요하며, 그 덕분에 자신의 사회 불안을 극복하게 될 것임을 알고 있다.

음악과 마찬가지로 숲에서 느끼는 향기는
추적하기 어려운 수천 가지 원천에서 나온다. 숲 전체의 공기는
우리가 분석할 수 없는 무수한 혼합음 상태로 진동한다.
그래서 우리는 바이올렛 향기, 솔 향기, 강한 전나무 향기,
수천 가지 허브가 잠긴 안락한 습지의 상쾌하고 풍부한 향기도 마신다.

– 존 뮤어

4

숲에 깃든 향기

뇌에 유익한 자연 요소

앞 장에서 살펴본 것처럼 자연이 심리적 태도와 내부의 스트레스 생리에 도움을 주는 것은 분명하지만, 과학자들은 본래 미시적 수준을 살피는 데 관심을 쏟는다. MRI 스캐너 안에서 다양한 자연 경관을 보면 시각을 자극하겠지만, 실제의 자연에 몰입하면 오감을 자극할 수 있다. 과학자들은 시각적 자연과 뇌 작용 사이의 환경적 연결고리만으로는 만족하지 못했다. 오랫동안 그들은 자연의 특정 요소들이 정서와 생리에 어떤 영향을 미치는지 밝히기 위해 깊이 탐색해왔다. 그들은 미적 감각이나 미에 대한 시각적 인식을 넘어, 실제로 식물에서 나오는 방향성 화학물질, 자연광, 천연색, 다양한 소리, 음이온과 같은 요인을 통해 자연이 우리의 감각을 자극할 수 있다는 것을 밝혔다.

점점 더 많은 이들이 도시 생활을 하게 되면서, 특히 현대 생활의 스트레스를 해소하는 방법으로써 아주 강력한 일부 자연 요소를 활용할 수 있는 방법을 과학적으로 연구할 필요성이 생겼다. 사실 삼림욕을 위해 인공적인 도시를 벗어나 숲으로 가기는 쉽지 않다. 스트레스나 긴장이 심할 때 특정 자연 요소를 조금만 접해도 바로 진정되고 집중될 수 있다. 자연과 우리의 타고난 관계를 설명하는 과학 퍼즐을 맞추어감에 있어서 이런 환원론적 결과들은 자연계의 무수한 미시적 요소와 우리를 긴밀히 연결하는 많은 사항들을 분명히 보여줄 것이다.

자연의 향기

최근 과학자들은 호르몬, 백신, 혼합물(코로 흡입하는 작은 펩타이드 수준) 등 다양한 약물의 투입 방법에 대해 놀라운 것들을 발견했다. 이제 그들은 예전에 생각했던 것보다 훨씬 더 다양한 물질이 비강을 거쳐 뇌로 갈 수 있다는 것을 알게 되었다. 놀랍게도 식물에서 나오는 증기를 비롯해 코로 흡입된 물질은 뇌로 들어간 다음, 혈액을 따라 몸 전체를 순환한다.

녹지에는 엄청나게 많은 양의 후각 자극 화학물질이 있는데, 이 물질들이 상승작용을 하여 정신 상태의 균형을 유지하고 별 노력 없이도 주의 집중을 유도한다. 우리는 보통 꽃식물의 향기를 맡을 수 있다. 하지만 어떤 한 종의 나무 한 그루가 몇 십 종의 방향성 화학물질을 분비해도 우리의 후각은 그런 물질을 다 탐지하지 못한다. 그런데 후각으로 이를 탐지하지 못했다고 해서 그 물질들이 건강에 도움을 주지 않는다는 의미는 아니다. 이렇게 향기를 내는 각 요소들을 뭉뚱그려 피톤치드 phytoncide라 한다. 일부 향기는 자극적인 반면, 일부 향기는 진정적이기 때문에 삼림욕을 하면 다양한 방향성 화학물질을 접하게 되어 기분이 좋아지고 뇌가 이완된다. 실험 연구들에서는 나무에서 나오는 피톤치드가 스트레스 호르몬 분비를 줄이고 불안을 낮추며 통증의 역치를 높일 뿐만 아니라, 방향성 식물의 화학물질이 우리 몸에 흡수되면 우리 몸의 항산화 방어 체계가 높아지는 것으로 나타났다. 이들 연구에서는 공기 중의 높은 피톤치드와 면역 기능 개선과의 관계도 제시하였다. 특히 공기를 통해 전달되는 피톤치드가 많으면 혈액 내 항암단백질 생성이 증가하고 자연살상세포(NH세포)라는 면역 방어자가 많아진다. 우리가 바이러스(가령, 인플루엔자, 흔한 감기)와 기타 감염성 인자에 노출되면, 자연살상세포가 우리를 보호할 준비를 한다. 실제로 자연살상세포의 활동이 활발한 성인은 감기에 덜 걸린다. 도쿄에 있는 일본의과대학의 의사인 킹 리Qing Li의 연구는 획기적이었다. 그는 히노끼 나무에서 나온 방향성 피톤치드를 호텔방에 분사시킨 며칠 동안 통제 집단에 비해 피험자들의 스트레스 호르몬 수준이 낮고 자연살상세포의 활동이 높다는 사실을 발견했다. 사업이나 중요한 발표 또는 인터뷰로 출장이 잦은 사람들은 이 연구 결과의 의미가 바로 와 닿을 것이다. 또한 킹 리의 연구팀에서는 하루에 약 2.5킬로미터를 걷는 주말의 삼림욕 여행이 1~2일 동안 자연살상세포의 활동을 높일 뿐만 아니라, 이처럼 활발한 자연살상세포의 활동이 주말에 즐겁게 시내를 산책한 집단과 달리 1개월 동안 유지된 것으로 나타났다. 단 하루만의 삼림욕(도쿄 북쪽의 교외 지역에 있는 숲)마저도 자연살상세포의 활동을 높였고, 일주일 동안 기저선 이상으로 높은 상태가 유지되었다. 나무와 식물은 우리의 인지, 정신 상태, 심지어 이제야 겨우 우리가 깨닫게 된 면역 체계에도 영향을 주는 방향성 화학물질을 분비한다. 인간의 건강에 기여하는 각 향기를 분리한다면 맞춤형 치료의 현실화가 가능할 것이다. 마침내 과학이 우리의 원시조상들이 잘 알고 있었을 사실을 검증할 것이다.

자극과 진정

적어도 4000년 동안 방향 식물 추출물(나무나 꽃에서 나오는 수지, 고무, 기름)은 소중히 여겨졌을 뿐만 아니라, 의학적·종교적·영양학적·의식적 목적으로 폭넓게 활용되었다. 고대 그리스 의사들은 어떤 식물의 향기는 자극적인 반면, 다른 식물에서 추출한 오일은 진정 효과가 있음을 알았다. 고대인들은 종족의 정서적 유대를 다지려는 의식儀式을 위해 공기로 운반되는 방향성 화학물질을 활용하였다. 즉, 향기가 참여자들의 감각을 자극하고 정신적 기민성과 이완을 촉진하여, 참여자들은 그 순간에 온전히 존재한다고 느꼈다.

한때는 향기 치료를 점쟁이가 사용하는 검은 모자(반달과 별이 장식된)나 수정 구슬처럼 우습게 여겼지만, 이제는 인지 장애와 정신 장애에 향기를 활용하는 향기 치료가 과학계의 각광을 받고 있다. 기존의 향기 치료 관련 자료를 검토한 결과, 불안과 우울에 대한 임의의 통제 연구에서는 피험자들의 증세가 의미 있게 호전되었고 향기 치료가 안전하고 부작용이 없는 것으로 나타났다. 실험 연구에서는 식물의 오일 증기가 뇌 자체의 진정성 화학물질인 GABA Gamma Amino Butyric Acid의 생성을 촉진하는 동시에, 기분을 조절하는 세로토닌의 기능도 촉진하는 것으로 나타났다.

더욱 호기심을 자아내는 일부 향기 치료 연구에서는 식물의 방향성 화학물질이 뇌에 미치는 영향이 정반대임을 강조했다. 즉, 로즈마리나 레몬 오일과 같은 화학물질은 자극적인 반면, 라벤더나 로즈 오일 같은 화학물질은 좀 더 진정적이라는 것이다. 숲 속을 걷는 동안에는 식물의

나무에서 나오는 피톤치드는 스트레스 호르몬 분비를 줄이고 불안을 낮춘다.

향기가 자연스럽게 결합되어 기분이 좋아질 수도 있고 이완될 수도 있는데, 향기 치료에서는 각 식물의 향기를 선택해서 각각의 이점을 조율할 수 있다. 가령, 2002년 영국에서 수행된 연구에서는 로즈마리 향이 나는 칸막이 방의 근로자들이 아무 향이 없는 칸막이 방이나 라벤더 향이 나는 칸막이 방의 근로자들보다 기억력이 의미 있게 높다는 결과를 제시했다. 사실, 라벤더 향이 나는 칸막이 방의 근로자들은 아무 향이 없는 칸막이 방의 근로자들에 비해 작업 기억이 감소하고 주의 과제에서도 저조하였다. 그래서 그 칸막이 방을 벗어나 좋은 사무실로 승진해가길 바라던 근로자들은 퇴근 후에 이완을 위해 라벤더를 사용할 수 있을 때마저도 라벤더를 피했다.

휠링예수회대학교의 연구자들은 천연 방향성 화학물질에 대해 무수히 많은 연구를 수행하였다. 그들은 페퍼민트가 신체적·정신적 수행을 개선한다고 보고했다. 피험자들이 소량의 페퍼민트만 흡입해도 알파벳순으로 제시하는 과제 수행뿐 아니라, 타이핑 속도와 정확성이 향상되었다. 그들은 시나몬 향이나 재스민 향을 맡았던 피험자나 아무 향도 맡지 않은 피험자들에 비해 주의 과제와 기억 과제를 우수하게 수행했고 피로도 별로 호소하지 않았다. 이 연구자들은 페퍼민트 향이나 시나몬 향을 활용한 치료가 운전 중에 치미는 분노를 진정시킬 수 있음을 발견했다. 그들의 실험에서 연구자들은 장거리 운전으로 활기찬 에너지는 감소하는 반면, 분노, 정신 피로, 신체 피로는 높아진다는 사실을 발견했다. 이때 페퍼민트와 시나몬이 운전자의 욕구 불만을 낮추고 기민성을 높였다. 페퍼민트만으로도 장거리 운전과 관련된 불안이 감소했다. 흥미롭게도 길에서 자주 먹는 패스트푸드와 페이스트리의 향은 운전자의 욕구 불만과 과속 욕구를 높였다.

2005년 〈국제정신생리학*International Journal of Psychophysiology*〉 지에 실린 한 연구에서 영국에 있는 코벤트리대학교의 연구자들은 재스민 향이 수면의 질을 촉진하고 다음날 각성 수준을 높인다는 사실을 발견했다. 3일 밤 동안 연구자들은 세 조건, 즉 재스민 향, 라벤더 향, 무향 조건 중 한 조건에 학생들을 배정했다. 이를 구체적으로 제시하면, 그들은 대부분의 학생들이 향을 전혀 인식하지 못할 정도로 라벤더 향이나 재스민 향의 농도를 낮춰 주입했다. 재스민 향 조건에서는 사람들의 뒤척임이 적었고 아침에도 편안히 기상했다. 또한 그들은 다음날의 인지 과제에서도 우수한 수행 능력을 보였다(라벤더 향 역시 효과적이었으나, 재스민 향에 미치지 못함). 정교화된 뇌 영상인 자기공명영상을 이용한 최근의 연구에서는 쾌감과 그 정도를 평정하라는 구체적 지시를 안 해도 소량의 재스민 향만으로 주의 집중 조절을 담당하는 뇌 영역이 크게 활성화된 것으로 나타났다.

연구에서는 소량의 방향성 화학물질만으로도 건강에 도움을 주는 것으로 나타났다. 사실상 향기 치료의 경우에는 적을수록 더 좋은 것처럼 보인다. 가령, 일본의 연구자들은 소량의 재스민 향으로 과잉 활성화된 교감신경계가 진정되었다고 보고했다. 그러나 재스민 향을 싫어한다고 미리 연구자들에게 말했던 피험자들은 다량의 재스민 향을 접하자 교감신경계가 활성화되었다.

식물의 정화 능력

녹지에서 천연 방향성 화학물질이 우리를 에워싸는 것과 마찬가지로, 대도시에서는 인공의 합성 화학물질이 우리를 에워싸기 때문에, 결과적으로 대도시는 인공에 의해 오염된 환경이라고 할 수 있다. 식물에서 나온 천연 화학물질을 소량만 흡입해도 우리 뇌가 영향을 받는 것처럼, 공기 중의 합성 화학물질도 우리에게 영향을 미칠 수 있다. 그런데 공기 중의 합성 화학물질과 매우 불쾌한 냄새는 보통 우리의 인지적·정서적 건강에 부정적 영향을 준다. 집에서든 직장에서든 실내외에 존재하는 공기 중의 오염물질은 불안, 우울, 자폐, 공격, 조급증, 통증, 피로, 욕구 불만, 장단기 인지 감퇴, 이타심 감소, 이타적 행동 감소와 관련되었다. 주변의 공기 오염물질은 경도의 염증을 유발할 뿐만 아니라, 최근에는 제2종 당뇨병, 심혈관 질환 및 비만과 관련된 것으로 밝혀졌다. 사실 이런 결과는 공단과 교통 체증으로 인한 야외의 심각한 공기 오염물질에 대해서만 언급한 것이다. 이 외에도 건축 자재와 건물 안의 물건들, 가령 가구, 전자 제품, 카펫, 페인트, 청소 도구, 비닐 바닥, 인조 나무, 플라스틱, 공기 '청정 제품' 등에서 나오는 화학물질 역시 우리에게 부정적 영향을 준다. 최근의 연구에서는 도시 실내 환경의 공기에 전문가위원회가 정한 기준보다 높은 휘발성 화학물질, 특히 벤젠과 폼알데하이드가 함유된 것으로 나타났다.

가정과 사무실의 컴퓨터는 실내의 톨루엔, 2-에틸헥사놀, 폼알데하이드, 스타이렌, 몇몇 기타 위험한 화학물질을 크게 높이는 것으로 나타났다. 2004년 덴마크기술대학교의 연구자들은 여섯 개의 새 컴퓨터를 꺼내 500시간 동안 작동시켰다. 3주 후 그들은 컴퓨터를 방 칸막이 뒤로

식물의 공기 정화 능력은
우리의 예상을 뛰어넘는다.

옮긴 후, 칸막이 뒤에 6대의 컴퓨터가 있는지를 전혀 모르는 건강한 성인들에게 이전과 동일한 컴퓨터에서 인지 과제를 수행하도록 임의 배정하였다. 그동안 연구자들은 온도, 조명, 습도, 소음, 공기 흐름을 일정하게 통제하면서 실내 공기의 질을 측정하였다. 인지 검사 결과에서는 숨겨진 컴퓨터에 인접한 곳에서 작업한 피험자들의 수행 능력이 떨어지고 오류는 증가한 것으로 나타났다. 그리고 새로운 컴퓨터가 있는 방의 실내 공기에서 휘발성 화학물질이 훨씬 더 많이 검출되었다. 이 결과는 숨겨진 폴리아마이드 섬유 카펫 조각 때문에 실내 공기의 질이 나빠짐에 따라 임의의 인지 과제에서 업무 수행 능력이 떨어졌다는 실험 결과를 지지하였다.

또 식물은 공기 중에서 일종의 진공청소기 역할을 하기 때문에 유익하다. 대부분 식물이 우리에게 필요한 산소를 공급한다는 사실을 알고 있지만, 청소기로서의 역할은 과소평가된 경향이 있다. 1960년대 후반과 1970년대 초반에 연구자들은 특정 나무와 기타 식물(가령, 피튜니아)이 스모그를 줄여 대기를 회복시킬 뿐만 아니라 대기 환경 오염물질을 크게 줄일 수 있음을 제시하는 몇 편의 논문을 발표하였다. 폴 E. 웨거너Paul E. Waggoner와 같은 과학자들은 대도시의 대기 오염을 정화시키는 방법으로 식물과 특정 나무의 엄청난 가능성에 주목하였다. 그 후 몇십 년에 걸쳐 그가 옳았음이 증명되었다. 즉, 식물은 주변의 화학물질을 잘 처리할 수 있는데, 실제로 대사 작용을 해서 흙으로 배출해버린다. 그 후 박테리아의 작용으로 피해가 줄어든다. 환경과학자들이 다양한 나무와 식물이 환경 오염의 해결책이 될 수 있음을 밝혔다. NASA는 1980년대에 스카이랩 안에 유해한 휘발성 화학물질이 107가지나 된다는 사실을 발견하고는 식물을 통한 공기 정화 연구에 착수했다. NASA는 합성물질

Zoom-in

우울

우울증 환자에게 가장 좋아하는 색을 선택하라고 하면, 건강한 성인들과 마찬가지로 중명도 이상의 청색을 선택한다. 하지만 38가지 색을 보고 있는 우울증 환자들은 현재의 기분을 세 가지 명도의 회색과 관련짓는 경향이 아주 높았다. 건강한 성인들에 비해 우울증 환자들은 자신의 기분을 회색이라고 말한 경우가 두 배나 되었다. 결국 우울증 환자들은 회색으로 괴로워하면서 '파랑'을 보려고 하는 셈이다.

2010년 〈생물학적 정신의학 *Biological Psychiatry*〉에 실린 한 연구에서는 우울증 환자들이 검은색과 흰색을 잘 구분하지 못하는 이유를 설명했다. 즉, 말 그대로 대상이 더 회색으로 보이고, 우울증이 심각할수록 구분을 더 못한다. 이외에도 연구에서는 우울증 환자들의 경우 냄새를 담당하는 후각구가 더 작고, 후각구가 작아 공기 중의 미세한 냄새를 잘 맡지 못하는 것으로 나타났다. 이 연구 덕분에 이들이 세상을 일반인과 달리 지각한다는 사실이 분명해졌다. 별도의 다른 연구에서는 후각을 비롯한 다른 감각 처리 손상이 불안 및 ADHD와 관련된 것으로 나타났다. 이 연구 결과는 우울증 치료에 자연 요법이 필요함을 강조한다. 사실, 우울증 환자들은 자연 몰입(자연광, 천연색, 향기)의 필요성이 가장 클 것이다.

로 만든 밀폐 공간에서 일하고 생활하는 우주비행사들의 건강을 유지하기 위해 공기 정화 식물을 활용하였다. 실내에 화분 식물을 두기 전에는 밀폐된 시험 시설의 합성물질이 다량의 휘발성 화학물질을 공기 중으로 배출하여 질병을 호소하는 일이 잦았다. 그러나 식물을 두자 공기 중의 휘발성 화학물질이 사라졌고, 우주비행사들의 호흡 과민 증상이나 눈의 염증이 줄었다.

NASA의 첫 보고 이후 수많은 과학 저널에 실린 연구들에서는 다양한 식물들이 사무실이나 기타 밀폐된 공간의 공기 중 휘발성 화학물질을 크게 줄일 수 있음을 제시하였다. 실제로 그 연구들과 관련된 화분 식물들은 실내 오염을 75% 이상 줄였다. 도시 거주자들이 매일 90% 이상을 실내에서 생활한다는 점을 고려할 때, 이들 연구는 우리의 건강이나 행복과 크게 관련된다. 그렇다고 해서 더욱 많은 합성 화학물질을 공기 중에 방출하기 위한 돌파구로 식물과 나무의 흡수력을 활용해 식물과 나무를 학대하라는 의미는 아니다. 식물이 인간을 위해 오염물질을 흡수할 수 있다(미국에서는 매년 700,000미터톤 이상)고 해서 식물이 꼭 그렇게 해야 한다는 의미는 아니다.

자연광과 인공광

속담에서처럼, 시기가 매우 중요하다. 인간과 비가시광선의 관계에서는 시기가 더 중요하다. 빛은 눈에 보이는 것 그 이상이다. 빛이 망막에 닿으면 시각과 무관한 생물학적 현상이 연쇄적으로 시작된다. 주변 환경의 빛과 망막에 있는 감광세포의 상호작용은 워낙 광범위해서 결과적으로 수면, 기민성, 기분, 인지 수행에 영향을 줄 것이다. 인간은 약 200만 년 동안 태양으로부터 자연광을 꾸준히 받아왔고, 아침에 해가 떠서 저녁에 어두워지는 현상은 뇌의 24시간 각성–수면 사이클에 맞는 주된 환경 신호였다.

낮에는 가시광선 스펙트럼 내의 자연광이 인지 수행을 촉진하고, 어두운 밤이 되어 빛이 사라지면 정신 활동이 떨어지고 수면 욕구가 증가한다. 그러나 전기의 발달과 전구의 발명으로 낮 시간이 길어지고 밤하늘을 밝힐 수 있게 되었다. 이제는 한밤중에 불을 밝히는 것이 예외가 아니라 일상이 되었다. 오늘날 세계 전체 인구의 반 이상이 보름달보다 훨씬 더 밝은 밤하늘 아래에서 생활하고 있다. 도시 노동 인구의 20%는 밤에도 일하고, 대부분은 밤에 근무하지 않고 집에 있으나 일하는 이들 못지않게 스크린이 이들의 망막을 환히 비추고 있다. 현대의 컴퓨터 모니터와 플라스마 TV는 매우 밝다. 사실 평면 TV는 60와트짜리 전구보다 20배 이상이나 밝다.

이렇게 투광 조명이 있는 밤과 달리, 낮에는 적절한 자연광이 부족한 환경에서 지낸다. 인공조명을 활용하는 것이 우리의 하루 생활에 분명히 유익하긴 하지만, 현재 우리에게는 인지를 촉진하고 기분을 지원하는 천연 가시광선이 부족하다. 전형적인 실내 사무실의 칸막이 방에서 일하는 근로자들은 겨울 한낮의 태양광보다 천연 가시광선이 100배나 낮은 인공광 아래에서 근무한다. 특히 북위도 지역에서 낮 시간이 짧은 겨울에 책상에 붙어 있는 근로자들은 이러한 자연광 부족으로 우울증이 유발될 수 있다. 현재로서는 실제로 밝은 시간대가 밝아야 할 시간대와 정반대인 상태다. 특히 겨울에는 매일 자연광을 놓칠 뿐만 아니라, 정작 해가 져서 쉬어야 하는 몇 시간 후에는 눈앞이 훤하다.

멜라토닌으로 설명되는 어둠과 수면의 연결고리는 우리 유전자에 기록되어 있다. 즉, 멜라토닌 분비는 빛에 의해 억제되고 어둠에 의해 촉진된다. 멜라토닌 분비는 어둠이 시작되는 저녁 무렵에 증가한다. 새벽 2~4시 무렵 혈액 내 최대 멜라토닌 분비 수준은 낮 시간의 20배 이상이나 된다. 연구에서는 늦은 저녁이나 밤에 빛이 조금만 있어도 멜라토닌 분비가 어려운 것으로 나타났다. 즉, 평면 TV와 컴퓨터 모니터가 밝다고 자랑하는데, 400~1000럭스에 이를 정도로 밝으면 멜라토닌 분비가 정상 이하로 크게 떨어질 수 있다. 400럭스의 조명에 30분 동안 노출되거나 300럭스의 조명에 두 시간만 노출되어도 밤에 멜라토닌 수준이 크게 떨어진다. 보통 우리는 책을 볼 때 켜는 60와트 전구가 정말로 나쁜지, 아니면 조상들이 사용했던 등잔, 촛불, 난로는 어떤지 하고 생각할지 모른다. 그런데 그럴 필요가 없다. 조상들이 사용했던 것들은 모두 빛이 20~60럭스에 불과하고 멜라토닌 분비에 별로 영향을 주지 않는다.

인공으로 밝혀진 밤하늘 때문에 크나큰 문제가 야기된다. 최근의 실험 연구에서는 밤에 빛이 조금만 있어도 뇌가소성이 떨어지고 일반 성인의 뇌세포 구조에 문제가 생길 수 있는 것으로 나타났다. 정상적으로 멜라토닌 분비가 안 되어 나타나는 건강 문제로는 불면증, 면역 결함, 암(대부분 유방암), 비만, 낮 동안의 피로, 주의 집중 장애, 과민성 대장 증후군, 섬유근육통, 우울증 관련 질환을 꼽을 수 있다. 과학자들은 이들 질환의 치료제로 사용할 경구용 멜라토닌을 활발히 연구하고 있다.

광 치료

사실 밤을 'after light'라고 해야 할 텐데, 왜 'after dark'라 하는가?

– 조지 카를린George Carlin

의사들은 수세기 동안 정신 장애 치료법으로 자연광 노출을 지지해왔다. 2000년 전에 로마의 의사들은 정신 장애 환자들에게 정원을 산책하라고 권할 뿐만 아니라, 우울증과 만성 소화 장애 환자들에게는 햇빛이 풍부한 곳에서 생활하라고 제안했다. 20세기 초에는 전자기 스펙트럼에서 나오는 자외선, 적외선, 가시광선 노출로 정신 장애가 호전되었다고 보고하는 임상 연구들이 발표되기 시작했다. 병원에서는 입원 환자를 치료하는 계획 중 하나로 병실의 자연광을 높이기 위해 남향 창문을 활용하는 방안에 대해 폭넓게 의논하였다. 하지만 일광욕실, 남향 창문, 기계를 통한 전자기 광 치료에 대한 대중의 많은 인기에도 불구하고, 그런 혜택을 생물학적으로 명확히 설명할 방법은 거의 없었다.

1980년대에야 연구자들은 낮은 세로토닌 수준과 우울과의 일관된 관계를 밝히게 되었다. 초기 연구에서는 낮이 짧은 겨울에 가장 민감한 사람들(계절적 정서 장애 환자)을 대상으로 광 치료를 활용하는 데 초점을 두었다. 그 후 초기 광 치료 연구들의 가치를 검증하는 많은 국제적 연구들이 누적되었고, 2002년에 오스트레일리아의 연구자들은 햇빛이 기분을 조절하는 뇌 화학물질인 세로토닌 생성에 직접적인 영향을 준다는 사실을 확인했다. 세로토닌은 제약회사들이 프로작과 기타 유사한 제품을 통해 높이려 했던 뇌 화학물질이다. 그들은 세로토닌 생성 비율이 1일 일사량과 직접적인 관련이 있다는 사실을 발견했다.

광 치료가 계절적 정서 장애 감소에 효과적이라는 사실이 밝혀진 현재, 연구자들은 빛의 적정량과 파장을 비롯한 기타 사항에 관심을 갖게 되었다. 태양광선은 가시광선으로 지구에 도달하고, 약간의 파장 변화로 인해 우리가 보는 색깔이 달라진다. 가시광선 영역 중 파란색 부분은 파장이 더 긴 초록색과 빨간색보다 겨울에 상대적으로 더 크게 감소하는 것으로 보인다. 최근의 연구에서는 이러한 파란색 부분이 기분에 가장 크게 영향을 미친다는 것을 제안했다. 일반 전구의 인공광에는 파란색 스펙트럼이 거의 없다. 파란색을 보강한 백색광이나 청색광을 활용(예를 들어, 탁상용과 휴대용 청색 LED 광 치료기)한 임상 개입 연구에서는 기분과 관련된 증상이 전통적인 단위로 2500럭스나 강력한 1만 럭스로 치료할 때 1~2시간도 안 되어 호전될 수 있다고 제안했다. 즉, 겨울에 청색 LED 광 치료기를 1000럭스로 해서 15분씩만 쬐어도 효과가 있었고, 그 효과는 결코 작지 않았다. 즉, 우울 평정이 82% 이상 감소되었다.

경구용 멜라토닌의 치료 가능성이 광범위하고 뇌세포가 세로토닌에 푹 잠겼을 때 기분이 향상된다는 것을 바탕으로, 광 치료 연구자들은 계절적 정서 장애 이외의 다른 정서 장애와 인지 장애를 연구하는 중이다. 최근의 연구에서는 광 치료가 다른 형태의 우울증, 섭식 장애, 불안 등을 낮추는 데 효과적인 것으로 나타났다. 계절적 정서 장애는 북위도에 사는 사람들 중 1~5%에게 발생하기 때문에 비교적 드문 편이지만, 겨울 초입의 계절적 기분 변화는 드물지 않다. 어두운 겨울에 낮이 짧아지고 서머타임이 해제될 무렵 성인 2명 중 1명 정도는 기분과 정신 상태가 가라앉는 것으로 나타났다. 지구의 반구와도 일치하여 겨울에 사람들은 구글의 검색창에 '우울'이라는 단어를 훨씬 더 많이 친다. 54개 지역을 대상으로 5년간의 전 세계 구글 자료를 살펴본 결과, 연구자들은 언어와 무관하게 '우울'을 치고 검색 버튼을 누른 정도가 계절과 위도에 따라 달라진다는 사실을 발견했다. 즉, 여름에 북아메리카인들은 우울과 관련된 검색창과 좀 더 멀어지는 반면, 그 무렵 오스트레일리아인들은 우울 검색 비율이 많아진다. 이런 연구 결과는 빛 부족 그 자체가 신드롬syndrome이라서 계절적 정서 장애 환자뿐 아니라 대부분의 사람들에게

2000년 전에 로마의 의사들은 정신 장애 환자들에게
정원을 산책하라고 권할 뿐만 아니라, 우울증과 만성 소화 장애 환자들에게
햇빛이 풍부한 곳에서 생활하라고 제안했다.

영향을 주는 신드롬이라는 입장을 강조한다. 또한 이는 밤 10시에 평면 TV를 통한 빛이 아니라 적시에 제공되는 광 치료가 계절적 정서 장애가 나타날 수 있는 사람들에게 아주 유익할 것임을 시사한다.

아침의 광 치료(1000럭스)로 건강한 성인의 인지 기능, 기민성, 주관적 행복이 향상되고 미미한 불안이나 수면 문제가 호전될 수 있다. 좀 더 구체적으로 제시하자면, 최근의 연구에서는 스펙트럼에서 녹색, 빨간색, 그리고 보라색 부분보다 파란색이 특정 인지 기능을 향상시킨다는 사실을 재확인했다. fMRI를 사용한 연구에서는 빛의 스펙트럼 중 파란색 부분이 특히 주의 집중 및 기억과 관련된 뇌 영역을 활성화시키는 것으로 나타났다. 2008년 겨울에 수행된 영국의 연구에서는 한 층에는 파란색을 강화한 백색등을 설치한 반면, 다른 층은 파란색이 적은 유사한 형광등을 달았다. 4주 후에 100명의 사무실 직원을 대상으로 한 조사 결과에서는 파란색을 강화한 백색등이 기분, 수행, 기민성, 조급증, 오후의 피로에 긍정적 영향을 주는 것으로 나타났다. 파란색을 강화한 백색등을 달았던 층의 실험 대상자들은 밤에 숙면을 취했다고 보고했는데, 이는 그들이 낮에 멜라토닌을 잘 억제하고 낮 시간에 수면을 막을 필요 없이 수행상의 이점을 활용했음을 시사한다(에너지 드링크나 커피를 마신 경우에는 항상 그런 결과가 나오지 않았다). 일반 형광등과 달리, 파란색을 강화한 형광등은 겨울에 우리가 필요로 하는 파장을 제공하는데, 다행히도 지금은 훨씬 더 쉽게 구할 수 있다(가령, 그 예로 필립스 사의 Master TL5 ActiViva를 들 수 있다).

연구에서 활용했던 유익한 빛이 꼭 파란색만은 아니다. 이는 파란색을 강화한 전체 가시광선 스펙트럼이라서, 빨간색과 녹색 범위도 포함된다. 빨강, 오렌지, 노랑, 녹색이 부족한 인공광은 뇌 기능에 영향을 줄 수

Zoom-in

파란색 등과 자살 예방

1877년 이탈리아 알레산드리아 지역의 정신 병원장인 G. L. 폰자G. L. Ponza가 색광色光이 환자에게 미치는 영향에 대한 예비 연구를 보고하자, 이 연구는 국제적으로 대서특필되었다. 캐나다의 〈랜싯*Lancet*〉에서는 "청색광과 적색광으로 얻은 결과가 주목을 받았으며, 청색광은 환자를 차분하게 진정시키고 누그러뜨리는 반면, 적색광은 폭력을 자극했다"고 제시했다. 특히 청색광은 중증인 불안 환자들에게 아주 큰 영향을 주는 것으로 나타났다.

125년 이상이 지난 2009년에 동일본 철도회사의 간부들은 자살을 방지하기 위한 시도로 도쿄 열차 역에 20만 달러나 투자하여 파란색 LED를 달았다. 구체적인 과학 연구에서 청색광이 자살을 줄인다는 연구는 없을지라도, 오늘날의 연구에서는 청색광이 공포 정서 및 공포 관련 행동과 연관된 뇌세포 교류에 직접적인 영향을 주는 것으로 나타났다. 실제로 연구에서는 끔찍한 자살을 시도하는 이들은 뇌의 의사결정 과정이 손상된 것으로 나타났다. 청색광은 일시적으로나마 인지 능력을 개선하고 정서 자극에 대한 반응을 개선하는데, 뇌 영상 연구에서는 청색광이 이와 관련된 영역을 강하게 자극하는 것으로 나타났다. 심장마비가 왔을 때 제세동기 패달이 심장에 영향을 미치는 것처럼, 절망에 빠져 기차역 플랫폼 끝에 선 사람들에게 청색광은 뇌 기능 변화를 일으킬지도 모른다.

있다. 정교화된 뇌 영상 연구에서는 녹색 가시광선만 접할 경우 특정 뇌 영역이 활성화되지 않는 것으로 나타났다. 1903년 〈의학 시대Medical Age〉에서는 천연 가시광선 스펙트럼에서 빨강, 오렌지, 노랑, 그리고 녹색을 제거한 방에 러시아의 죄수들 일부를 수감하였다. 이는 물리적 고통을 주지 않고 그들을 고문하는 방법이었다. 오랜 시간이 지난 후 피험자들은 우울증을 보였고 인지적 소진 상태가 되었다.

창문이 필요한 이유

인공광 치료가 크게 진보했지만, 평범한 창문의 가치를 활용하는 동시에 전기도 들지 않는 간단한 조정 방법을 간과할 수 없다. 창문은 바깥세계와의 시각적인 접근 통로인 동시에 태양광이 들어오는(치료 효과가 있는) 통로이다. 1800년대 중반 무렵 교실의 남향 창문이 학습 속도를 높이는 데 일익을 담당한다는 사실이 확인되었다. 1869년 〈온타리오교육저널Journal of Education for Ontario〉에서 교육장인 뉴턴 베이트먼Newton Bateman은 "교사校舍에 빛을 제공하고 배치할 때 일반적인 광학 이론을 무시하는 폐해가 흔하다"고 지적한 바 있다. 인공광이 많이 도입되고 있을지라도 교육 환경에서 창문을 통한 자연광이 아주 중요시되었고, 1950년대까지 학교는 대부분 자연광에 의지했다. 하지만 1960년대 후반과 1970년대에 창문이 에너지를 낭비한다는 근시안적인 오판 때문에 그 흐름이 바뀌게 되었다. 천창을 가리고 건물 안에 형광등을 새로 달면서 설계가 완전히 바뀌었다. 창문 없는 건물이 새로운 트렌드가 되었다.

다시 유리창이 유행하게 되었지만, 대부분의 오래된 학교에서는 여전히 자연광이 부족하여 피해가 계속되고 있다. 만약 학교에서 학생들이 잘 자라길 바란다면, 자연 경관과 태양광이 필요하다. 최근의 연구에서는 학생들이 야외의 자연광을 별로 접하지 못하는 겨울에 교실 창문이 집중력을 높이는 것으로 나타났다. 서로 다른 3개 지역(워싱턴의 시애틀, 콜로라도의 포트 콜린스, 캘리포니아의 오렌지카운티)의 학생 2만 1000명을 대상으로 한 연구에서는 가장 큰 창문이 있는 교실의 학생들이 창문이 거의 없는 교실의 학생들에 비해 수학에서는 15% 이상, 읽기에서는 23% 이상 더 빨리 향상된 것으로 나타났다.

교실과 마찬가지로 사무실도 창문이 아주 중요한 공간이다. 창문이 없는 지하의 근로자들은 창문이 있는 층의 근로자들에 비해 불안, 적대감, 우울이 더 높은 것으로 나타났다. 행복이란 모름지기 긍정적 사고가 지배적인 상태인데, 창문이 없는 사무실의 근로자들은 업무 수행 동안 부정적 사고를 하는 경향이 높다. 창문이 있으면 밝기와 온도를 조절할 수 있기 때문에 근로자들에게는 창문이 아주 중요하다. 그래서 고급 사무실로 승진하면 재정적 보상, 많은 책임감, 훨씬 더 많은 자연광도 따라온다. 연구에서는 창문 가까이에 앉은 근로자들이 안쪽에 앉은 동료에 비해 만족감이 더 높은 것으로 나타났다. 실내 작업 환경의 일사량 증가는 다양한 산업의 생산성 증가와 관련되었다. 창문이 있어야 블럭이든 녹지든 전망도 가능하다. 보통 사무실은 전망이 별로인 큰 창문보다 전망이 좋은 작은 창문이 많은 편인데, 사무실의 근로자들은 작업장에 창문이 없는 것보다 아무 창문이라도 있는 것을 선호했다. 자연 경관이 근로자의 기분과 인지 수행을 촉진하는 것은 확실하지만, 실내 공간에 햇빛만 들어와도 직무 만족도, 안녕감, 장기근속 의지가 높았다. 이런 후자의 발견이 조명 그 이상을 의미한다는 점이 중요하다. 다시 말해, 그것은 조도와 전혀 무관하다. 햇빛이 얼마나 들어오느냐가 정말 중요하다.

의료 환경에서 창문은 외부 세계와의 연결 통로다. 플로렌스 나이팅

‥

실내 공간에 햇빛만 들어와도 직무 만족도, 안녕감,
장기근속 의지가 높아진다. 그것은 조도와 전혀 무관하다.
햇빛이 얼마나 들어오느냐가 정말 중요하다.

게일Florence Nightingale은 간호 매뉴얼에서 창문이 주는 자연광과 신선한 공기의 혜택을 특별히 언급했다. 그녀는 하나의 창문에 침대를 두 개 이하씩 배치하고, 밖을 볼 수 있도록 환자들의 침대를 높여야 한다고 말했다. 그녀는 "창문의 블라인드로 항상 밝은 병실의 일사량을 조절할 수 있다. 하지만 아예 어두운 병실의 경우에는 조절할 여지가 없다"고 말했다. 또한 환자들은 "침대에서 창문을 통해 하늘과 햇빛을 보아야" 한다고 말했다. 1996년~2001년 사이의 연구에서는 높은 자연광이 우울증이나 양극성 장애 환자들의 회복을 촉진하고 입원 기간을 단축하는 것으로 나타났다. 심장마비로 치료를 받은 환자들 중 자연광이 많은 병실에 배정된 환자들의 회복 속도가 훨씬 더 빨랐고, 놀랍게도 자연광이 많은 방에서는 사망률도 7% 정도 낮았다. 또 다른 연구 결과에서는 척추 수술을 한 환자들 가운데 자연광이 많은 병실의 환자들이 다른 쪽 병실(자연광이 46% 정도 적었던)에 있는 환자들에 비해 스트레스가 적고 통증도 낮으며 진통제를 22%나 덜 복용하는 것으로 나타났다.

창문의 이점이 병실에만 해당되는 것은 아니다. 두 편의 연구에서는 집중 치료실에 작은 창문이라도 있으면 회복 과정에서 잦은 망상증, 환각증, 이인증의 빈도가 낮은 것으로 나타났다. 환자와 병원 직원들 모두 바람직한 건물 목록에서 창문을 우선 요인으로 꼽았다. 물론 창문의 경관 역시 아주 중요하다. 나이팅게일의 조언 이후 오랜 세월이 지난 지금, 정부 지침으로 하루 이상 입원하는 환자들에게 창문 옆 침대를 배정하도록 규제하고 있다. 실제로 자연 경관이 있는 큰 창문과 방은 이제 병원 마케팅 책자의 일상적인 선전 내용이다.

음이온

음이온은 느끼거나 보거나 냄새 맡거나 맛볼 수 없는, 하전荷電된 분자(전기를 띠는 분자)이다. 우리가 흡입하는 음이온 수준은 주변 환경에 따라 다르다. 음이온은 숲이나 흐르는 물 근처에 풍부하다. 자연의 분해 작용으로 인해 과외의 음전하를 띤 공기 중의 음이온은 보이지 않는 야외의 자연 환경에 해당되는 것이라서 과소평가되는 또 다른 측면이다. 연구자들은 최근 특정 지역의 풍부한 음이온이 인간의 건강을 개선시키고, 수명 연장과 관련된다고 제시했다. 하지만 자연 환경에 흔한 음이온은 밀폐된 공간, 에어컨을 켠 방, 오염된 환경에서는 급감한다. 또한 컴퓨터 스크린, 복사기, 텔레비전 등 가정과 사무실의 전기기기로 인해서도 음이온이 감소된다. 예를 들어, 복사실 안의 공기는 같은 날의 야외 공기보다 양전하가 5배 이상 많다.

2004년 〈실내 공기indoor Air〉에 실린 한 연구에서는 음이온이 우리 몸의 항산화 방어 체계를 촉진하고 혈중의 젖산 농도를 낮추며 혈류를 촉진하여 호기성 대사를 증진시키는 것으로 나타났다. 2004년 〈캐나다 마취 저널Canadian Journal of Anesthesia〉에 실린 한 편의 흥미로운 연구에서는 국소마취 상태에서 작은 피부 수술을 하는 병원에 이온 발생기를 배치했다. 환자가 모르는 사이에 그 기계의 스위치를 일주일씩 교대로 켰다가 껐다. 그동안 습도, 온도 및 기타 배경 요인은 통제했다. 95명의 환자 중 아무도 국소마취 외에 다른 약물은 투여받지 않았다. 심리 검사에서는 음이온을 접한 이들의 긴장 수준이 낮고 수술 관련 스트레스가 훨씬 더 빨리 감소한 것으로 나타났다.

이런 작은 수술 외에도 많은 연구에서는 음이온이 스트레스, 우울,

Zoom-in

시차증후군

비행 후에 기분이 언짢은 적이 있는가? 물론 그럴만한 이유가 있는데 이를 시차증후군이라고 한다. 하지만 비행기 내부의 공기도 뇌를 변화시킬 수 있다. 비행기 내부는 습도와 음이온 수준은 매우 낮은 반면, 오존 수준은 매우 높아서 때로는 세계보건기구에서 제시한 8시간 지침(0.06ppm)의 2배나 될 정도이다. 상용 비행 시의 오존 수준(10억 분의 60~80)에서 4시간 동안 모의 비행할 경우, 낮은 오존 수준(100만 분의 2 이하)에 비해 긴장 및 폐소 공포증이 심했다.

불안을 크게 줄이고 인지 수행을 개선시키는 것으로 나타났다. 2005년 〈국제 생물 기상학*International Journal of Biometeorology*〉에 실린 연구에서는 비가 내린 후에 음이온이 풍부하기 때문에 공황발작 성향이 있는 환자들의 발작이 이때 훨씬 적은 것으로 나타났다. 음이온이 없는 환경에서는 불안, 의심, 조증이 유발될 수 있다. 흥미롭게도 겨울에 더 악화되는 ADHD, 범汎 불안 장애, 우울, 공황 장애의 계절성은 겨울철의 음이온 감소에 기인한다. 스위스, 오스트리아, 남독일의 푄 현상과 앨버타의 치누크는 오랫동안 조급증, 두통, 경도 우울증과 관련된 것으로 여겨져왔다. 그 이유는 건조한 바람으로 인해 음이온이 적기 때문이다. 비 내린 직후를 제외하면, 대개 습도가 적당하고 쾌청하며 잔잔한 날씨에 음이온이 아주 높다. 아침의 일출 무렵과 늦은 저녁에 음이온이 제일 높기 때문에 그 시간대의 자연 산책은 우리 뇌에 아주 유익할 것이다.

물

기본적으로 물과 모래에 끌리는 것은 생물학적 현상이다.
좀 더 자세히 살펴보면, 그것이 우주의 무한한 역학과 우리 자신을 연결하는
추상적 아이디어의 바탕임을 알게 된다.

—제프리 젤리코Geoffrey Jellicoe 경

녹색 식물과 마찬가지로 물은 우리의 기분과 인지 회복에 직접적인 영향을 미친다. 신선한 물은 항상 우리의 생존에 필요했으며, 우리는 바닷물의 풍부한 영양을 잘 활용해왔다. 많은 인류학자들은 물고기와 조개에 함유된 해양 지방산 덕분에 인간의 뇌 크기가 증가하고 진화가 가능했다고 단정했다.

물에 대한 우리의 끌림은 분명하다. 어른 아이 할 것 없이 선호하는 장소로 항상 물이 있는 곳을 꼽으며, 휴가나 여가 장소로도 그런 곳이 인기다. 물이 보이는 땅은 보통 시세보다 훨씬 비싸다. 영국에 있는 플리머스대학교의 연구자들이 40명의 성인에게 녹색의 자연 환경과 인공적인 도시를 찍은 사진 100장을 평정하도록 했을 때, 예측한 대로 응답자들은 녹지를 도시의 인공적인 환경보다 높게 평가했으며, 환경과 무관하게 긍정적인 기분을 주고 선호한다는 이유에서 물이 있는 사진을 높게 평정했다. 흥미롭게도 어느 정도까지는 물(골디락스가 말한 대로 물이 33~66% 정도인 경관)에 대한 끌림이 일관적이었다. 하지만 물이 너무 많거나 너무 적을 때에는 선호도가 떨어졌다.

물에 대한 우리의 끌림은 분명하다.
어른 아이 할 것 없이 물가를 좋아하며,
휴가나 여가 장소로도 그런 곳을 꼽는다.

물의 치유력은 로마와 그리스의 의사들이 다양한 질환을 치료하기 위해 특별한 프로토콜을 활용한 이래 널리 알려졌다. 1800년대 후반과 20세기 초에는 수水치료법이 표준의 정신 질환 치료법이 되었다. 1920년대와 1930년대에는 병원에 정신 건강 관리를 전담하는 특수 수치료과를 두었다. 의사들은 우울, 불안, 피로, 정신적 소진 등을 치료하기 위해 온욕, 온냉욕, 따뜻한 증기, 온팩과 냉팩, 샤워 등을 처방했고, 성공 정도는 각기 달랐다. 그 후 정신 장애 치료제와 대화 치료가 등장하면서 20세기 중반까지 수치료법은 한물간 정신 치료법 정도로 전락했다.

다행히도 현대 연구자들의 소모임에서 수치료가 정신 건강과 정서에 미치는 몇 가지 생리적 기제를 밝혔는데, 그 결과 중추신경계에 미치는 온욕의 영향이 명상과 비슷한 정도인 것이 입증되었다. 객관적인 연구에서는 온욕이 스트레스를 다스리는 신경계의 균형을 촉진하여 결국 '휴식과 소화' 신경계(부교감신경계)의 활동을 촉진하는 것으로 나타났다. 연구자들은 온수에 떠 있는 부유 치료flotation therapy가 코르티솔 수준, 근육 긴장, 심박수를 낮추고 정서 상태를 개선한다는 사실을 밝혔다. 객관적인 검사에서는 온욕을 했던 불안 장애자들이 15분 안에 근육 긴장이 감소하고 불안 증세가 호전된 것으로 나타났다.

최근 일본에서 수행된 일련의 연구에서는 온욕을 하고 거품 목욕을 하며 흐르는 물에 다리와 등을 대고 있으면 스트레스 생리 지표와 정신 피로는 감소하는 반면, 정신 상태와 인지 수행은 개선된 것으로 나타났다. 일본에서 수행된 별도의 연구에서는 따뜻한 족욕만으로도 스트레스를 줄이는 부교감신경계의 활동을 높여 수면이 개선되는 것으로 나타났다. 그리고 물에 식물의 방향성 화학물질을 첨가하자 효과가 증가했다. 예를 들어, 따뜻한 물에 족욕할 때보다 따뜻한 물에 라벤더 향을 넣어 족욕을 하면 오랫동안 부교감신경계의 활동이 유지되었다.

자연의 소리

침묵을 통해 영혼은 더욱 밝은 빛 속에서 길을 찾으며,
모호하고 기만적인 것은 결국 분명히 밝혀진다.
우리 인생은 길고도 고된 진리 탐구다.

— 마하트마 간디Mahatma Gandhi

한적한 자연 환경을 찾으면 그곳이 바로 소리의 낙원이다. 당신은 새가 노래하는 소리, 개울물이 바위에 철썩이는 소리, 동물의 발굽이나 발에 잔가지가 부러지는 소리, 나무가 흔들릴 때 잎이나 소나무 잎에서 나는 소리를 들을 것이다. 그때 당신은 아이디어가 떠오를 것이다. 이런 자연의 소리는 낙엽청소기, 비행기, 헬리콥터, 건설장비, 자동차 등에서 나는 소리와 전혀 다르다. 물론 도시와 교외에서 음향 스모그를 야기하는 다른 모든 인공음과도 전혀 다르다. 소음은 아주 괴로운 존재인데, 우리들 대부분이 이어폰으로 음악을 크게 듣거나 착암기 근처에 오래 있으면 청각이 손상될 수 있다는 사실을 알면서도 기계 소음으로 인한 경미한 스트레스를 계속 과소평가해왔다. 환경 소음은 스트레스 호르몬 생성을 촉진하고 심혈관계에 부담을 주며 인지 수행과 학업 수행을 방해할 뿐만 아니라, 면역 방어 체계를 억압한다. 또한 불면증을 유발하고 우울한 생각과 불안을 촉진한다. 결국 환경 소음은 우리의 발목을 잡으며, 심지어 장기적으로 환경 소음에 노출되면 수명이 짧아질 수도 있다.

최근의 연구에서 인간이 현대음과 자연음을 달리 탐지하고 처리한다는 사실을 확인하였는데, 이는 현대 인간의 뇌에 존재하는 지난 200만

년 동안의 자연 접촉 흔적을 재확인한 것이었다. 대개 인공의 경보음(연거푸 나는 높은 음으로 긴급함을 유발하는 경보음)이 오늘날의 뇌에서 즉각적인 주의를 유도할 것이라고 생각할 것이다. 하지만 2010년에 〈미국 음향학회Journal of the Acoustical Society of America〉에 실린 한 연구에서는 사자, 표범, 아메리카 표범의 소리와 같은 자연음이 고전적 조건화에 의한 경고음보다 더 빠른 반응을 유발하는 것으로 나타났다. 반면에 물이 흐르는 소리나 새들이 지저귀는 소리와 같은 자연음은 교통 소음이나 건물 소음을 막았다. 즉, 자연음을 도입하여 신경 쓰이는 환경 소음을 줄일 수 있는 것이다. 사무실에서 바람소리, 빗소리, 물 흐르는 소리, 파도소리, 새소리 등의 자연음이 꾸준히 들려오는 기계음을 막아주기 때문에 근로자들은 자연음이 들리는 환경을 자연음이 없는 환경보다 선호했다. 추후 연구자들은 이처럼 자연음을 활용한 위장 기법이 환경 소음의 생리적 피해를 줄이는지를 밝히기 위해 엄밀히 연구할 계획이다.

일부 연구에서는 스트레스를 줄이는 방법으로써 자연음의 가치를 자세히 연구했다. 2010년 스톡홀름대학교의 연구는 자원자들이 교통 소음과 자연음(물소리와 새소리) 사이에 간간이 짧은 스트레스 요인을 경험하도록 했다. 배경음이 자연음일 때 그들의 생리 지표가 더 빨리 정상화되었다. 병원에서 자연음을 노출하면, 심장 수술 환자가 숙면을 취하고 수술이 진행되는 동안 환자의 스트레스 호르몬 수준이 낮았으며 기관지경 검사를 하는 동안의 고통이 줄었다. 일본에 있는 치바대학의 삼림욕 전문가인 요시후미 미야자키 박사와 이주영Juyoung Lee 박사는 개울물 소리를 들은 후 뇌혈류가 이완 상태로 변화되었다는 사실을 제시하였다. 그런 뇌혈류 상태는 스트레스를 받을 때나 인지적 도전으로 소진될 때의 상태와 정반대이다. 그 외에도 연구자들은 녹음된 새소리를 들

Zoom-in

즉각적인 기분 촉진제

밝은 빛, 소리, 음이온 등 우리가 논의한 몇 가지 자연 요소는 우리의 정신 상태를 얼마나 빨리 바꿀까? 종합적인 환경 치료제로 알려진 자연 요소를 통해 바로 기분을 바꿀 수 있을까? 2006년 〈심리의학Psychological Medicine〉에 실린 한 연구는 실제로 밝은 광박스(1만 럭스), 새소리가 녹음된 CD, 음이온 발생기가 플라시보와 달리 15~30분 안에 기분을 바꿀 수 있다고 밝혔다. 효과적인 자연 요소로 건강한 대학생들의 우울한 사고와 전반적인 기분 장애를 의미 있게 줄였던 것이다. 구체적으로 분노가 감소하고 기분이 기저선에 비해 평균 41%나 향상되었다. 그런 기분 변화는 분명히 인지 기능과 창의성 촉진에도 기여할 것이다. 추후 연구자들은 밝은 빛, 소리, 음이온의 상승 작용을 밝히기 위해 이들의 효과를 동시에 검토할 예정이다.

음이온 발생기, 다른 광박스, 자기평가도구에 대한 궁금증이 있다면, 환경 치료 센터의 웹사이트인 www.cet.org를 방문하기 바란다.

으면 이른 아침에 기분이 좋아지고 피로가 줄어든다는 사실을 밝혔다. 그런 방법을 활용해 수면 장애 환자들이 멜라토닌을 정상적으로 분비하게 할 수 있다.

국립공원, 숲, 야생지는 소음이 없는 마지막 보루이고, 그런 지역을 찾는 응답자들은 그곳에 가는 첫 번째 이유로 소음 탈출을 꼽았다. 자

연음이 도시 소음을 막을 가능성이 흥미롭긴 하지만, 그 반대는 훨씬 더 흥미로울 것이다. 그 이유는 자연 속에서 기계 소음을 들으면 그 고통이 무척 크기 때문이다. 간단히 말해, 기계 소음이 자연 환경을 잠식할 때 짜증 유발 요인이 아주 높아진다. 즉, 기계 소음이 지금까지 논의한 자연의 긍정적 특성을 대부분 잠식해버리는 것이다. 사실 기계 소음만큼 자연 환경의 원기 회복과 기분 촉진을 억제하는 것은 없다. 비행기, 교통수단, 동력사슬톱, 조경 장비, 모터보트, 오토바이 등의 소음이 모두 자연 환경의 긍정적 기능을 방해한다. 반대로 자연의 소리, 새의 지저귐, 물이 흐르는 소리는 자연 경관과 더불어 긍정적인 정신 상태를 촉진한다. 그러므로 우리가 앞에서 살펴본 녹지의 모든 혜택이 녹색 자체만의 혜택이라고 생각하면 안 된다. 그 이유는 녹지에서 나는 소리에 따라 정신적 이점 여부가 달라질 수 있기 때문이다. 도시는 확대되고 있고 음향에너지 역시 증가되고 있어서, 일부 도시의 경우에는 1990년 이래 음향에너지 수준이 2배 이상이나 증가했을 정도이다. 특히 상록수는 방음효과가 탁월하다는 점을 고려할 때 대도시의 소음 문제를 낮추기 위한 조치 중 하나로 그린벨트와 도시 숲 확대를 고려할 필요가 있다.

초록 운동은 단순한 걷기가 아니라,
산보 삼아 스스로를 조율하는 것이다.
팔다리 운동은 우리에게 즐거움을 주고,
우리의 오감은 숲 속의 다양한 사물과 경관에 작용하여
우리의 기운을 북돋우고 자극한다.
이때 세계나 자신과의 관계가 원활해진다(단순하고 직접적이며 건전해진다).

— 존 버로스 John Burroughs의 『**페펙턴** *Pepacton*』, 1881

5

야외 운동

운동과 자연을 아우르는 초록 운동

체계화된 운동은 약 4500년 동안 공식적인 건강 증진 방법으로 활용되어왔다. 고대 중국의 책자나 그리스와 로마의 가장 유명한 의사(갈렌, 히포크라테스, 켈수스)들이 제시한 권고 사항에는 최적의 정신적·신체적 건강을 위해서는 신체 활동이 중요하다고 명확히 언급되어 있다. 1800년대 중반에 처음으로 신체 활동을 많이 하는 생활 양식이 질병을 물리친다는 과학적 주장이 제기되었다. 실제로 실내에 앉아 일하는 재단사가 농장에서 일하는 야외 노동자보다 수명이 현저히 짧다는 사실이 관찰되었던 것이다. 물론 신체 활동 외의 많은 요인, 예를 들면 공기의 질, 식습관, 빛의 노출, 비타민 D 등으로 그런 차이가 나타날 수도 있지만, 그 연구에서는 가만히 앉아 있으면 치명적일 수 있다고 언급하였다. 20세기 초에는 온종일 앉아 있는 버스 운전사와 온종일 걸어다니거나 서 있는 버스 안내원, 실내에서 우편 업무를 보는 직원과 지역을 걸어다니는 우편배달부, 화이트칼라인 사무직 근로자와 신체 활동이 많은 육체 노동자를 비교하는 유사한 연구들이 뒤따랐다. 모든 연구가 주로 앉아 있는 직업이 심혈관 질환을 일으키는 위험 요인이라는 사실을 지지했다.

1920년대와 1930년대의 의사들은 신체적·정신적 건강을 촉진하는 공식적인 운동 처방을 내렸으며, 특히 야외 운동을 처방했다. 소위 체육 문화가 하나의 분야로 등장하여 체육관이 대도시 중심부에 늘어나기 시작하였다. 그러나 신선한 공기를 마시는(가령, 공원) 신체 활동이 실내 운동보다 효과적일 것이라는 생각이 여전히 주를 이루었다. 콜롬비아 대학교의 의사이자 미국체육교육협회장인 조지 L. 메이란George L. Meylan은 자연에서 운동을 하면 운동만 할 때보다 그 효과가 커질 것이라고 언급했다.

1950년대와 1960년대에 제약 열풍이 불면서, 여러 가지 생활습관 의학과 마찬가지로 운동도 피해를 입게 되었다. 운동에 대한 역사적 열정과 운동의 효과를 제시하는 많은 연구에도 불구하고, 심지어 1960년대의 전문가들은 운동이 건강 촉진제인지 아닌지를 두고 논쟁할 정도였다. 기껏해야 운동은 두 번째나 세 번째였고, 최고의 화두인 약물과는 거리가 멀었다. 과학자들이 알약 틈에서 운동을 찾아내기 직전에 운동을 필요로 했던 사람은 누구였을까? 그야말로 과학의 시대에 증거가 부족했다. 1960년 영국에서 발표된 유명한 울펜덴Wolfenden 보고서에서는 스포츠와 운동을 검토한 후에 "우리는 운동과 건강 사이에 명백한 관련성을 전혀 찾을 수 없었다"는 결론을 내렸다. 1963년 런던 위생·열대의과대학의 생리학 교수인 C. 메린 데이비스C. Mervyn Davies를 비롯한 운동 지지자들은 정책을 안내할 과학적 근거가 부족한 현실을 안타까워했다.

다행히 40년이 흐르는 동안 모든 것이 변했다. 현재 많은 국제 연구에서는 규칙적인 신체 활동이 심혈관 질환, 비만, 당뇨병, 특정 암, 우울, 골다공증 등 다양한 만성 질환 예방에 효과적이라는 증거를 제시하고 있다. 이제 운동은 공인된 치료제다. 이제 과학자들은 건강 증진을 위한 운동의 효과적 측면을 더 자세히 연구할 뿐만 아니라, 운동의 방해 요인을 줄이는 동시에 꾸준히 운동할 수 있는 방식 등 초미의 과제를 고려하고 있다. 또한 과학자들은 자연에서 하는 야외 운동(소위 초록 운동)이 시내의 인도人道나 러닝머신에서 하는 운동보다 더 유익한지를 연구하고 있는 중이다. 과학의 발전 덕분에 다양한 의학 분야에서는 운동이 뇌에 미치는 구체적인 영향에 대해 놀라운 결과를 제시하고 있다. 또한 그들은 콜롬비아대학교에 근무하는 메이란 박사의 "효과가 제곱인 초록 운동"이라는 말이 옳다는 사실을 강조하고 있다.

운동과 인지 기능

진화생물학자들은 인간의 몸이 움직임에 적합하게 설계되었다고 주장해왔다. 독특한 외형 덕분에 우리는 200만 년 이상 식량 경쟁에서 이길 수 있었다. 자동차 전용 판매 창구나 '30분 이내 배달 안 되면 공짜'가 생기기 전에는 인간이 움직임에 대한 보상으로 식량을 얻었다. 운동 의욕을 방해하는 요인만 해결할 수 있다면, 아직도 여전히 정신적 보상은 존재한다. 운동은 우리 뇌에 가장 중요한 강장제로, 어린아이든 노인이든 누구에게나 유익하다. 운동은 인지 기능(가령, 점수, 창의성, 지각 기능, 기억 회상 등으로 나타남)을 촉진하고 기분을 조절하는 스트레스 완충제다.

건강한 5세 유아 집단 중에 유산소 운동을 가장 많이 한 유아들의 주의력 점수가 가장 높았고, 균형 감각이 가장 우수한 아이들의 작업 기억이 가장 효율적이었다. 주의력과 작업 기억을 촉진하는 약제의 시장 가치가 상상이 되는가? 이 특성들은 둘 다 학업 성취를 예언하는 강력한 요인일 뿐만 아니라, 미래의 삶을 어느 정도 예측해준다. 우리가 미래의 삶을 단순한 추측만으로 예언할 수는 없다. 다행히 최근의 연구에서는 스웨덴에서 군 복무를 위해 징병 검사를 받은 남성 120만 명의 자료를 바탕으로 주목할 만한 결과를 제시했다. 연구자들은 청소년기(이 경우에는 18세)에 유산소 운동을 한 집단이 유산소 운동을 하지 않은 통제 집단에 비해 추후 교육 성취와 사회경제적 지위가 더 높을 것임을 예측했다.

뇌 건강에 관한 최근의 연구는 스크린 문화에 잠식되어 가만히 앉아 있는 이들에게 큰 시사점을 준다. 2007년 〈의학과 스포츠 과학*Medicine and Sport Science*〉에 실린 대규모 연구에서는 1958년 이래 27개 국가의 자료를 분석하였다. 그 결과 1970년대 이후 유산소 운동을 하는 인구가 크게 증가한 것으로 나타났다. 그러나 그 후로 꾸준히 감소되었고, 특히 지난 20년 동안 6세~19세 유소년들의 유산소 운동이 현저히 감소했다. 선진국에서 IQ 상승이 나타나지 않을 뿐만 아니라, 이후에 운동량이 줄어들고 스크린 시대로 진입하면 심지어 IQ가 감소할 수도 있음을 명심하라 (2장 참고).

운동으로 위험 요인을 줄일 수 있다는 희소식이 있다. 즉, 우리가 무언가를 할 수 있다는 말이다. 유산소 운동을 하면 젊은이든 노인이든 정보처리 속도와 학업 성취와 사회 기능에 아주 중요한 실행 기능 등 인지 기능이 촉진될 수 있다. 심지어 한바탕의 짧은 신체 활동으로도 무관한 정보를 걸러내는 능력과 작업 기억이 증가되며 연상 형성 능력이 향상된

Zoom-in

운동 게임

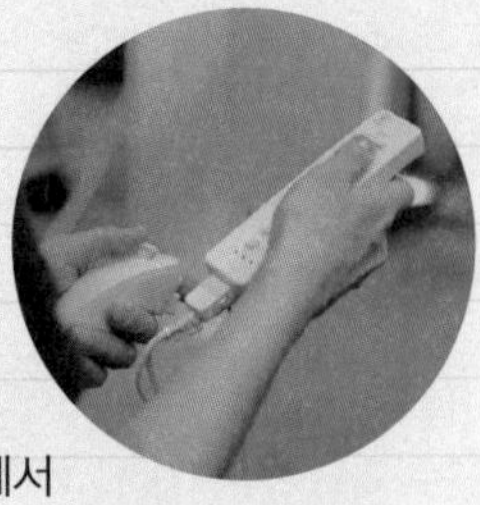

오늘날 일부 비디오 게임은 춤과 스포츠 게임에 적극 참여할 것을 요구한다. 이는 소파에서 허리 사이즈를 늘리는 전쟁 게임에서 진일보한 게 분명하다. 운동 게임Exergame은 혈액순환에 기여하고 열량을 소모한다. 어떤 운동 게임은 중고도의 운동을 하는 것만큼이나 효과적이다. 그러나 운동의 인지적 회복 효과(뇌의 재충전)에 관한 한, 달리기가 더 좋다. 시간과 강도 면에서 비슷한 운동 게임과 러닝머신에서의 달리기를 비교했을 때, 러닝머신 집단의 주의통제 영역에서 인지 수행이 더 향상되었다. 특히 달리기가 운동 게임에 비해 사소하고 산만한 정보 차단 능력을 더 높였다. 결과적으로 자연에서 하는 운동이 과도하게 산만한 세계에서 꼭 필요한 인지적 이점을 줄 것이라고 확실히 추론할 수 있다.

다. 운동은 인지 반응을 빠르게 하는 데 기여할 뿐만 아니라, 반응의 정확성도 높인다. 오늘날의 세계에서 산만 요인을 무시하는 동시에 과제에 제대로 집중하는 능력을 촉진하는 중재는 아주 중요하다. 사회적 상황에서 다양한 과제에 직면하여 무관한 정보를 걸러내지 못하면 아무 말이나 행동이 튀어나와버린다. 이는 나이와 무관할 수 있다. 사실, 억제력과 여과력 부족은 노화된 뇌의 특징인데, 신체 활동을 통해 이를 줄일 수 있다. 뇌가 노화되면 억제 통로가 쉽게 압도되는데, 이는 노인들이

머릿속에 있는 생각을 참지 못하고 말하는 이유이기도 하다. 그들은 억제력 부족 때문에 사회적 파장을 간과한다. 유산소 운동은 직접적인 문제에 주의를 집중하는 동시에 억제 센터를 효율적으로 강화하는 역할을 한다.

인지 보호제인 운동, 특히 걷기처럼 간단한 운동을 지지하는 과학적 증거는 확고하다. 대규모 연구에서는 뇌의 인지적 건강을 유지하는 데 걷기가 가장 효과적인 것으로 나타났다. 1만 8000명의 여성 노인을 대상으로 연구한 하버드대학교의 제니퍼 위브Jennifer Weuve 박사팀은 걷기가 인지 기능 향상 및 인지 감퇴 예방에 크게 기여한다는 사실을 발견했다. 버지니아대학교의 다른 연구에서 로버트 애보트Robert Abbott 박사는 2200명 이상의 노인들을 대상으로 비슷한 효과를 발견했다. 가장 적게 걸었던 노인은 매일 약 3킬로미터(약 2마일) 이상 걸었던 노인에 비해 치매 위험률이 2배 정도 높았다. 물론 걷기의 이점이 노인의 뇌에만 국한되지는 않는다. 아동과 십대의 경우에 20분 동안 걸으면 스트레스 회복력과 인지적 집중이 높아진다는 사실을 명심하라. 걸어서 통학하는 중고등학교 여학생의 학업 수행이 더 높았으며, 15분 이상 걸어서 통학하는 소녀들의 경우에는 그 상관관계가 더 높았다.

운동과 정신 건강

국제적인 연구에서는 신체 활동이 항우울제이자 항불안제임을 명백히 밝히면서, 격렬한 운동을 꾸준히 할 경우에 정신 상태가 개선되고 경도에서 중도 수준의 우울증이 약물 치료나 상담을 받을 때만큼이나 호전되며 불안과 공황 장애에 대한 민감성이 감소한다고 제시했다. 결국 중재 방법으로서 운동이 정신 상태에 미치는 긍정적 영향이 상당히 입증되었다고 볼 수 있다.

사소한 일상적 스트레스가 우울증으로 가속화되면 신체 활동이 줄어든다. 신체 활동이 줄어들면 회복이 느려지고, 그로 인해 우울증 환자들에게 심혈관 질환, 제2형 당뇨병, 퇴행성 관절염이 2~3배나 높은 신체 상태가 된다. 신체 활동 부족이 또 다시 우울을 유발하여 그야말로 악순환이 반복된다. 연구를 시작한 시점에서는 정신 장애가 없고 약물을 사용하지 않던 1만 명 이상의 건강한 성인을 6년 동안 추적한 결과, 텔레비전이나 인터넷 등 스크린 앞에서 주로 시간을 보내는 사람들이 그렇지 않은 사람들보다 정신 질환 발병률이 30% 이상 더 높은 것으로 나타났다. 실제로 운동을 할 때 신체 활동이 가장 많은 사람들은 정신 장애 발병률이 28% 정도 감소했다.

기본적인 대화를 하면서 빨리 걷거나 정원을 손질하는 보통 수준의 신체 활동조차도 긍정적인 심리적 안녕과 밀접한 관련이 있다. 운동은 스트레스 완충제이며, 규칙적으로 운동하는 사람들은 스트레스가 고조된 상황에서도 질병에 대한 회복력이 강했다. 유산소 운동을 한 이후에는 건강을 좀먹는 일상적 스트레스에 대한 호소 빈도가 감소한다. 2010년 샌프란시스코에 있는 캘리포니아대학교UCSF의 연구자들은 스트레스 완충제와 세포 보호제로서 운동의 잠재력이 대단하다는 것을 증명하였다. 그들은 텔로미어telomere(신발 끈의 끝에 달린 플라스틱 끝부분을 닮은 작은 캡으로 유전물질을 절연하고 보호함. 말단소립으로도 불림)라는 세포 부분을 관찰했다. 텔로미어의 길이는 세포의 잠재적 수명과 관련되며, 길이가 짧아지면 세포자살이 증가한다. 당연히 짧은 텔로미어는 많은 만

· ·

운동은 항우울제와 거의 비슷한 정도의 세로토닌을 분비한다.
또한 운동은 뇌세포의 구조와 기능을 정상화시키는 데에도 도움이 된다.

성 질환 및 조기 사망과 관련된다. 스트레스가 만성적이고 스트레스 인식이 높을 경우에는 텔로미어의 길이가 짧아진 반면, 운동할 경우에는 텔로미어의 길이가 길어진다. UCFS의 연구자들은 스트레스, 운동 및 텔로미어의 상호작용을 규명하려고 했다. 놀랍게도 연구자들은 생활 양식과 사회경제적 요인을 통제한 후에 운동만으로 스트레스와 텔로미어 길이의 상관을 없앨 수 있다는 사실을 발견했다. 운동을 하지 않는 건강한 성인들의 경우에는 스트레스 인식이 짧은 텔로미어와 관련된 반면, 40분간의 격렬한 활동으로 스트레스 인식과 텔로미어 길이의 상관이 사라졌다. 이 결과는 스트레스가 만연한 현대 사회에서 시사하는 바가 매우 크다. 미국심리협회의 연차조사에 따르면, 스트레스 인식이 사상 최고이기 때문에, 스트레스의 파괴력을 막을 수 있는 운동과 같은 중재는 확실히 의사의 처방 못지않은 가치가 있다.

운동은 어떻게 뇌를 건강하게 하는가?

과학자들은 운동이 '기분을 촉진하는' 동시에 고통을 줄이는 뇌 화학물질(세로토닌과 아편제 등)의 분비를 촉진한다는 점에 초점을 두고 운동의 생리적 통로와 운동이 뇌에 주는 이점을 검토하기 시작했다. 최근 들어 운동이 기분을 조절하는 다양한 신경전달물질에 영향을 미친다는 사실이 분명해졌다. 실제로 최신의 연구에서는 운동이 항우울제와 거의 비슷한 정도의 세로토닌을 분비한다는 사실을 제시하였다. 또한 운동은 뇌세포의 구조와 기능을 정상화시키는 신경 성장 요인의 생성을 높이는 것으로 나타났다. 뇌유래신경영양인자BDNF라는 중요한 뇌 보호 화학물질을 비롯한 신경영양인자들은 직접적인 항우울 작용을 한다. 그 외에도 운동은 혈관을 유지시키고 성장을 조절하는 화학물질의 생성을 촉진한다. 요약하면, 운동은 뇌로 가는 혈류를 지원하며, 그로 인해 뇌세포에 유익한 화학물질의 생성이 촉진된다.

역설적으로 말하면, 초기에는 운동이 염증과 산화스트레스를 유발하지만 일단 규칙적인 생활 습관으로 자리 잡으면 항산화 작용과 항염 작용을 한다. 초보자들이 한바탕 격렬한 운동을 하면 처음에는 염증성 화학물질과 활성산소가 크게 증가한다. 이는 운동 프로토콜을 시작할 때 겪는 "고통이 없으면 얻는 것도 없다"는 말에 해당되는 부분이다. 그러나 곧 적응하게 된다. 시간과 경험이 조금만 쌓이면, 적절한 운동으로는 몸의 항산화 방어 체계가 전반적으로 개선되고 신체 단련으로는 경미한 만성 염증에 방어하는 회복력이 생긴다.

많은 연구에서는 체력이 좋은 사람들은 경미한 만성 염증을 나타내는 전형적인 혈액 지표marker가 낮은 것으로 나타났으며, 임상적인 운동 중재로 몸 전체에 퍼진 염증을 줄일 수 있는 것으로 나타났다. 숲에서 2시간 정도만 걸어도 우울증, 심혈관 질환 및 염증과 관련된 화학물질이 감소할 수 있다. 체력이 좋은 성인에 비해 주로 앉아서 지내는 성인의 경우, 만성 질환과 관련된 주요 염증성 화학물질인 C-반응성 단백질이 3.5배나 높았다. 이런 염증성 화학물질 중 일부가 건강한 정신 상태에 피해를 줄 수 있다. 신체적으로 탄탄하고 건강한 사람도 운동 일정을 따르지 않으면 피로, 짜증, 긴장, 우울을 겪게 된다.

기대, 믿음, 긍정적 인식

보고된 운동의 이점에 플라시보 반응도 포함된 것이 확실하다. 세로토닌을 비롯해 뇌에서 기분을 조절하는 화학물질이 태도에 영향을 줄 수 있는데, 이런 화학물질은 운동할 때는 물론이고 정신 상태만 바꿔도 분비될 수 있다. 가령, 행복감을 느끼고 긍정적 사고를 하면 뇌에서 세로토닌 수준이 증가하는 반면, 슬픔을 느끼면 세로토닌 수준이 감소될 수 있다. 결국 운동에 대한 기대, 신념, 인식이 운동의 이점을 높일 수 있다. 2007년 〈심리과학Psychological Science〉에 발표된 하버드대학교의 연구에서, 연구자들은 한 집단의 피험자들에게 그들의 신체 활동이 정부의 운동 지침에 충분히 부응한다고 말해주었다. 그러나 다른 집단의 피험자들에게는 아무 정보도 제공하지 않았으며, 두 집단은 연구를 시작할 때부터 마칠 때까지 동일한 신체 활동을 하였다. 4주 후, 그 정보를 받은 집단은 아무 정보도 안 받은 통제 집단에 비해 스스로 더 건강하다고 인식하고 실제로 혈압, 체중, 허리-엉덩이 비율, 체질량지수BMI가 낮았다는 사실에 주목할 필요가 있다. 과학자들에게는 이 발견이 운동의 과학적 신뢰성을 낮추어 운동 효과를 떨어뜨리는 것으로 보였다. 그러나 이를 달리 생각할 수도 있다. 정신적·신체적 건강을 보호하는 운동에서 몸-마음의 관계는 잠재적 강화 요인이다.

운동의 50%가 인식이고 50%가 생리라면 정말 문제가 되는가? 연구에 따르면, 그렇지 않다. 인식은 개인의 현실이다. 노인의 건강 상태에 대한 인식이 객관적인 건강 상태 측정치 이상으로 장수를 예측한다는 사실을 명심하길 바란다. 기대와 신념이 사람들의 야외 활동을 촉진한다면, 정말로 그럴 것이다. 요즘처럼 항상 스크린 앞에 붙어 있는 세계에서는 운동에 대해 더 많은 기대, 믿음, 긍정적 인식을 촉구해야 한다.

규칙적인 운동

'꾸준한' 신체 활동은 기분을 촉진하고 불안을 줄이며, 일상적 스트레스와 스트레스의 파괴력에 대한 방어력을 키운다. 앞 문장에 '꾸준한'이라는 단어가 있는데, 이는 조건, 별표(중요함을 표시하는 표식), 주의 사항과 같은 역할을 한다. 항상 그 부분이 문제다. 즉, 대부분 그렇지 않다는 말이다. 최근 발표된 연구들은 우리가 모든 북아메리카인의 신체 활동 정도를 과대 추정해왔다고 밝혔다. 캐나다 전역에 걸친 두 편의 연구(한 편은 성인 대상이고 다른 한 편은 아동과 십대 대상임)에서는 피험자들이 그들의 일상적인 신체 활동을 정확하고 객관적으로 측정할 수 있는 장치를 부착했다. 이들 연구는 북아메리카를 대표하는 집단을 대상으로 이루어졌으며, 캐나다의 15개 지역에서 다양한 배경의 성인 3000여 명(20세에서 79세까지)과 아동과 청소년 1600여 명(6세에서 19세까지)을 표집한 연구로 결코 소규모 연구가 아니었다. 그러나 결과는 그리 좋지 않았는데, 세계보건기구에서 정한 매주 150분이라는 지침에 부응한 성인은 15%에 불과했다. 아동과 청소년의 경우에는 겨우 7%만이 세계보건기구의 지침에 부응하였다. 세계보건기구는 이 연령 집단에 대해 매일 60분씩 보통 이상의 격렬한 활동을 하라고 권장하고 있다. 이런 현실을 어떻게 바꿀까? 초록 운동이 도움이 될 수 있을까?

심지어 단기 처방 약물도 평균 약 70%의 환자들만 꾸준히 잘 복용하는 것으로 나타났다. 안타깝게도 처방된 신체 활동 프로그램을 따르

'꾸준한' 신체 활동은 기분을 촉진하고 불안을 줄이며,
일상적 스트레스와 스트레스의 파괴력에 대한 방어력을 키운다.

는 정도는 더 형편없었는데, 실제로 3분의 2 정도가 이를 인정했다. 처방을 따를 확률을 높이는 방법은 운동과 관련된 생각을 '의무'에서 '기대'로 바꾸는 것이다. 운동을 좋아하는 사람들은 나름대로 특징이 있는데, 그들은 체육관에 가서 러닝머신 위에서 달리거나 특별한 운동수업을 받는 것을 기대한다. 이렇게 동기가 아주 높은 이들은 비교적 적은 편이지만, 대부분은 그들의 정체성 덕분이다. 이들에게는 운동이 자기 존재에 중요한 부분이다. 즉 그들은 요리사, 법률가 또는 기술자이기도 하지만, 동시에 그들은 러너, 사이클리스트, 스키어 또는 체육관 애용자이기를 바란다. 또한 그들은 자부심, 자아, 건강 증진 효과 덕분에 동기가 높아진다. 놀랍게도 심리학자들이 말한 운동으로 인한 '감정 상태'(긍정적이고 행복한 생각과 상쾌한 정신 상태)는 동기가 높은 이들의 운동 몰입과 지속성을 좌우하는 결정적 요소가 아니다.

반면에 자기 동기 유발 점수가 낮아 운동을 싫어하는 사람이 유산소 운동을 꾸준히 하려면 운동으로 인한 감정이 중요한 역할을 한다. 리모컨을 내려놓고 소파를 떠나기 힘든 사람들은 대부분 운동을 통한 긍정적 사고, 평정, 정신적 활기, 기타 기분 변화 점수가 10배 이상 중요하다. 결국 대부분의 사람들에게는 이런 기분이나 정서의 변화가 역동적인 동기 유발 요인으로, 결국 좋은 의도와 실제적인 행동 변화 사이를 잇는 가교 역할을 한다. 하지만 여전히 진퇴양난 상태다. 이유는 주로 앉아 있는 성인들이 의도를 행동 변화로 전환하려고 할 때, 대체로 부정성에 대해 생각하는 경향이 있기 때문이다. 실제로 부정성이 지배하면 반성이 필요하지도 않을 것이다. 주로 앉아 있는 이들의 경우 운동과 관련된 생각을 하는 순간 부정적인 정서적 연상이 속사포처럼 떠오르는 경향이 있다. 예를 들어, 연구자가 '조깅'이라는 말을 하면 그들은 피로가

Zoom-in

나무 타기의 기쁨

소년들로부터 나무에 오르는 진정한 기쁨과
모험을 앗아버리면, 간직할 추억이 크게 제한되고
이후에 삶의 기쁨이 줄어들 것이다.

– 1919년 링컨 카운티 전력회사에 대한 메인 주 대법원 판결에서

대부분의 아이들은 나무 타기를 좋아해서 소나무 가지를 잡으면 금방 즐거움을 느낀다. 어린 시절 이렇게 나무에 오르고 싶은 욕망은 인간의 유전자에 기록되어 있을 것이다. 사실 사다리, 밧줄, 크레인, 기계화된 과일 따개 등이 등장하기 전에도 인간은 높은 곳의 달걀, 과일, 꿀, 기타 음식을 먹고 싶은 욕망이 있었다. 자연과 교감해온 200만 년 동안 식사 후의 포만감은 나무 타기 기술에 좌우되곤했다. 아동은 나무에 오를 때 공포보다 기쁨과 행복을 훨씬 더 크게 느끼고, 그 덕분에 나무에 오르고 싶은 욕망은 계속되었다.

메인 주 대법원에서 나무 타기의 즐거움과 관련되어 판결을 내릴 무렵, 나무 타기가 이미 몸과 마음을 위한 운동으로 자리 잡아 성인들 사이에는 그 인기가 한창이었다. 오늘날에는 현대의 안전 기술과 장치로 공포보다 즐거움을 높이고, 감독 보호가 강화된 새로운 방식의 나무 타기 프로그램이 생겼으며, 그런 프로그램의 인기가 상승 추세이다.

도시의 젊은이들이 지방의 나무에 오르는 것을 법으로 규정하기 어렵기 때문에 나무 타기 치료라는 최근의 중재가 자리 잡게 되었다. 이 방법에는 나무 타기뿐만 아니라, 자연 접촉을 하는 마음챙김 명상까지 포함된다. 나무 타기 치료(나무 보조 치료)는 최근 일본에서 과학 연구의 주제가 되었다. 연구 결과, 치료적 의미의 나무 타기는 정신적 명석함과 활기를 높이는 동시에 불안과 긴장을 줄이는 것으로 나타났다. 흥미롭게도 가지가 있는 인공 구조물에 오를 때보다 진짜 살아 있는 나무에 오를 때 긴장과 인지 혼란은 낮고 활기와 에너지는 높은 것으로 나타났다.

또한 그 연구 결과에서는 나무 타기 프로그램에 참여할 때 환경에 대한 관심이 증가하고 환경 보존 활동에 참여하고자 하는 동기를 유발하는 것으로 나타났다.

국제나무타기협회의 웹사이트인 www.treeclimbing.com을 방문하면 더 많은 정보를 얻을 수 있다.

떠오르고, 연구자가 '운동 경기'라는 말을 하면 소진이 생각난다. 이미 시간 압박을 받고 있고 피곤한 상태라면, 이런 자동적 연상이 행동을 유도해 소파로 자석처럼 끌려갈 것이다.

운동이 일상의 피로를 개선하는 검증된 방법일지라도, 우선 부정적 사고방식을 극복해야 한다. 또한 우리는 처음 운동할 때 겪는 신체적 문제와 관련된 부정적 사고도 극복해야 한다. 긍정적 사고는 주로 앉아 있는 성인들이 운동 일정을 준수하는 데 기여한 반면, 아프고 피곤하며 지쳐서 녹초가 된다는 부정적 사고가 지배하면 운동하려는 좋은 의지가 싹 사라져버린다. 연구자들은 이를 플라시보 효과placebo effect의 정반대인 노시보 효과nocebo effect라 한다. 이는 부정적 기대를 하면 부정적 결과가 나타나는 현상이다. 이때 꼭 긍정적 정서를 높여야 하는데, 특히 줄곧 앉아만 있다가 보통 이상의 운동을 하는 초기 단계인 '고통이 없이는 얻는 것도 없는' 시기에 그렇다. 이때 초록 운동이 마법을 부려 꼭 필요한 시점에 개인의 긍정적 사고, 평온, 인지 회복을 촉진하면 고통이 줄고 효과가 커질 수 있다.

초록 운동

체육관, 육상 트랙, 그리고 수영장이 인공적인 현대 생활의 완충제이긴 하지만, 바위, 강, 나무와는 다르다. 그리스인들은 이미 바다는 수영하는 사람에게 적합하고 땅은 달리는 사람의 발에 적합하다는 사실을 알고 있었다.

– 첼시체육교육대학 피터 J. 아놀드Peter J. Arnold 교수, 1970

일반적으로 야외, 특히 녹지는 신체 활동을 크게 촉진하는 요인이다. 연구에서는 근처에 녹지가 가까이 있는지를 보여주는 '녹지 접근성'이 보통 이상의 격렬한 신체 활동을 가능하게 하는 의미 있는 요인이라고 밝혔다. 예를 들어, 전자 모니터링에서는 야외에서 노는 아동은 신체 활동(비만을 억제하는 확실한 요인)이 2.5배나 많은 것으로 나타났다.

실내 운동과 야외 운동을 비교한 연구를 보면, 야외 활동을 많이 하는 사람들이 운동을 더 좋아하는 데에는 한 가지 분명한 이유가 있다. 그것은 야외 활동 덕분에 그들의 기분이 더 좋아졌기 때문이다. 1980년 유명한 심리학자인 제임스 페네베이커James Pennebaker와 그의 동료인 진 라이트너Jean Lightner는 숲이 아닌 열린 공간과 숲에 각각 1.8킬로미터(1.2마일)의 달리기 코스를 만들어 실험을 진행했다. 달리기가 초보인 성인 피험자들은 자기 속도로 코스를 달리라는 지시를 받았고 실험이 끝날 때까지 실험 의도를 몰랐다. 10일 동안 모든 피험자들은 두 개의 코스를 교대로 달렸다. 그 결과, 열린 공간에 비해 숲 속을 달릴 때 완주 시간이 빠르고 만족도가 높았으며 즐거운데다 불만이 적은 것으로 나타났다. 숲을 달리는 동안 피험자들은 자기 내부에 집중하지 않고 나무가 우거진 외부 환경에 집중했다. 이로 인해 운동을 방해하는 피로감과 신체 증상이 줄어들었다.

1990년 시바대학의 일본 과학자인 요시후미 미야자키와 그의 동료인 유타가 모토하시Yutaka Motohashi는 실내 운동과 야외 운동 사이의 기분 변화와 객관적인 스트레스 생리 변화를 더 자세히 관찰했다. 그들은 활엽수가 아주 다양하고 식물의 생물 다양성이 아주 큰 야쿠시마 숲(세계문화유산이자 일본의 보물임)에서 걷기 실험을 실시했다. 피험자들은 40분 동안 숲을 걸었고, 그러지 않을 때에는 실험실의 러닝머신 위에서 걸었다. 주관적인 자기보고 검사를 실시한 결과, 숲에서의 운동이 러닝머신에서의 운동에 비해 피로, 긴장, 분노는 줄이면서 기분과 활기는 촉진했다. 또한 연구자들은 숲 속 걷기의 이점에 대한 주관적 보고가 혈압과 코르티솔 감소와 관련된다는 것을 발견했다. 미야자키는 동료인 이주영, 퀑 리와 함께 지난 5년간 이동용 의료 장비까지 현장에 가져와 삼림욕 운동을 훨씬 더 활기차게 연구했다. 그들은 10여 개의 일본 숲에 대한 많은 연구를 통해 숲 속을 걸으면(총 4시간으로, 이를 나누면 도시에서 걷는 시간과 비슷함) 혈압과 스트레스 호르몬이 낮아지는 동시에 부교감신경계와 관련된 '휴식과 소화'는 촉진된다는 사실을 제시했다. 혈압과 스트레스 호르몬 측정치는 심박변이HRV를 측정하는 이동용 장비를 이용한 것으로, 간단한 장비이지만 스트레스 상태의 신경계 활동을 파악하는 데 효과적이다.

다른 연구들은 야외 운동이 기분을 좋게 하면서 스트레스를 낮춘다는 페네베이커와 미야자키의 연구 결과를 지지한다.

- 1시간 동안의 걷기에 관한 연구에서는 중년의 성인이 동일한 시간 동안 도시를 걸을 때보다 전원을 걸을 때 정신 상태와 인지 회복이 더 향상된 것으로 나타났다. 〈건강과 장소*Health and Place*〉 2011년 호에 실린 연구에서는 정서적 스트레스가 아주 높은 사람들이 걷고 난 후에 인지와 기분이 가장 크게 향상된 것으로 나타났다. 이 결과는 스트레스가 많은 사람들이 초록 운동으로 이익을 가장 많이 볼 것임을 시사한다.
- 2011년 〈스포츠와 운동에서의 의학과 과학*Medicine and Science in Sports and Exercise*〉에 실린 한 연구에서 피험자들은 실내의 러닝머신이나 야외의 트랙에서 자기 속도로 걸으라는 지시를 받았다. 피험자들은 러닝머신에서 걸을 때보다 야외에서 걸을 때 더 빠른 속도로 걸었고 긍정적 사고가 많았으며 별로 힘들지 않았다. 결과적으로 열량은 더 소모하되 더 행복하고 덜 피곤했다.

1995년 〈정신생리학*psychophysiology*〉에 실린 숙련된 러너*runner*에 관한 한 연구에서는 동일한 시간 동안 러닝머신에서 달릴 때보다 야외에서 달릴 때 피로, 불안한 사고, 적대감이 더 낮은 동시에 긍정적 사고와 전반적인 활기는 더 높은 것으로 나타났다.

이처럼 야외 운동은 정신에 긍정적인 영향을 미침으로써 신체 활동을 촉진할 뿐만 아니라, 개인의 운동 수행도 개선하는 것으로 나타났다. 1980년대 초에 소련의 스포츠 과학자들은 폐쇄적인 실내 체육관과 야외 환경에서의 운동 수행에 대한 기록을 검토했다. 대부분의 일대일 비교에서 체육관보다 야외 환경에서의 수행이 더 우수하게 나타났다. 그들은 우리가 앞 장에서 살펴본, 아주 주목할 만한 공기 중의 식물 화학물질(피톤치드)의 효과라고 보고했다. 최근 2011년의 한 연구에서 텍사스주립대학교의 연구자들은 육상 선수 128명을 대상으로 봄 시즌의 경기 수행 결과를 평가했다. 피험자들은 텍사스대학교에서 추출되었고, 경기가 진행되는 4개의 주요 경기장을 녹지 척도로 평가하였다. 그 결과 주변의 녹지가 사실상 가장 우수한 수행을 예측하는 요인인 것으로 나타났다.

자연에서는 운동의 질도 향상된다. 연구자들은 숲이 체육관에 비해 더 좋은 훈련 환경이라는 사실을 발견했다. 야외에서 달리면 저항이 많아 심지어 바람이 거의 없는 평온한 날에도 시간이 흐를수록 바람에 맞서는 데 에너지 소비가 더 크다. 또한 러닝머신이나 보도보다 숲을 달리면 나무 덤불이나 다양한 경사 때문에 더 노력해야 한다. 숲 길을 걷거나 자연 환경에서 들판을 가로질러 달리다보면 부드러운 땅, 딱딱한 땅, 모래, 단단히 박힌 바위, 나무 뿌리, 썩은 초목, 떨어진 나뭇가지 등 바닥이 계속 바뀐다. 최신의 연구에서는 이렇게 평평하지 않은 바닥에 접촉하면서 하는 운동이 신체와 뇌에 더 이롭게 작용한다고 제시했다. 바닥이 한결같지 않다 보니, 평소에 인공적인 평지에서 제대로 활용되지 못한 다리 근육과 발목 근육을 활용하게 된다. 또한 연구에서는 변화무쌍하고 울퉁불퉁한 표면 덕분에 피로 감소, 하지의 울혈 방지, 심혈관계의 스트레스 감소, 뇌혈류 증가가 나타날 수 있음을 밝혔다.

몸과 마음의 치료제

운동이 몸과 마음의 치료제라는 개념은 과학적으로 확고하다. 우리는 초록 운동이 천연 졸로프트Zoloft와 같은 효과를 제공하여 운동의 일반적 이점을 높일 수 있다고 주장하는데, 이 관점은 과학 연구라는 확실한 지지를 받고 있다. 하지만 이제는 실천해야 할 시점이다. 아무리 좋은 정보라도 실제로 실천하지 않으면 자료 더미에 불과하다. 기존의 연구를

에바 박사의 임상 노트

페그는 운동을 싫어했다. 52세인 그녀는 몸에 좋은 식품만 섭취해도 체중 조절이 가능하기 때문에 구태여 운동이 필요하지 않다고 자랑스레 말했다. 물론 폐경기가 오기 전까지 그랬다는 말이다. 지난 4년 동안 그녀는 몸무게가 늘고, 특히 몸통이 불었다고 불평했다. 그녀는 체중을 줄이는 유일한 방법이 운동임을 알고 있었지만, 아무리 운동을 해보려 해도 꾸준히 하기가 어려웠다. 그녀는 정말 운동이 싫었다. 그녀는 개인 트레이너를 몇 번이나 고용해보기도 했지만, 열정이 바로 식었다.

페그가 아름다운 저수지 근처에 산다는 사실을 알게 된 나는 그녀에게 하루에 약 30분씩 자연의 아름다움과 너그러움을 감상하면서 마음챙김 걷기를 해볼 것을 제안했다. 이런 식으로 그녀의 관심을 '그녀가 싫어하는 운동'으로부터 '즐기는 것을 감상'하는 쪽으로 돌렸다.

몸무게를 줄이려는 동기가 있었던 그녀는 그 운동 처방을 꾸준히 따를 수 있었다. 이제 그녀는 자연의 아름다움을 즐기며 함께 걸을 친구까지 생겼다.

기반으로 치료에 효과적인 초록 운동의 양과 실시 요령에 대해 조언하자면 다음과 같다.

1. **자기 선택** 의사가 처음 항우울제를 처방할 때 활용하는 프로토콜, 즉 "적은 양으로 시작해서 서서히 올려라"라는 처방전이 운동에도 적용된다. 과도하게 높은 기대치를 가지고 다른 사람이 처방해준 운동 일정보다 스스로 정한(가령, 걷기 속도) 운동 일정을 즐기고 따르기가 더 쉽다. 자신의 운동 수준을 조금 벗어나는 것은 괜찮다. 그러나 운동 강도 자체가 심리적 스트레스의 근원이라면 문제가 된다. 연구자들이 운동 중인 건강한 성인들에게 심리적 스트레스를 받게 하자 스트레스 호르몬, 산화스트레스, 염증성 화학물질이 현저히 증가한 것으로 나타났다. 운동을 어쩔 수 없이 해야 하는 '불쾌한 것'으로 생각하면 역효과다. 많은 실험실의 동물들은 제 맘대로 쳇바퀴 돌리기를 좋아한다는 사실을 명심하자. 실제로 그렇게 할 경우에는 뇌를 보호하는 화학물질인 뇌유래신경영양인자의 증가와 같은 생리적 이점이 생긴다. 이런 동물들은 언제 어떻게 운동하라는 지시를 따라 운동하는 게 아니다. 심지어 설치류조차도 원하는 운동에서 원치 않는 운동으로 바꾸면 뇌의 이점이 줄어든다.
2. **표준 시간과 강도** 매주 5회 중간 정도의 야외 신체 활동을 최소 30분씩 하거나 매주 격렬한 활동을 총 75분씩 하라. 중간 정도의 신체 활동이란 심박과 호흡 속도는 다소 높더라도 대화는 가능한 정도이다. 가령, 친구와 숲 길을 걸을 때 적절한 속도로 걸으면 대화에 지장이 없을 것이다. 숲 길을 달리면, 심박과 호흡 속도가 훨씬 더 상승되어 대화가 어려워진다. 그때는 이미 격렬한 활동 모드에 들어간 셈이다.

3. 목표 설정 당신이 마라톤 주자나 육상 선수가 될 필요는 없다. 녹지에서 하는 건강한 산책이나 가벼운 조깅이야말로 의사가 뇌를 위해 내리는 처방이다. 부담 없는 수준에서 좀 더 빨리 걷도록 해보라. 운동이 뇌에 주는 혜택을 연구하는 전문가들은 현실적인 목표로 하루 8000보를 정한 다음, 점차 1만 보로 늘릴 것을 제안한다. 우울하거나 불안한 사람들에게 약 8킬로미터(약 5마일)에 해당되는 1만 보는 너무 부담이 된다. 사실 그런 사람들은 주로 앉아 있기 때문에 보통 하루에 2000~3000보 정도 걸을 것이다. 사실 이런 경우에는 아무리 적은 신체 활동이라도 좋은 출발인 셈이다. 단기 목표는 점진적이면서도 단계적으로 도달 가능한 목표다. 가령 20분만 운동을 해도 기분이 좋아지고 불안이 감소하는데, 이는 장기적인 건강 목표로 나아가는 데 기여한다. 한 가지 장기 목표로는 임상적 항우울제가 될 정도로 운동하는 것을 들 수 있는데, 이는 기본적인 약물 치료와 인지 행동 치료에 대해 바라는 기대와 동일하다. 정신 건강을 위한 운동량의 최종 목표는 일반적인 경우보다 높아서, 매주 5일간 45분씩 걷거나 매주 5일간 38분씩 조깅해야 한다. 다시 말하면, 이런 목표는 시간이 흐르면 단계적으로 서서히 도달할 수 있는 목표다. 우울한 사람들이 갑자기 운동을 너무 많이 하면 이미 사그라진 동기의 불씨에 물을 끼얹는 격이다.

4. 선호도 고려 운동을 꾸준히 할 가능성을 높이려면, 선호하는 활동을 선택하라. 걷기를 선호한다면 구태여 달리지 마라. 수영이 운동하는 즐거움을 높이고 마친 후에 피로가 적다면 수영을 하라. 또한 즐거운 환경을 선택하라. 녹지(많은 초목)일 수도 있고 물가(개울, 강, 호수 또는 바다)일 수도 있지만, 녹지와 물이 다 있다면 기분과 자존감이 높아지는 가장 좋은 운동 환경을 선택한 것이다.

5. 기록 단기 목표와 장기 목표를 담은 일정 계획표를 작성한 다음, 빈도, 운동 시간, 기타 관련 사항(특정 운동 및 그 운동 환경과 관련된 정신 자세)을 비롯해 자신이 하고 있는 것을 꾸준히 기록하라.

6. 지원 처방된 운동 일정을 준수하고 즐기는 것 등 성공 가능성을 높이려면, 코치, 치료사 또는 운동 전문가의 도움을 받아라. 그들은 당신이 운동 일정을 준수하고 운동의 장애물을 극복하는 데 도움이 될 것이다. 의사가 신체 활동을 높이는 운동 기회와 방법에 적합한 장소를 상세히 적어 맞춤형 조언을 해주면 꾸준히 따르기가 쉽다. 요즘에는 일부 정신 건강 전문가들이나 생태 치료사들이 녹지를 걸으면서 상담 회기를 진행한다. 이에 대해서는 9장에서 좀 더 자세히 살펴볼 것이다.

7. 시간 내기 근무 시간이 길어지는 것은 다반사다. 더구나 스크린이 시간 도둑이고, 일을 싸들고 집에 가는 상황이다 보니 부모(특히 직장 여성)들은 가족을 위해 귀중한 시간을 할애해야 한다는 엄청난 압박감을 느낀다. 그런 상황에서 운동하기에 적합한 곳이 어디일까? 자신에 대한 투자로 초록 운동을 고려하라. 오늘날의 기대에 조금이라도 부응하려면, 정신 건강과 신체 건강을 우선으로 삼아야 한다. 초록 운동은 기분과 활기를 높이고 피로를 풀어주며 긴장, 스트레스, 불안을 줄인다. 초록 운동은 당신뿐만 아니라, 자녀, 배우자, 친척, 동료 등 당신과 접하는 모든 이들에게도 유익하다. 간단히 말해 초록 운동은 시간을 투자할 가치가 있으며, 어차피 시간은 항상 있다. 우선 순위의 문제일 뿐이다. 실제로 연구에서는 총 근무 시간 자체가 성인의 신체 활동을 하느냐 마느냐를 결정하는 요인은 아닌 것으로 나타났다.

8. 혼자 할까? 아니면 함께할까? 초록 운동은 친구나 가족과 함께할 수도 있고 혼자 할 수도 있다. 일부 연구에서는 건강한 성인의 경우에 혼자서

Zoom-in

마음챙김하며 운동하기

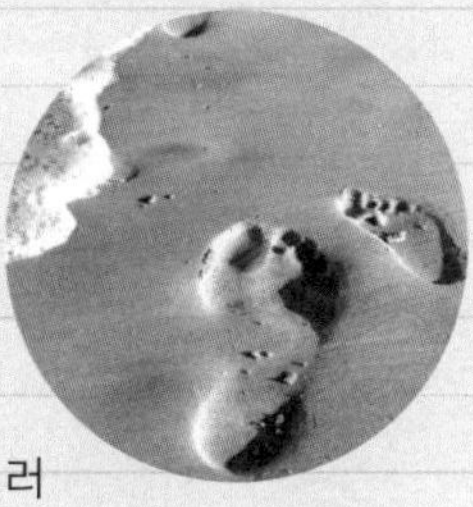

1941년 예일대학교의 교수이자 정신과 의사이고 한때 미국 정신과의사협회장이었던 아서 H. 러글스Arthur H. Ruggles는 로드아일랜드 주 프로비던스의 버틀러 병원에서 정신 건강을 위한 자연 치료 프로그램을 마련했다. 그 독창적인 프로그램에서는 치료적 걷기를 자연계에 대한 의식적 사고와 결합했다.

2011년 〈환경심리학저널*Journal of Environmental Psychology*〉에 실린 한 연구는 자연 환경을 적극 인식하면 야외 운동의 이점이 높아질 것임을 제시하면서, 러글스의 독창적 견해를 입증하였다. 실험 집단에게 요구한 구체적인 활동은 환경에 대해 마음챙김하기, 자연계에 대해 시각화하고 추론하기, 소리를 인식하기, 아름다움을 적극 탐색하기 등이었다. 또한 숲을 걷는 동안 야외에서 자신이 어떻게 변할지를 생각해보게 했다. 다른 집단도 야외에서 똑같이 걸었으나, 이들은 주변 환경에 대해 마음챙김하라는 지시를 전혀 받지 않았다. 2주 후 야외 활동과 의식적 몰입을 했던 집단의 심리적 이점이 통제 집단에 비해 의미 있게 높았으며 야외 운동을 전혀 하지 않는 세 번째 통제 집단보다는 현저히 높았다.

하는 야외 운동이 더 편안하고 전반적인 스트레스 감소에 기여하는 것으로 나타났다. 때로는 혼자 운동하면서 자연에 몰입하고 사색하면 정화 활동이 된다. 즉, 정신적 충전을 위해 혼자 있을 필요가 있다. 하지만 친구와 함께 운동하거나 여럿이 함께 운동하면 사회적 유대를 촉진하여 그 혜택이 커질 때도 있다. 정신 장애자들에게는 자연 속에서 여럿이 걷는 것이 마음의 치유제로 여겨졌다. 또한 산책하러 나가기 때문에 정신질환 집단이라는 오명이 붙지도 않는다. 게다가 정신 장애의 고통을 이해하는 공동의 유대를 통해 치유 환경이 또 하나 생기는 셈이다.

9. 마음챙김 마음챙김은 현재, 즉 그 순간에 존재하는 것이다. 그 덕분에 우리가 복잡한 자신으로부터 벗어나 과거에 대한 후회나 미래에 대한 불안이 사라진다. 자칫 무심코 넘길 나뭇잎의 세세한 부분, 색깔의 변화, 나무껍질 모양과 옹이, 기타 환경의 무수한 측면을 관찰하는 것이 마음챙김이다. 의식적으로 자연을 마음챙김하면서 녹지에서 운동하면 자신의 생각에서 벗어날 기회가 생긴다.

10. 가벼운 운동 건강을 위해서는 전통적 의미의 운동만으로(하루에 한 번 하는 운동) 온종일 앉아 있는 행동을 상쇄하기에 역부족이라는 사실이 점점 자명해지고 있다. 다시 말해, 아침에 30분 동안 조깅을 한다 할지라도 온종일 스크린 앞에서 의자에 앉아 있으면 아침에 했던 운동이 빛을 발하지 못한다. 실제로 일부 연구에서는 너무 오래 앉아 있으면 건강 위험도가 상승해서 운동 효과가 사라지는 것으로 나타났다. 핵심은 자주 움직여야 한다는 것이다. 휴식이 필요할 때 쿠키를 먹지 말고 가벼운 운동을 하라. 즉, 의자에서 일어나 몇 분 걷거나 스트레칭을 하고 잠시 창밖의 자연을 보아라. 약간의 신체 활동이라도 운동량을 보충하면 결과적으로 뇌 건강에 기여할 것이다. 연구에서는 가볍게 5분만 초록 운동을 해도 정신적 이점이 분명한 것으로 나타났다.

초록 운동의 가치

초록 운동의 가치는 입증됐다. 야외 운동은 운동 일정을 따르려는 의도를 높일 뿐만 아니라 자아존중감과 긍정적 정서도 높인다. 자아존중감과 긍정적 정서라는 지표는 좋은 의도를 실천하고 초기의 일회적 운동을 규칙적인 신체 활동으로 전환하는 데 중요하다. 운동이 뇌에 주는 모든 이점과 녹지에 몰입했을 때의 정신적 이점을 결합하면 인지 촉진과 기분 조절 효과가 커진다. 초록 운동은 뇌 강장제로서, 스트레스와 그 영향을 예방하는 치료적 중재이기 때문에 심리적 어려움을 느낄 때 활용 가능하다. 실제로 연구자들은 주로 앉아 있고 정신적 고통을 겪는 사람들이 초록 운동으로 가장 큰 혜택을 받았다고 말했다. 긍정적 사고를 촉진하고 운동에 대한 부정적 사고를 줄이는 초록 운동은 운동 일정을 따르려는 의도와 동기를 촉진하여 꾸준히 '운동'하는 데 도움이 된다. 긍정적 정서가 운동 일정을 준수하는 데 기여한다는 사실이 자명해지면서, 적어도 어느 정도는 운동 일정을 따르는 문제에 대한 답을 초록 운동에서 찾고 있다. 초록 운동은 효과가 빠르고 비용이 저렴하며 누구나 할 수 있고 부작용이 없다.

인간이 만든 문명 시대의 기술이 인간을
자연으로부터 서서히 소외시켰다.
하지만 우리 조상의 친구였던 동물이 도움이 될 수 있다.
애완동물과 있으면 우리는 대부분 자신도 모르게
오래전의 청명한 하늘, 탁 트인 공간, 느긋하던 시절을 떠올린다.

– 보리스 M. 레빈슨Boris M. Levinson 박사, 1972

6

반려동물

뇌의 마지막 보루

자연은 꼭 식물, 나무, 바위, 물로만 국한되지 않는다. 우리와 함께 해온 야생동물과 가축도 포함된다. 다른 자연 요소에 대한 인간의 끌림과 마찬가지로, 동물에 대한 끌림도 유전 부호에 기록되어 있다. 연구에서는 우리 인간이 자연 풍경에서 동물을 더 빨리 탐지하는 것으로 나타났다. 즉 순식간에 동물에 집중할 수 있다. 우리는 환경 속에서 다른 물체의 위치 변화보다 동물의 위치 변화에 더 민감하다. 심지어 영아도 다른 물건보다 동물을 시각적으로 더 빨리 처리하고 범주화한다. 환경 속에서 우리의 주의가 순식간에 동물을 향한다는 사실은 당연한 일이다. 그 이유는 우리가 지난 200만 년 동안 동물과 함께해왔고, 살아남으려면 자신이 동물의 먹잇감이 될지 안 될지를 재빠르게 판단해야 했기 때문이다. 이처럼 우리가 동물을 위험한 대상으로 두려워하긴 했지만, 동물은 우리의 영양 공급원이었고, 물, 식용 식물, 기타 먹을거리가 있는 곳을 알려주는 역할도 했다. 간단히 말해, 동물에 주의를 기울이는 것이 우리에게 유익했다. 몇몇 동물과 친구가 되는 것도 우리에게 유익했다. 지난 1만 4000년 동안 인간은 집에서 기르는 개와 특별한 유대감을 갖고 상호적인 이익을 주고받았다. 개는 인간을 보호하고 사냥하고 길을 안내하며 동료애를 유지해온 동물이다. 가정에서 고양이를 기른 지는 1만 년 가까이 되었다. 안내하는 능력이 탁월하진 않지만, 고양이는 세계적으로 아주 인기 있는 애완동물이다.

선진국은 이제 일상에서 야생동물의 위협이 거의 없고, 영양 공급을 위한 동물 사냥이 불필요하며, 슈퍼마켓에 농산품과 생수가 있어 식용 식물과 물이 있는 곳을 알려줄 동물이 필요하지도 않다. 하지만 엄청나게 많은 개, 고양이, 그리고 아주 다양한 동물이 인간의 생활 공간으로 들어왔다. 우리가 기술에 몰입해 있음에도 불구하고, 동물에 대한 끌림은 여전히 유지되었다. 더욱이 지난 40년 동안 애완동물의 급증은 인간과 자연의 단절에 기인한 측면이 있다. 이는 애완동물이 자연 접촉의 마지막 보루임을 보여준다.

지난 10년 동안 스크린 전자기기와 무선 장치들이 본격적으로 도입된 이래, 애완동물의 판매 및 보호와 관련된 산업의 시장 가치가 2배 이상이나 올랐다. 1998년만 해도 그 산업이 약 230억 달러였지만, 지금은 어마어마한 수치인 약 500억 달러 이상의 가치로 성장하였다. 북아메리카에서는 개의 수 증가가 인구 성장을 훨씬 앞지른다. 1970년대에는 7명 중 1명이 개를 길렀지만, 지금은 4명 중 1명이 기를 정도여서 북아메리카에서는 모든 남자, 여자, 그리고 아이가 거의 한 마리씩 개를 기르고 있는 셈이다. 많은 기사와 사설에서는 일부 애완동물 소유자들이 개를 액

자연은 꼭 식물, 나무, 바위, 물로만 국한되지 않는다. 우리와 함께해온
야생동물과 가축도 포함된다. 다른 자연 요소에 대한 인간의 끌림과 마찬가지로,
동물에 대한 끌림도 유전 부호에 기록되어 있다.

세서리 정도로 생각하고 유명인을 흉내 낸다는 근거를 들며 최근의 개 증가가 나르시시즘의 표시라고 주장한다. 물론 애완동물의 소유가 증가한 것만으로 왜 소비가 증가했는지를 다 설명할 수는 없다. 반려동물을 대하는 방식이 바뀌어 '애완동물의 날'에 개를 스파나 호텔에 데려가고 개에게 침을 놓거나 마사지를 받게 하고 영양보조제를 주거나 비싼 식단을 짜기 때문이다. 물론 우리는 이런 현상을 비판하지 않는다. 그 이유는 1만 4000년 동안 인간에게 헌신적으로 봉사해온 개가 뼈다귀 이상을 받을 자격이 있기 때문이다. 우리의 관점은 긍정적이다. 그 이유는 이전의 다른 이들이 주장한 대로 합성수지가 증가하는 세계에서 애완동물의 소유가 증가한 것은 근본적인 자연 접촉 동기에 부응하는 것으로 보이기 때문이다.

이 장에서 살펴보겠지만, 인간의 건강과 생존에 기여하는 반려동물의 역할은 과거로만 국한되지 않는다. 과거에 개는 사냥 기능과 보호 기능을, 고양이는 쥐를 잡는 기능을 했다. 연구에서는 그동안 해왔던 것과 마찬가지로 가축이 인간의 건강에 여전히 중요한 것으로 나타났다. 사실, 자연 접촉이 계속 줄어들면서 동물이 전반적인 건강 증진, 특히 정신 건강 증진에 큰 몫을 하고 있다.

애완동물과 건강

1970년대 중반에 생물학자인 에리카 프리드만Erika Friedmann 등은 많은 애완동물 소유자들을 대상으로 애완동물이 주는 생리적 변화와 몇 가지 건강 효과를 검토하기 시작했다. 그들은 애완동물을 기르면 독서를 비롯한 다른 활동에 비해 혈액순환계의 스트레스가 줄어든다고 주장했다. 그러던 중 1980년 〈공중보건보고서Public Health Reports〉에 의료계에서 바짝 신경을 쓰고 주목하게 된 획기적인 연구 결과가 실렸다. 이 연구는 심장 마비나 협심증으로 병원에서 치료받은 환자들을 모아 1년간 추적 연구를 실시했다. 그 결과, 애완동물을 기르지 않은 환자들 중 28%는 1년 안에 사망한 반면, 같은 기간 동안 애완동물을 기른 환자들 중 6%만이 사망한 것으로 나타났다. 이러한 차이가 꼭 애완동물로 인한 신체 활동 때문에 생긴 것은 아니었다. 심지어 개 주인들이 신체 활동을 하지 않을 때마저도 애완동물이 주는 보호 기능은 여전했다. 다른 연구팀에서 수행한 이후의 연구에서는 애완동물을 기르면 의료진을 방문하는 횟수가 적고 약물 처방을 덜 받으며 의료 프로그램 참여도가 더 높은 것으로 나타났다.

처음에 애완동물 소유자들이 대체로 더 건강하다고 간단히 소개할 때에는 묵살되었지만, 연구자들이 애완동물을 기른 후 전반적인 건강과 건강 관련 행동이 개선되었음을 상세히 밝힌 연구들은 주목을 받았다. 2001년 〈고혈압Hypertension〉에 실린 한 편의 특별한 연구에서는 스트레스가 높은 직업을 가진 성인들의 고혈압을 낮추기 위해 혈압 약을 투여했다. 이들은 두 집단 중 한 집단에 임의로 배정되었다. 그중 한 집단은 약물 치료만 하고, 다른 한 집단은 약물 치료와 더불어 고양이나 개를 길렀다. 6개월 후에 이 두 집단을 대상으로 추후 검사를 했을 때, 연구자들은 고양이나 개를 기른 환자들이 약물 치료만 받은 환자들에 비해 인지적 스트레스는 물론이고 혈압 수준이 낮아졌다는 사실을 발견했다. 또한 스트레스를 주는 정신 과제에서 기저선 수행 점수를 비교했을 때 애완동물을 기르는 집단의 수행 정확도는 약 20% 정도 향상된 반면, 약물 치료만 받았던 집단은 변화가 없었다. 심혈관 질환과 그로 인한 사망률이 스트레스 생리, 우울한 정신 상태, 불안, 사회적 지지 부족과 상관이 높기 때문에, 연구자들은 반려동물이 생리에 미치는 영향을 자세히 연구하게 되었다.

인간의 진정한 단짝 친구

동료애가 느껴지고 매력적인 모든 동물 중에 개만큼 우리를 소파에서 녹지로 데려가기에 좋은 동물은 없을 것이다. 5장에서 우리는 운동과 뇌에 관한 연구를 들여다보면서, 자연에서의 운동이 건강을 증진시키는 '녹색 기준'일 것이라는 최신 개념에 대해 자세히 살펴보았다. 오랫동안 비만이 다양한 질병의 원인으로 여겨졌기 때문에 의사들은 신체 활동을 늘려 체중을 줄이는 방안으로 '개 기르기'를 처방해왔다.

같은 시기의 다른 연구에서는 개를 기르면 십대나 성인의 신체 활동이 더 증가하는 경향이 높은 것으로 나타났다. 더욱이 개 주인들은 녹지에 가는 경향이 높았고, 개를 기르지 않는 사람들과 달리 겨울 산책도 줄지 않았다. 물론 개를 기른다고 해서 모두가 무조건 신체 활동을 하지는 않는다. 그런 경향이 증가한다는 것뿐이다. 뒷문이나 살짝 열어주고 개 혼자 볼일을 보게 내버려두는 사람들에 비해 실제로 개와 산책하는 사람들은 중고강도 신체 활동 기준에 이르는 경향이 의미 있게 높았고, 당연히 비만 가능성은 의미 있게 낮았다. 뒷문만 열어주고 산책하지 않는 개 주인들은 신체 활동과 비만도에서 개를 기르지 않는 성인과 똑같았다. 하지만, 개를 기르며 얻는 건강상 이점은 신체 활동 그 이상이기 때문에 우리는 개가 '눈으로 보이는 자연'만은 아니라는 사실을 과소평가하면 안 된다. 결국 개 덕분에 개 주인들이 넓은 자연의 품안에 제대로 돌아가는 셈이다.

애완동물과 행복감

정신병 예방과 치료를 위해 동물을 활용한 것은 몇 세기 전으로 거슬러 올라간다. 대부분의 전문가들은 1796년에 문을 연 영국의 요오크 수용소가 단지 기분 전환 정도가 아니라 사교성과 동정을 높이기 위해 유순한 동물과의 상호작용을 특히 격려했던 최초의 기관이라고 말한다. 치료 보행은 뜰 한가운데를 지나 토끼와 새 등 다양한 작은 동물을 접할 수 있게 계획되어 있어 동물들과의 상호작용과 친밀감을 높였다. 또한 환자들은 식물을 가꾸고 '거풍 장소'인 탁 트인 녹지에서 운동한다. 요오크 수용소는 대서양의 양쪽에서 좋은 평가를 받았다. 물론 그렇다고 해서 정신 건강 관리에서 동물 활용이 일상화되지는 않았지만, 시설이 동정심 넘치는 정신 건강 관리로 전환되는 계기가 되었다. 당시 요오크는 규제 위주의 억압적인 분위기를 바꾸는 확실한 대안이었다.

제2차 세계대전이 끝날 무렵 미군은 뉴욕의 폴링에 있는 700에이커 가량의 사립 중등학교를 아픈 재향군인을 위한 특별재활 센터로 전환할 때 동물의 치료적 가치를 수용했다. 재향군인의 반 정도는 '전쟁 피로증' 즉, 전쟁으로 인한 스트레스 반응과 관련된 불안과 정신적 고통을 겪고 있었다. 적십자사와 각 지역의 동물학대방지협회 지도자, 동물 애호 기부자들의 도움으로 '모든 환자에게 개 한 마리씩'이라는 프로젝트가 진행되었다. 1945년 〈뉴스위크Newsweek〉의 기사에서는 애완견 프로그램이 정신 건강에 주는 혜택을 다음과 같이 요약했다. "개는 대단한 치유적 가치와 성실함이라는 작은 기적을 보여주었는데, 그것은 이전에 생각도 못했던 경이로움이었다. 요양 기간이 크게 단축되었다." 군대에서는 자연 연구, 정원 가꾸기와 농사 일을 통한 흙 접촉, 다양한 동물 보호에 적극 참여할 것을 촉구했다. 폴링에는 "잔디 위로 다니세요!"라는 특별한 문구의 팻말이 있다. 그러나 이 낙원은 전쟁 피로증 환자들이 말한 것처럼 아주 성공적이었음에도 불구하고 단명했고, 그 프로젝트를 극찬하는 보고가 많았던 1946년에 자금이 부족하여 결국 군대는 땅 임대권을 넘기고 말았다.

이 짧은 기간 동안 폴링이 큰 관심을 받았음에도 불구하고, 반려동물과 정신 건강 관련 연구를 자극하는 원동력은 거의 없었다. 제2차 세계대전 후에는 그 당시 널리 처방된 항불안제인 밀타운Miltown을 비롯한 마법의 약들이 정신 건강 치료제로 널리 보급되었다. 그러나 이후의 과학 연구에서 밀타운은 주목할 만한 몇몇 부작용(어쨌든 '무슨 영향을 주고 있음'을 암시하는)만 야기하는 플라시보(위약)에 불과한 것으로 확인되었다.

많은 과학자들이 거창한 차세대 약물을 개발하려고 부단히 노력하는 동안, 다른 종류의 연구를 진행한 한 명의 학자가 있었다. 1961년 뉴욕의 임상심리학자인 보리스 M. 레빈슨Boris M. Levinson은 미국심리학회 연차대회에서 개를 공동 치료자로 활용한 경험을 언급했다. 그에 대한 당시의 반응은 미온적이었고, 개가 있으면 첫 대화를 틀 때 용이하다는 레빈슨의 주장을 비웃는 동료들이 있을 정도였다. 하지만 레빈슨은 사람과 동물의 유대를 주제로 한 연구와 저작에 꾸준히 몰두했다. 세월의 흐름 속에서 비웃음이 폭넓은 지지로 바뀌었다. 그 과정은 더디었으나(20년씩이나 걸림), 저명한 잡지에 실린 인터뷰 덕을 보게 되었다. 결국 1980년대 무렵 그는 많은 청중들 앞에서 연설했고 동물 접촉이 정신 건강에

동물은 불안, 조급증, 기분 장애 환자들에게 효과적이다.
환자들의 정신 상태와 전반적인 삶의 질이 개선되었고
공격과 과잉 행동이 감소했으며 에너지가 증가되었다.

주는 혜택을 과학계에서 연구하는 분위기를 만들었다. 컴퓨터 시대가 인간의 자연 소외를 부추겼을지라도, 줄곧 그는 우리가 자연을 이해하고 내면의 평정을 찾기 위해 애완동물에게 의지할 것이라고 느꼈다.

마침내 레빈슨이 옳은 것으로 입증되었다. 연구에서는 동물(특히 개)이 불안, 조급증, 기분 장애 환자들에게 효과적인 것으로 나타났다. 그들의 정신 상태와 전반적인 삶의 질이 개선되고 공격과 과잉 행동이 감소했으며 에너지가 증가되었다. 현재는 스트레스, 불안, 우울 증세의 완충제로서 사회적 지지(친구, 가족 및 동료)에 대한 연구가 많이 이루어지고 있다. 하지만 개나 고양이를 기르는 대부분의 사람들이 애완동물을 가족의 일원으로 여기면서도 애완동물이 정말로 정신 건강의 사회적 지지 체계가 될 것이라고 생각하지는 않는다. 그러나 2011년 〈성격 및 사회심리학 저널*Journal of Personality and Social Psychology*〉에 실린 새로운 연구에 비추어볼 때 이를 재고해볼 시점이다. 그 연구에서는 애완동물이 사회적 유대 욕구를 충족시키고 웰빙을 촉진하며 사회적 지지를 제공하는 것으로 나타났다. 애완동물이 사회적 거부를 겪고 있던 피험자들의 부정적 심리 반응을 예방할 수 있다는 사실은 아주 인상적이다. 연구자들이 언급한 대로, 사회적 거부로 인한 부정성을 완화하고 지지가 필요할 때 "애완동물은 단짝 친구만큼이나 유익하다." 2011년에 애완동물 소유자들이 대체로 더 행복하다고 보고한 2000명 이상의 성인 대상 연구야말로 이 모든 것을 지지해준다. 그리고 조사 대상이었던 애완동물 소유자 중 60%는 자신의 행복감 증가가 애완동물 덕분이라고 답했다.

애완동물이 주는 이점

반려동물이 긍정적인 정신 건강에 한몫을 한다는 일화가 존재하고 다양한 건강 치료 현장에서 반려동물을 활용하고 있음에도 불구하고, 애완동물 치료라는 개념은 여전히 의학계의 비주류에 불과했다. 애완동물의 정신적 혜택에 대한 직관을 평가하는 유일한 방법은 과학 실험이다. 그런 실험을 통해 확인될 때에야 비로소 임상적으로 널리 수용되는 계기가 될 것이다.

1991년 뉴욕주립대학교의 연구자들은 개 주인들에게 세 가지 조건에서 과제를 수행하게 하는 기발한 실험을 실시했다. 한 조건에서는 혼자 있었고, 두 번째 조건에서는 옆에 친구가 있었으며, 세 번째 조건에서는 약 1미터(약 3피트) 이상 떨어진 곳에 자신의 애완견이 있었다. 놀랍게도 동물 옆에서 검사를 받을 때 스트레스 반응을 측정하는 다양한 생리 지표가 가장 낮았다. 더욱이 그 결과에서는 애완동물이 옆에 있을 때 스트레스를 주는 인지 과제를 훨씬 더 우수하게 수행하는 것으로 나타났다. 물론 피험자들에게는 사회적 지지와 스트레스 반응을 평가하기 위한 실험이라고 말했지만 말이다.

버지니아코먼웰스대학교의 연구에서는 건강 관리 요원들이 5분 정도만 개와 호의적인 상호작용을 하더라도 그들의 코르티솔 수준이 의미 있게 감소한 것으로 나타났다. 성인 자원자들이 스트레스를 주는 인지 과제를 수행하면서 개와 상호작용했을 때 전반적인 스트레스 반응과 코르티솔 증가가 완화되었다. 몹시 힘들고 스트레스를 받는 상황에서 만성적으로 높은 코르티솔이 우리에게 미치는 파괴력을 생각할 때, 스트레스 호르몬 수준을 낮추는 중재를 적극 고려해볼 필요가 있다. 심지어 애완동물을 어루만지는 행위만으로도 스트레스 반응의 생리 지표가 감소하고 면역 체계가 개선되는 것으로 나타났다. 정교화된 EEG 자료를 활용한 연구에서는 개와의 상호작용이 정신적 이완 상태와 일치하는 뇌파 변화를 가져온다는 사실을 제시했다.

많은 연구에서는 개와의 상호작용이 옥시토신 분비를 촉진하는 것으로 나타났다. 뇌에서 생성되는 펩타이드인 옥시토신은 여러 측면에서 긍정 심리의 묘약으로 여겨진다. 옥시토신은 사회적 유대, 친사회적 행동과 공감을 촉진하는 반면, 스트레스 감소에 기여하는 것으로 나타났다. 또한 정신 상태를 개선하고 안전감, 신뢰감, 쾌감을 촉진하는가 하면, 뇌에서 공포 센터의 활동과 스트레스 호르몬의 분비를 낮춘다. 현재 전 세계적으로 과학자들은 옥시토신 수준을 높이는 다양한 방법과 투입 방법을 연구하고 특허를 내는 등 합성 옥시토신 연구에 심혈을 기울이고 있는 중이다. 또한 동물과의 상호작용은 우리 자신의 옥시토신 수준뿐 아니라, 동물의 옥시토신 수준도 높인다. 실제로 개와 실험실 동물을 어루만질 때 피험자와 동물의 옥시토신 수준이 증가되었다.

사람과 동물의 옥시토신 수준 증가는 곧 인간-동물 유대의 핵심을 이루며, 옥시토신이 건강에 직접 개인적·사회적 이점을 준다면 애완동물이 정신 건강을 촉진하는 이유에 대한 생리적 단서가 될 것이다. 이는 왜 상담 장면에서 개가 아주 효과적인지를 말해줄 수도 있다. 연구에서는 개가 옆에 있을 때 환자들이 심리 치료사를 더 호의적으로 평가하고 사적인 정보를 더 노출하는 경향이 있는 것으로 나타났다. 그동안 옥시토신 투입은 심리 치료 상황에서 가장 핵심 요인인 타인에 대한 신뢰를 높였다. 최근 들어 옥시토신 투입이 커플의 갈등 해결을 긍정적으로 유도하고, 갈등 해결 기간 이후에 스트레스 호르몬 분비를 낮춘다는 사실이 보고됐다.

지식의 문에 이르는 열쇠

1902년 클라크대학교의 클리프턴 F. 호지Clifton F. Hodge 박사는 교실에서 작은 동물이나 식물을 기를 것을 권하면서, 그것이야말로 '지식의 문에 이르는 열쇠'라고 말했다. 그는 동물 관찰, 동물과의 상호작용이 인지 발달에 지대한 영향을 줄 것이라고 생각했다. 오늘날의 연구에서는 그의 입장을 지지한다. 예를 들어, 2002년 일본의 연구자들은 어려서 금붕어를 기르는 것만으로도 해양 생물에 대한 폭넓은 지식이 쌓이고 그런 경험으로 인해 유추 능력이 향상되며 다른 종과 동물에 대한 응용력도 높아진다고 주장했다. 동일 연구팀에서는 5세의 유아 집단을 대상으로 실시한 유사한 연구 결과를 제시했다. 유아들은 개를 기르거나 햄스터를 기르거나 또는 아무 동물도 기르지 않는 가정 출신이었는데, 애완동물을 기르는 아동은 전반적으로 동물과 관련된 지식이 더 풍부했고 개나 햄스터에 대해 새로 배운 지식을 확장했으며 이를 다른 동물에 적절히 응용했다.

동물이 인지적 산만 요인으로 작용해 아동과 성인의 과제를 방해할 것으로 생각하기 쉽지만, 정신 수행과 관련된 연구 결과에서는 그와 정반대로 나타났다. 최근에 발표된 일련의 아동 대상 연구에서 뉴욕주립대학교의 낸시 지Nancy Gee 박사팀은 개가 있으면 인지 과제에서 오류가 최소화되고 기억력이 향상되며 언어적 지시를 잘 따르고 운동 기능과 관련된 과제를 수행하는 속도도 빨라진다고(정확성도 유지) 제시했다. 앞에서 언급한 바와 같이, 뉴욕주립대학교 연구자들의 다른 연구에서는 성인 자원자들이 스트레스를 주는 인지 검사를 받을 때 혼자 있거나 친구와 함께 있을 때보다 개가 옆에 있을 때 훨씬 더 높은 점수를 받은 것으

동물과의 상호작용은 대개 자발적 주의와 관련되고 매력적이며
그로 인해 우리의 정신 피로가 줄고 인지가 회복된다. 동물과의 상호작용은
긍정적 사고도 촉진하며, 이후의 인지 수행과 창의성을 극대화한다.

로 나타났다.

최근의 연구에서는 심지어 영아기 초기의 아이들도 흰 벽에 붙은 동물 사진을 볼 때보다 자연 환경 속의 동물 사진을 관찰할 때 시선을 고정하는 정도가 더 높은 것으로 나타났다. 또한 동물 인형을 만질 때보다 실제 동물을 만질 때 훨씬 더 매력을 느꼈다. 출생 후 6개월 동안 애완동물에 노출될 경우 동물 경관에 대한 영아의 인지적 처리 방식이 현저히 달랐다. 애완동물이 있는 가정에서 자란 영아는 동물에 더 끌려 실험실에서도 동물 이미지에 시선을 고정하였다. 이러한 초기의 동물 체험이나 동물과 관련된 인식 차이가 이후의 뇌 발달에 어떤 영향을 주는지는 여전히 수수께끼다. 하지만 생애 초기의 동물 체험이 이후에 공감과 관련된 뇌 발달에 미치는 영향은 점점 더 명백해지고 있다.

다른 자연과 마찬가지로 동물은 본래 인간에게 끌린다. 그래서 집중과 의식적 주의를 요구하는 현대의 세속적 과제와 달리, 우리는 동물에게 자발적 주의를 기울인다. 우리가 자연과 그 매력적인 요소에 집중할 때에는 부적절한 정보를 제거하기가 별로 어렵지 않다. 동물과의 상호작용은 대개 자발적 주의와 관련되고 매력적이며, 그로 인해 우리의 정신 피로가 줄어들고 인지가 회복된다. 동물과의 상호작용은 긍정적 사고도 촉진하며, 이후의 인지 수행과 창의성을 극대화한다. 이처럼 유순한 동물이 스트레스 반응을 완화시켜 인지 수행을 가장 방해하는 요인을 줄인다는 사실을 고려할 때, 동물과의 상호작용은 당연히 예리한 뇌 발달에 기여할 것이다.

동물 친구와 공감 능력

잠재적 공감 능력은 정상적인 인간의 뇌에 선천적으로 존재한다. 하지만, 공감을 담당하는 신경 회로는 성냥이 필요한 불쏘시개와 같다. 대부분의 경우에는 경험이 공감이라는 불을 붙이는 성냥과 같은 역할을 한다. 왜냐하면 공감 능력은 타인의 경험과 정서를 인지적·정서적으로 이해하는 능력을 의미하기 때문에 경험이 공감 반응에 상당한 영향을 준다. 예를 들어, 모든 성인이 아동에게 많은 공감을 표현할 수 있지만, 자녀가 없는 성인보다 부모가 더 공감을 표현하는 것으로 나타났다.

지난 십 년 동안 수행된 많은 연구에서는 어려서 애완동물(특히 개)을 기르면 그 당시의 공감에 긍정적 영향을 줄 뿐만 아니라, 그 영향이 성인기까지도 이어진다고 보고한다. 어려서 애완동물을 기르면 동물의 고통에 대한 민감성이 촉진될 뿐만 아니라, 인간에 대한 공감적 태도를 높일 수 있다는 점이 중요하다. 2001년 유럽의 과학자인 블라스카 비젝 비도빅Vlasta Vizek Vidović은 356명의 대학생들을 대상으로 조사했는데, 그녀는 어린 시절에 애완동물을 기르면 성인이 되어 조력직을 선택할 가능성이 높다고 보고했다. 또한 어려서 애완동물을 길렀던 학생들은 애완동물을 기르지 않았던 학생에 비해 '친사회적 행동 검사'에서 높은 점수를 받았다. 여기에서 말한 친사회적 행동은 타인과 환경을 위해 기꺼이 희생하려는 마음을 의미한다. 심지어 애완동물을 기르지 않고 접촉만 해도 아동에게 유익했다는 사실에 주목할 필요가 있다. 또 학교에서 동물에 대한 인도적 교육 회기를 넣어 중재할 때와 3개월 동안 교실에 개를 두었을 때 모두 공감 능력이 향상된 것으로 나타났다.

대체로 개인의 공감 점수가 높을수록, 동물 복지에 대한 관심이 높

Zoom-in

물고기 친구

한 남자가 몇 시간씩 수족관 앞에 앉아 마치 난로 불꽃이나 세찬 급류를 바라보듯 수족관을 응시하고 있다. 이렇게 겉보기에 멍한 상태에서 편안히 무념에 이르는데, 이렇게 한가할 때 우리는 대우주와 소우주에 대한 근본 진리를 배운다.

— 노벨상 수상자 콘라트 로렌츠Konrad Lorenz, 1952

1800년대 중반 수족관을 만드는 기술이 등장한 지 얼마 안 되어 공공 수족관에 대한 인기가 대단했다. 저명한 작가인 윌리엄 R. 휴즈William R. Hughes와 제임스 셜리 히버드James Shirley Hibberd는 그 당시의 수족관을 이렇게 묘사했다. "바다가 언감생심인 혼잡한 도시의 사람들에게 이완과 정신적 회복을 제공한다는 점에서 이상적일 뿐만 아니라, 친절한 태도와 폭넓은 교양 지식에도 기여한다." 우리가 수족관의 물고기를 첫 번째 반려동물로 꼽지는 않을지라도, 여전히 수족관의 물고기는 경이의 대상이고, 150년 이상이 지난 후에도 수족관 산업은 정신 회복 분야에서 여전히 건재하다.

1979년 보리스 M. 레빈슨은 〈심리 보고서*Psychological Reports*〉에서 수족관이 정신과 치료 기간 동안 이완을 유도하고 대화를 촉진한다고 보고했다. 이 보고서가 출판된 이후에 다른 연구팀에서 사무실의 수족관이 불안을 줄이고 객관적인 스트레스 지표를 개선한다는 사실을 확인했다. 또한 수족관 앞에서 명상을 하면 의료 최면을 할 때나 폭포수가 있는 풍경화 앞에서 하는 명상에 비해 스트레스 감소에 효과적인 것으로 나타났다.

지난 몇 년 동안 가정에 고급스런 수족관을 설치하는 경향이 크게 증가했다. 아무도 지난 10년 동안 왜 수족관이 다시 유행하는지 잘 몰랐다. 2011년 영국의 작가인 에드워드 독스Edward Docx는 〈프로스펙트*Prospect*〉의 기사에서 명쾌하게 다음과 같이 말했다. "어떤 이들은 수족관이 다시 각광받는 이유를 2003년에 디즈니가 만든 〈니모를 찾아서*Finding Nimo*〉라는 영화 덕분으로 돌리고… 어떤 이는 장식 효과를, 어떤 이는 작고 유용한 장치라는 점을, 어떤 이는 평온함을, 어떤 이는 창작품이라는 점을 들고 있다. 다른 이들은 그런 모든 추측이 가능한 이유는 수족관에 그 특징이 다 담겨 있기 때문이라고 말한다. 다시 말해, 수족관은 예술, 과학, 자연을 다 담고 있다."

다. 동물 친구에 대한 우리의 충성도는 연속선상에 존재하는 것 같다. 즉, 우리가 우리와 가장 비슷한 창조물인 포유동물과 공감한 다음, 새를 비롯한 기타 동물과 공감하게 된다. 흥미롭게도 연구에서는 포유류와 조류가 같은 종끼리 공감할 수 있는 것으로 나타났다. 이 책을 쓸 무렵 많은 개 주인들이 오랫동안 주장해온 것을 확인하려는 최초의 연구들이 진행 중이었다. 즉, 1만 4000년 이상 인간과 접촉해온 개가 인간에게 진정한 공감적 관심을 보이는지에 대해서 말이다. 그 연구에서는 공감이 서로의 유대감 형성에 기여한다는 사실을 바탕으로 인간과 동물의 상호 작용이 더 좋은 세계를 건설하는 데 기여할 것이라고 추론한다. 그러니 키보드를 두드리거나 스마트폰을 만지작거리는 대신 개나 금붕어를 기른다면, 당신이든 이 세상이든 더 나아질 것이다.

동물 덕분에 세상이 아름다워 보인다

사람들은 '비어 고글beer goggles'이라는 용어에 친숙한데, 이는 음주량이 늘어날수록 이성이 더 매력적으로 보이는 현상이다. 2011년 언론은 오스트리아의 심리학자들이 캠퍼스 근처 술집과 파티 등 대학생들이 죽치는 곳에서 이런 현상을 확인했다는 내용을 국제적으로 대서특필하였다. 하지만 음주 덕분에 개인과 환경에 매력을 느끼는 것은 여러 가지 문제를 수반하는데, 그중 가장 심각한 것은 위험을 감수해야 하고 숙취가 늘어난다는 점이다. 다행히 동물도 세상에 대한 우리의 관점을 바꿀 수 있는데, 이 경우에는 알코올과 달리 부정적 효과가 없다. 연구에서는 어떤 환경에 동물이 있으면 그 환경에 있는 사람을 비롯해 모든 것이 더 나아 보이는 것으로 나타났다.

미국동물애호협회의 수석 부회장인 심리학자 렌달 록우드Randall Lockwood는 1981년에 동물이 환경 지각에 미치는 영향에 대한 최초의 연구 결과를 발표하였다. 이 연구에서 성인 자원자들은 사람이 한두 명 등장하는 여러 장의 애매모호한 일러스트를 바라보라는 지시를 받았다. 연구자들은 그 일러스트를 상당히 빠르게(한 장당 1~2분) 제시했다. 이어서 그들은 한 가지 변인만 바꾼 동일한 세트의 일러스트를 보았다. 즉, 그 일러스트에 고양이, 개, 새와 같은 동물을 추가하였다. 예를 들어, 한 일러스트에서는 사랑하는 엄마가 아이를 침대에 뉘어 놓은 모습이 보인다. 그와 짝을 이루는 일러스트에는 침대 끝에 고양이가 웅크리고 앉아 있는 모습이 추가되었다. 자원자들은 동물이 들어간 일러스트를 더 긍정적으로 평가했으며, 동물이 없는 일러스트의 사람들에 비해 동물이 있는 일러스트의 사람들에게 더 호감을 느꼈고, 친근하고 행복하고 자신감이 있으며 스트레스가 적어 보인다고 말했다. 이후의 다른 연구에서도 피험자들은 반려동물과 성인이 함께 있는 사진의 성인을 더 우아하고 활동적이며 편안하고 행복해 보인다고 평정했다. 아주 최근에 연구자들은 대학생 자원자들에게 교수 연구실을 찍은 여러 장의 사진을 제시했는데, 그중 일부에는 반려동물이 포함되어 있었다. 어느 사진에서도 교수는 보이지 않았으나, 개가 있는 연구실을 '친근한 교수'의 연구실로 생각했고 고양이가 있는 연구실은 '유순한 교수'의 연구실로 생각했다. 종합해보면, 이들 결과에서는 동물과 함께 있는 성인을 안전하게 생각하고 다가가도 된다고 생각하는 것으로 나타났다.

일상에서 개를 데리고 산책할 때 낯선 사람과 친해질 가능성이 상당히 높은데, 연구에서는 녹지에서 개를 데리고 산책할 때 더 그런 것으로 나타났다. 개는 일종의 사회성 촉진제이다. 그렇다고 해서 꼭 개만 우리를 멋져 보이게 하는 것은 아니다. 542명의 성인 집단이 고양이와 함께 찍은 남자 사진을 본 다음 개와 함께 찍은 남자 사진을 보았을 때, 피험자들은 고양이와 함께 찍은 남자가 더 멋지고 우아해 보인다고 평정했다.

공공장소에서 사회적 교류를 방해하는 요인을 없애는 일종의 아이스브레이커icebreaker로 애완동물을 활용하면 효과적이고, 특히 정신 건강 관리 분야에 아주 효과적이다. 앞에서 언급한 바와 같이, 심리 치료실의 애완동물은 잠재적 환자의 자신감 등급에 긍정적 영향을 줄 수 있다. 2006년 토론토대학교의 심리학자인 마가렛 슈나이더Margaret Schneider는 '방에 개가 있을 때'의 현상을 검토하기 위해 85명의 성인에게 심리 치료사들이 자기 일이나 전문적 견해에 대해 말하는 장면을 담은 비디오테이프를 보여주었다. 이미 예측했겠지만, 여기에서 변인은 개(바닥에 조용히 누워 있는 골든리트리버)의 존재 여부였다. 피험자들은 그들이 본 비

실험 대상자들에게 심리 치료사들이 말하는 장면을 담은 비디오 테이프를 보여주면, 관람한 비디오에서 방에 개가 있을 때 심리 치료사를 훨씬 더 호의적으로 바라본다.

디오에서 방에 개가 있을 때 심리 치료사를 훨씬 더 호의적으로 본 나머지, 상담자 평가와 구체적인 '신뢰성' 척도에서 그들을 더 높게 평정했다. 그들은 치료실에 개가 있을 때 심리 치료사에게 개인 정보를 더 노출하는 경향이 있었다. 긍정성, 신뢰, 편안한 사고와 감정 노출이 심리 치료의 가장 핵심 요인이기 때문에 그 결과는 많은 시사점을 준다. 환자들은 정신 건강 전문가와의 첫 만남을 가장 어려워한다. 따라서 치료의 초기 단계에서 스트레스를 조금만 줄여줘도 큰 효과를 얻을 수 있다.

침묵의 봄

근래에 식물과 마찬가지로 동물도 인간의 환경 개발과 환경 오염을 반영하는 안타까운 지표가 되었다. 양서류, 파충류, 조류, 포유류 등 작은 동물들이 경미한 환경 오염에 노출되어 죽거나 조기 사망하는 경우가 많았다. 통찰력 있는 수의사들은 가정의 애완동물 사망률이 대거 증가한 것에 주목하고, 다른 과학자들과 협력하여 동물의 수명 감소가 해당 지역의 환경 오염 때문이라는 사실을 밝혔다. 대개 야생동물 독성학(가정의 애완동물도 연구대상에 포함됨)으로 알려진 이 연구 분야는 항상 뒤늦게 만회하느라 급급하다. 산업 현장에서는 널리 활용할 화학물질(1920년대와 1930년대의 비행기를 통한 살충제 살포와 폴리염화바이페닐 등)을 도입하였고, 사회에서는 그런 화학물질이 몇십 년 후 야생동물에 미칠 영향을 진지하게 고려하지 못했다. 그중 1962년 레이첼 카슨Rachel Carson이 출판한 『침묵의 봄*Silent Spring*』은 살충제가 사람과 동물에게 미치는 악영향을 경고했다. 살충제는 카슨의 책이 출판되기 몇십 년 전부터 사용되어왔는

Zoom-in

경고!

애완동물을 기르는 것이 모든 사람에게 좋은 것도 아니고 모든 동물이 애완동물이 될 수도 없다. 미국동물애호협회나 캐나다인도주의협회의 웹 사이트를 방문하면 이러한 사실이 아주 확연해진다. 미국동물애호협회나 캐나다인도주의협회에서는 동물-인간 유대는 부인할 수 없고 애완동물을 잘 기르는 것이 동물과 인간에게 아주 중요하다는 정책 강령을 인정한다. 하지만 이런 상호적 혜택이 유지되려면 인간이 책임 있는 관리 기준에 부응하도록 진지하게 노력해야 한다.

강아지 공장(번식장에서 평생 강아지를 낳는 개—옮긴이), 이국적인 애완동물, 투견, 자신의 능력을 고려하지 않은 무책임한 동물 사육, 공연에서의 개 동원 등 심각한 문제 외에, 악의 없는 사람들이 애완동물을 기를 때도 감당하기 어려운 일이 많이 생긴다. 기본적인 정도라도 애완동물에게 책임을 다하려면 시간, 에너지, 돈을 투자해야 한다. 이번 장에서 다룬 연구(스트레스 감소, 몸과 마음의 건강, 정신적 기민성)를 고려해보면, 애완동물을 기르면 투자한 것을 전부 돌려받거나 심지어 일부라도 돌려받는다고 장담할 수 있다. 하지만 매년 북아메리카의 붐비는 동물보호소에 400만 마리 이상의 고양이와 개가 실려와 8초마다 한 마리씩 안락사를 당한다는 사실을 모른 상태에서 애완동물 처방을 옹호하는 것은 부적절하다. 그러니 선택한 애완동물을 잘 기르려면 책임감이 필요하다는 사실을 한 번 더 생각하고, 애완동물을 구하기 전에 자신의 생활 양식이 애완동물을 기르기에 적합한지도 꼭 확인하길 바란다.

데, 카슨은 1958년 〈보스턴 헤럴드Boston Herald〉에 DDT 살포로 새, 메뚜기, 벌, 기타 여러 곤충이 죽는다는 폭로 글에 영감을 받아 그 책을 집필했다. 『침묵의 봄』 덕분에 환경 운동이 활기를 띠고 환경오염물질 관련 법률이 바뀌었지만, 그 정도로 오늘날의 동물왕국이 안전할 것이라는 판단은 너무 순진한 생각이었다. 오히려 『침묵의 봄』이 출판된 지 50년 이상이 지난 지금, 야생조류의 알에서 심각한 수준의 내연제가 검출되고 있고, 양서류, 박쥐, 벌, 나비, 딱정벌레, 기타 곤충의 수가 크게 줄고 있다. 이를 폭넓게 보면 전 세계적인 문제다. 앞에서 언급한 대로 동물계의 아주 취약한 생물체 감소 속도가 지난 20년간 더욱 빨라졌는데, 이는 우리 환경의 무언가가 크게 변했음을 의미한다.

무선 신호에 엉켜 있는 동물들

우리의 생활 환경을 크게 변화시킨 한 가지 요인은 전 세계적으로 무선 통신이 대거 도입되었다는 점이다. 미국의 경우, 무선 통신 이용자가 1990년에 430만 명이었던 것이 2012년에 3억 명으로 증가했다는 점을 고려해보라. 휴대폰 송전탑과 반쯤 가려진 안테나가 곳곳에 내장되어 있고, 잔디밭에 민들레가 피어나듯 송전탑이 속속 세워지고 있다는 점이 더 중요하다. 송전탑은 1990년 4800개에서 2012년에 25만 개 이상으로 증가했다. 오랫동안 과학자들은 다음과 같이 말하며 걱정을 누그러뜨리곤 했다. “걱정하지 않아도 되는 이유는 무선 전화는 전자레인지와 달리 노출 장소에 근접한 조직(뇌와 같은)에 열에 의한 피해를 주지 않아 아무 문제가 없기 때문”이라는 것이었다. 그 메시지는 다음과 같이 간단하다. 즉, 열 변화가 없으면 문제가 없다는 것이다. 하지만 이 논리는 허망하게 무너졌다. 현재 연구자들은 무선 범위 내의 전자기 방사선

(900~1800MHz)이 열이 아닌 다른 방법으로, 즉 비열적 메커니즘으로 여러 세포에 상당한 피해를 주고 식물의 성장 패턴을 바꾸며 동물의 행동 변화를 가져온다는 사실을 밝혔다. WHOWorld Health Organization의 전문가 집단을 비롯한 연구자들이 지금 무선 통신 기기가 인간의 건강에 미치는 영향을 연구하는 중이다. 여기에서 우리의 의도는 휴대폰을 비판하려는 것이 아니다. 오히려 우리의 관심은 무선 범위 내의 전자기 방사선이 주변에 서식하는 예민한 동물들과 식물계에 어떤 영향을 미치는가에 있다.

『침묵의 봄』이 출판되기 몇 년 전인 1950년대 후반의 많은 자료들은 인간이 만든 전파가 동물과 식물의 성장, 건강, 행동에 부작용을 일으킬 것임을 시사했다. 심지어 작가이자 출판업자인 휴고 건즈백Hugo Gernsback을 비롯해 라디오 방송을 홍보하는 데 일조한 사람들마저도 지상파 전파 확대가 매우 위험하다고 말했다. 식물, 동물, 인간은 오랫동안 한결같은 중력과 전자기력의 영향을 받으며 더불어 살아왔다. 무선이 도래하자, 1973년 뉴욕의 저명한 기술자인 헨리 L. 코건Henry L. Kogan은 다음과 같이 경고했다. "20세기의 기술 시대가 인간에게는 첫 번째 총체적 위협이 될 것이다. 그 이유는 인간 주변의 환경(인간이 몸담고 있는 기본적인 전자기장)이 바뀌어 생존 규칙이 지금까지 인간이 알고 있었던 것과 달라졌기 때문이다. 지금까지 인간은 자신이 적응할 자연 환경에만 열심히 맞추어 왔을 뿐인데 말이다."

과학자들은 식물이 자체의 전기화학 신호를 통해 환경 방사선에 반응하는 정도를 아직도 수박 겉핥기식으로만 알고 있을 뿐인데, 최근의 연구에서는 개미부터 붉은 바다거북까지 동물이 길을 찾고 이동하며 둥지를 트는 데 어떻게 전자기력을 활용하는지를 확인하고 있다. 전자기력이 동물에 미치는 영향은 지금까지 알려진 것보다 훨씬 더 크다. 하지만 그렇다고 해서 혜택과 진보라는 이름으로 등장한 무선 방사선의 흐름을 멈추기는 어렵다.

지난 몇십 년 동안의 야생동물 독성학을 살펴보면, 많은 경우에 자연계를 크게 위협하는 것은 단일 요인이라기보다 다양한 환경오염 물질과 스트레스 요인이 누적된 결과라는 사실이 점점 분명해지고 있다. 그 외에 전자기 오염과 같이 심각한 문제도 있다. 예를 들어, 연구에서는 무선 기기 범위 내의 전자기 방사선이 포유류의 뇌를 감싸는 촘촘한 혈관 네트워크의 투과성을 높이는 것으로 나타났다. 혈뇌장벽에 구멍이 송송 생겼다. 그러면 이것은 실제로 무엇을 의미할까? 혈뇌장벽의 주 기능은 환경오염물질처럼 뇌에 안 좋은 물질을 뇌에서 걸러내는 일인데, 전자기 방사선으로 손상된 혈뇌장벽이 얼마나 해로울지 생각해보기 바란다. 모종의 동물이 살충제에 노출된 것으로 말이다. 종족 보존을 위해서는 곤충과 기타 동물들의 번식 능력이 좋아야 함에도 무선 기기 범위 내의 전자기 방사선 노출이 곤충의 번식 능력을 손상시킬 수 있는 것으로 나타났다. 그 외에도 정상적인 서식 습관과 24시간 일주기를 깨뜨리고, 더 심각한 것은 면역 체계에 피해를 줄 수 있다는 점이다.

생물학자인 알폰소 발모리Alfonso Balmori는 최근 발표된 전자기 오염과 동물 생활에 대한 수십 편의 연구를 요약하여, 2009년에 권위 있는 학술지 〈병리생리학*Pathophysiology*〉에 '휴대폰 안테나로 인한 전자기 오염 : 야생동물에 끼치는 영향'이라는 제목으로 발표하였다. 환경과 환경 속의 동물에 대해 관심을 가져야 한다고 생각하는 사람이라면 과학자든 아니든 이 글을 몇 번이고 읽어야 한다. 최근에 그는 두 달에 걸친 연구를 통해 도시의 휴대폰 송전탑 때문에 근처에 있는 올챙이의 죽음이 증가했다는 결과를 발표했다. 올챙이들 중 90%는 행복한 개구리가 되지 못했

꿀벌이 사라지고 있다.
과학자들은 살충제와 과다한 전자기 방사선을 의심하고 있다.

다. 이 책이 마무리될 무렵 벨기에에 있는 브뤼셀 리브르대학교의 마리 클레르 카마르츠Marie-Claire Cammaerts 팀은 무선 범위 내의 전자기 방사선 때문에 환경 단서를 이용해 먹이를 구하던 개미의 능력이 손상되었다는 연구 결과를 발표하였다. 북미에서 지난 몇 년 동안 100만 마리의 박쥐가 소위 곰팡이균으로 인한 '박쥐 괴질'로 죽은 것을 생각해보라. 이 병을 일으킨 것으로 추측되는 균은 오랫동안 박쥐 가까이에 있었다. 중요한 문제는 다음과 같다. 왜 갑자기 곰팡이균 때문에 엄청난 박쥐가 죽었는가? 그들의 면역 체계에 어떤 문제가 생긴 것일까? 왜 박쥐들이 균에 대한 저항력을 잃었을까? 벌이 살충제에 노출된 것 역시 전혀 새로운 일이 아니다. 우리가 던져야 할 질문은 살충제가 단지 조금만 누적되어도 왜 벌들이 엄청나게 죽는가이다.

물론 과도한 전자기 방사선 활용이 약한 동물들의 사망률을 높이는 확실한 이유는 아니며, '벌을 죽이는 휴대폰'과 같이 자극적인 기사는 "구글 덕분에 우리가 더 스마트해진다"와 같은 종류의 기사이다. 적어도 아직까지는 그런 기사들이 연구 결과와 맞지 않다. 하지만 적어도 지금까지 인간이 만든 전자기 방사선이 동물에게 스트레스를 주고, 문제를 일으키는 퍼즐 조각의 하나일 것임을 제시하는 연구들은 충분한 상태다. 우리가 다른 환경 스트레스 요인(아마도 살충제, 아니면 더 널리 알려진 다른 환경오염물질) 외에 전자기 방사선까지 추가한다면, 우리는 정말 치명적인 칵테일을 가진 셈이다. 일단 아주 간단히 정리하면, 과도한 전자기 방사선 활용은 생물의 다양성을 감소시키는 데 한몫을 할 것이다.

인간은 이윤을 추구하는 기술을 좇으며, 기술을 좇는 인간은 자연계의 동물 보호에 기여한 적이 없다. 결과적으로는 우리 인간의 복지에 대해서도 마찬가지일 것이다. 전자기 오염과 야생동물에 대한 이들 초기 연구에 과학적 신뢰성이 조금만 있어도, 우리는 상상 가능한 것보다 훨씬 더 불편한 진실을 떠안게 될 것이다. 어차피 많은 동물들, 특히 개구리, 새, 벌의 생존을 방해한다는 이유로 무선 장비를 끄고 와이파이 출시를 반대하라고 요구하기는 어려울 게 뻔하다. 주변의 변수(즉, 휴대폰)가 기본적으로 인간의 소지품에 불과하고 우리 개인에게만 해당되는 경우라면 우리가 정말로 이렇게까지 신경을 쓸까? 아니면 우리가 그런 연구를 숨긴 채, 우리 스스로 플라스틱 대신 캔버스를 쓰고 재활용한다는 사실에 만족해야 할까? 모든 동물에 대한 윤리적 대우에 많은 관심이 있고 양심 있는 사람들의 윤리적 딜레마는 더 깊어질 것이다. 이에 대한 발모리 박사 연구팀의 연구가 다 틀렸기를 바란다.

앞으로 나아갈 길

약 40년 전 임상 심리학자이자 애완동물 치료 전문가인 보리스 M. 레빈슨은 2000년 이후에 인간과 동물의 관계가 어떨지를 추측해보라는 질문을 받았다. 레빈슨은 컴퓨터 위주의 기술 세계로 인해 애완동물 소유가 폭발적으로 증가할 것을 예측해 꽤 정확한 예언가로 등극했다. 1974년 1월 그는 다음과 같이 말했다. "현재 정서 문제를 겪는 사람들보다 훨씬 더 소외감을 느낄 미래인들은 자칫 혼란스럽고 무의미해 보일 세계와 조금이나마 일체감을 되찾기 위해 자연계와 동물계에 호소할 수밖에 없다. 2000년이 되면 애완동물이 병든 사회에 꼭 필요한 안전밸브가 될 것이다."

레빈슨이 예언한 미래가 현실이 되었다. 레빈슨이 예측한 대로 애완동물이 어느 모로 보나 안전밸브가 되었으며, 증가하는 플라스틱 세계에서 자연과의 일체감을 주었다. 레빈슨은 1960년대 초의 경험을 통해 반려동물이 심리 치료제가 될 것임을 이미 알고 있었다. 그는 미래의 인공뇌 세계에서 인간이 그런 치료제를 훨씬 더 추구할 것임을 알 만큼 선견지명이 있었다. 많은 연구 결과가 누적되어, 요즘 우리는 인간-반려동물의 관계에 내재된 가치 중 일부를 알게 되었다. 애완동물 가게에 들어가 자기 치료를 위해 애완동물을 구입한다는 개념을 주류의 건강 전문가들이 점점 더 수용하는 추세이고 심지어 지지할 정도이다. 이제 과학적 증거를 중시하는 이들에게 반려동물 보호나 반려동물과의 상호작용이 항불안제·항우울제 처방을 받는 것과 비슷하다는 견해는 더 이상 조롱거리가 아니다.

연구에서는 애완동물 소유자의 약 60%가 외딴 섬에 홀로 갈 경우 데려갈 한 가지로 애완동물을 꼽은 것으로 나타났다. 이 질문이 현실성이 없다고 해서 절대 사소한 질문은 아니다. 이 질문은 인간-동물 유대의 깊이를 파악하는 것이며, 그 질문에 대한 답은 동물이 우리의 정신 건강과 생존에 얼마나 중요한지를 강조한다. 성인들 대부분이 생존을 위해 투쟁해야 하는 가상의 시나리오에서 가족이나 친구보다 반려동물을 선택했다면, 정말로 오늘날을 살아가는 우리에게 동물이 어떤 의미인지를 분명히 보여준다. 하지만 우리는 애완동물 관리가 세계적인 동물 복지와 생물의 다양성이라는 맥락에 얼마나 적합한지도 진지하게 고려해야 한다. 최근 들어 이 주제는 격론이 일고 있는 분야다. 애완용이 아닌 동물에 비해 애완동물의 권리를 과도하게 존중하는 것은 미궁의 논제라서 상당한 냉정함이 요구된다. 예를 들어, 최근 연구자들은 세계적인 애완동물 먹이 시장이 야생의 작은 사료어에 부담이 되는 정도를 보고 놀라게 되었다. 이는 애완동물이 약 550만 미터톤의 작은 야생 물고기를 소비하기 때문이다. 사실 이 야생 물고기들은 애완동물이 먹지 않으면 바닷새, 바다의 포유류, 포식자 어류에게 꼭 필요한 물고기들이다. 이를 구체적으로 제시하면, 연구에서는 애완용 고양이 한 마리가 일반 북아메리카인이 1년 동안 먹는 물고기의 약 2배 정도를 소비하는 것으로 나타났다. 우리가 반려동물을 계속 잘 먹여야 하는 것은 분명하다. 결국 그 메시지는 우리 친구인 반려동물에게 단백질과 필수지방산을 공급할 수 있는 지속 가능한 원천, 즉 먹이사슬의 모든 구성원들이 잘 성장하고 번영할 수 있는 원천을 찾아야 한다는 점이다.

야생 새 보호자들과 고양이 주인들 간에도 이와 유사한 논쟁이 진행 중이다. 야생 새를 옹호하는 사람들은 야외를 배회하는 고양이나 무책임한 주인들이 유기한 가정용 고양이의 수가 과도하게 늘어나 수백만 마리의 새와 하등 포유류가 죽어가고 있으며 전반적으로 생물의 다양성이 줄고 있다고 주장했다. 이는 전혀 새로운 논쟁이 아니다. 1916년 매사추세츠 주 농무위원회에 제출된 보고서에서는 방목하는 가정용 고양이를 '야생동물 킬러'로 불렀다. 단지 그 사이 우리가 이런 문제를 다뤄야 할 만큼 사안의 긴급성과 심각성이 커진 것뿐이다. 흥미롭게도 약 40년 전에 레빈슨은 2000년 이후에는 "당장의 삶(당면한 경험)을 점점 더 강조할 것이고 미래의 행복을 위해 현재의 만족을 지연하는 일이 줄어들 것이다"고 예고했다. 우리는 점차 애완동물 처방을 모든 동물의 미래 행복과 지구 상의 생물 다양성이라는 맥락에서 볼 것이라 낙관하고 있다.

모든 면에서 몸과 마음에 건강한 휴식으로 원예만 한 것이 없고,
아름다움에 대한 선천적 갈망과 자연물에 대한 사랑을 완벽히 만족시킬
휴식으로도 그만한 게 없다. 자연에서 개발할 만한
중요한 부분이 있다고 생각하는 사람이라면 누구나 원예의 심미적
측면을 가장 멋진 요인 중 하나로 꼽을 것이다.

– 〈사이언티픽 아메리칸*Scientific American*〉의 편집자들, 1897

놀이와 휴식으로 내적 자원을 개발하는 캠프야말로
상상을 촉진하고 신선한 충동을 발산하며 정서를 확장·순화하고
심미적 감상과 태도를 자극한다.

– 헤들리 디목Hedley Dimock, 찰스 헨드리Charles Hendry의 〈캠핑과 인성*Camping and Character*〉, 1929

7

자연을 가꾸고 누리는 삶

원예 치료와 야생지 치료

앞 장에서는 심리적 웰빙과 스트레스 회복력을 높이는 방안으로 애완동물을 활용하는 동물 보조 치료에 대한 고무적인 연구 결과를 살펴보았다. 이 장에서는 두 가지(원예 치료와 야생지 치료) 자연 기반 치료가 뇌에 기여할 수 있는 측면을 자세히 살펴볼 것이다. 제대로 된 원예 치료와 야생지 치료는 반드시 전문교육을 받은 전문가가 운영해야 하고, 이는 우리들 대부분에게 친숙한 자연 접촉을 체계적으로 확대한 것이다. 이렇게 체계화된 중재 외에 정원에서 땀 흘려 일하거나 흙을 만지거나 도전 의식을 북돋아주는 자연 지역에서 지내는 것만으로도 뇌에 많은 이점을 준다.

원예의 역사적 자취

오랫동안 인간은 싹을 틔운 후 자라서 무성해져 생계의 근원이 되는 작은 씨앗에 매료되었다. 경종법이 시작되었던 몇천 년 전의 고대 이집트에서는 먹을거리 외의 이유로 정원을 가꾸기 시작했다. 부자들은 비바람을 피하고 아름다움과 프라이버시를 위해 예쁜 꽃, 관목, 나무로 잘 정돈된 정원을 만들었다. 정원은 최종적인(성숙한 식물의 기능과 아름다움) 결과 외에 원예 과정에서 맛보는 기쁨을 주었고, 아직도 여전히 마찬가지다. 즉 정원사의 마음속에는 정원 가꾸기와 관련된 내적 희망, 도전, 매력, 목적 의식이 아주 뚜렷하다.

1800년대 중반 무렵의 의사들은 원예를 정신 이완제로 홍보하곤 했다. 그 당시의 의사들은 원예 활동을 할 때의 신선한 공기, 운동, 명상 기회가 의료 상담 빈도를 줄였다고 생각했다. 이런 견해는 정신요양 기관의 원예 프로그램 개발을 촉구했다. 1843년 펜실베이니아의 저명한 의사이자 원예 옹호자인 토머스 S. 커크브라이드Thomas S. Kirkbride는 환자들에게 주변의 정원과 농장을 돌볼 기회를 주는 아주 특별한 정신요양 시설을 세웠다. 공기는 호흡에 사용되고, 아름다운 풍경은 정신병원에서 고려할 가치가 있다는 사실을 전제로 한 커크브라이드의 비전은, 도덕성과 동정으로 정신 질환자들을 치료하려는 폭넓은 시도의 일환이 되었다. 그 후 몇 년 동안 커크브라이드는 정신요양 시설의 설계를 맡아 널리 인정받았는데, 반드시 시설 근처에 원예지와 재배지를 배치했다. 커크브라이드는 '필수 부속물'인 정원에서 나온 신선한 야채를 풍부하게 공급하여 편의와 수익을 제공하는 동시에 많은 환자들의 위안, 행복, 회복에 기여하기 때문에 정원이 "아주 소중함을 입증할 수 있다"고 말했다.

정원은 최종적인 결과 외에 원예 과정에서 맛보는 기쁨을 주었고
아직도 여전히 마찬가지다. 즉 정원사의 마음속에는 정원 가꾸기와 관련된
내적 희망, 도전, 매력, 목적 의식이 아주 뚜렷하다.

1900년대 초기에는 정신요양 시설 책임자들의 전폭적인 지원 덕분에 원예가 어느 정도 주류 활동에 진입했다. 원예 자체의 치료적 가치 외에도 일부 시설의 환자들은 건물 안에서 볼 수 있는 온실을 만들어 꽃을 심고 이를 정신 건강용 '눈요기eye pasture'로 삼았다. 하지만 원예가 전쟁 신경증(오늘날의 외상후 스트레스 장애를 일컫는 초기 명칭) 군인들을 위한 정신 치료로 효용성을 갖게 되면서 원예 치료라는 새로운 분야가 생겼다.

1918년 제1차 세계대전이 끝날 무렵 미국 군대에서는 전쟁 신경증 군인들을 위한 보조 치료로 원예 프로그램을 도입했다. 채소와 방향성 꽃의 성장에 대해 지도하거나 아름다운 정원 가꾸기에 대해 지도하는 것(소위 원예 치료)은 곧 전문 교육을 받은 치료사들이 담당하게 되었다.

그 후 10년 내에 병원과 요양 시설에 근무할 수강생들을 대상으로 전문 원예 치료 수업을 제공하는 작업 치료 프로그램이 시작되었다. 마침내 '병원 원예 치료사'는 이미 1929년 미국 재향군인회관에서 내놓은 경쟁력 있는 공무원과 더불어 공식적인 직업으로 등록되었다. 제2차 세계대전의 발발로 군인들에게 정신요양 서비스가 더욱더 요구되었다. 또한 정신 건강 분야에서도 원예 치료를 재활에 활용할 만한 아주 중요한 방법으로 지목했다. 성공적인 성과뿐 아니라, 이런 활동을 지원하는 공적 자금과 민간 자금이 원예 치료를 발전 가능성이 큰 하나의 전문직으로 굳히는 데 기여했다.

일화에서 과학 연구로

처음에 민간 심리학자, 정신의학자 또는 주류의 정신 건강 관리 전문가들은 군인병원에서 보고한 원예 치료 프로그램의 가치에 주목하지 않았다. 제2차 세계대전 이후 몇십 년이 흐르는 사이 저명한 심리학자들과 기타 정신 건강 관리 옹호자들은 원예 치료의 이점에 대해 꾸준히 논의하였고, 이를 정신 건강 관리법으로 널리 도입할 것을 촉구했다. 성공적이라는 막연한 주장이 흥미롭긴 하지만, 오늘날의 건강 관리에서 이 직종을 진지하게 고려하려면 과학 연구의 지지를 받을 필요가 있다.

이런 연구는 1970년대에 미시간대학교의 레이첼 카플란Rachel Kaplan 박사가 건강한 성인이 원예에 끌리는 이유(그들은 원예로부터 무엇을 얻었을까?)를 검토하면서 시작되었다. 심리 척도를 활용한 초기의 결과에서는 원예가 자발적 주의와 인지 회복의 핵심 요인인 '매력'이 있는 것으로 나타났다. 더욱이 피험자들은 경작하고 재배할 때의 감각적 이점뿐만 아니라, 고요, 평화, 평온을 느낄 기회라는 점을 높게 평정했다. 연구자들은 정원을 가꾸는 사람들이 그렇지 않은 사람들보다 자연과의 친밀감이 더 높다는 사실도 관찰하였다. 자연 몰입을 할 때에 거의 대부분 자연에 대한 관심이 더 높아졌다.

이들 초기의 과학 연구는 추가적인 연구를 이끌었고, 몇 년 동안의 결과에서는 원예 프로그램이 동기, 의사소통, 비탄, 우울 사고, 불안, 수면, 친사회적 기능, 자아존중감, 스트레스 감소, 전반적인 심리적 안녕감에 긍정적 영향을 주는 것으로 나타났다. 우울증 환자들에 대한 원예 치료의 영향을 검토한 최근의 연구에서는 흙이나 식물 접촉이 정신 상태에 미치는 효과를 검증했다.

2009년 노르웨이 생활과학대학교의 연구자들은 피험자들이 식물과 꽃의 파종, 발아, 모종, 이식, 발근, 재배를 하는 12주짜리 치료적 원예 중재를 실시했다. 중고도 우울증인 이들은 경작 이외에도 나비와 곤충을 비롯한 동물의 생활을 관찰하면서, 정원을 산책하고 정원 근처에 앉아 감탄하며 바라보는 일상적인 원예 활동을 즐겼다. 그들은 한 회기에 3시간씩 1주일에 두 번 정원을 가꾸었다. 이 같은 원예 중재가 이뤄진 이후에 그들의 우울증은 의미 있게 호전되었다. 추가적인 심리 척도에서는 좀 더 상세한 측면이 드러났다. 즉, 각 피험자가 보고한 매력 정도가 우울증을 개선하는 데 가장 강력한 예측 변수였다. 매력을 느끼면 우울증으로 인한 곱씹기의 악순환(연속적인 회로를 돌고 도는 부정적 사고)을 줄일 수 있었다. 연구자들이 원예 중재를 중단하고 3개월이 지난 후에도 피험자의 우울증 점수는 원예 중재 전보다 여전히 크게 낮았는데, 이는 비교적 짧고 저렴한 중재로 장기적 혜택을 받을 수 있음을 시사한다.

유사한 설계로 수행된 12주짜리 연구가 2010년 〈고급간호저널*Journal of Advanced Nursing*〉에 실렸다. 이 연구에 따르면, 치료적 원예 프로그램의 효과가 인지 행동 치료 및 약물 치료의 효과와 맞먹을 정도로 우울 점수가 의미 있게 개선되었다. 또 원예와 관련된 인지 초점 향상이 우울증 개선을 예측하였다. 이 연구에서는 원예와 우울 감소와의 관계를 제시했는데, 이는 원예 치료가 내부의 곱씹기는 줄이는 반면, 특정 뇌 회로를 활성화시킨다는 견해를 강하게 지지한다. 이 연구를 바탕으로 2011년에 출판된 캐나다 댈하우지대학교의 연구와 노르웨이 생명과학대학교의 연구에서는 원예 활동이 목적 의식과 삶의 의미를 제공한다고 보고했다. 이처럼 의미와 목적을 제공하는 것이야말로 임상 수준의 우울증 치료에 기여할 뿐만 아니라, 높은 우울 위험과 관련된 다른 만성 질환의 스트레스 감소에도 중요한 요인이다.

원예와 치유

정원에서 건강을 찾을 수 있다. 하지만 그렇게 되려면 일단 정원을 파야 하기 때문에 어떤 이들은 변함없이 예전의 비참함을 택한다. 하지만 잃어버린 삶의 향기를 되찾기 위해 기꺼이 노력하는 이들이라면 의사가 준 약전 기록보다 정원 활동이 더 좋은 청량제임을 알게 될 것이다.

– 이븐 E. 렉스포드Eben E. Rexford, 1916

지난 몇 년 간 연구자들은 원예 활동 자체에 의한 몇 가지 생리적 변화도 관찰했다. 많은 이들은 원예 활동을 운동으로 여기지 않지만, 사실 원예는 일종의 신체 활동이다. 원예는 노화 과정에서 근육 강도와 신체 건강을 유지해준다. 2008년과 2004년 〈호트테크놀로지*HortTechnology*〉와 〈액타 호티컬쳐*Acta Horticulturae*〉에 실린 두 편의 연구에서는 원예가 상당한 운동이 될 수 있다고 밝혔다. 가령 30분 동안 꽃밭을 일구고 이식하며 물을 줄 경우 똑같은 시간 동안 재미 삼아 농구를 했을 때와 비슷한 정도의 대사 작용이 이루어지는 것으로 나타났다. 다른 신체 활동과 마찬가지로 원예도 그 강도가 아주 다양했다. 하지만 보통의 건강한 성인에게 약 30분 동안의 전형적인 원예 활동은 일반적으로 권장되는 '중간 강도의 신체 활동'에 해당된다. 훨씬 더 고무적인 것은 사람들이 일단 원예 활동에 참여하면 30분 이상 지속하는 경향이 있다는 사실이다. 이는 〈미국인의 시간사용조사〉와 〈미국국민건강영양조사〉에서 평균 원예 활동 시간이 52분 이상임을 제시한 자료를 종합한 결과이다. 동일 조사에서는 비교를 통해 여가로 산책을 하거나 러닝머신 위를 걸을 때에는

원예는 우리 삶을 유연하게 만드는 이완제인 동시에 활력을 느끼게 하는 에너자이저로서 건강과 행복을 촉진한다.

30분 이상 걷기가 힘들다는 사실을 밝혔다.

최근 연구자들은 원예가 스트레스 호르몬 분비에 미치는 영향을 관찰했다. 〈건강심리학 저널Journal of Health Psychology〉 2011년 호에 실린 아주 흥미로운 연구에서 연구자들은 컴퓨터를 활용한 복잡한 인지 과제로 원예 활동을 하는 성인 피험자들의 정신적 스트레스를 야기한 다음, 이들에게 야외 정원을 가꾸거나 다양한 인기 잡지를 골라 읽으라고 지시했다. 예측한 대로 스트레스를 주는 정신 과제는 피험자의 호르몬 수준을 높이고 긍정적 기분을 낮추었다. 아마도 원예에 능숙한 사람들에게는 당연한 일이겠지만, 독서에 비해 원예가 스트레스 호르몬인 코르티솔의 수치를 의미 있게 낮추었고, 활동 후의 긍정적 기분 또한 원예 집단이 의미 있게 높았다. 원예 활동을 한 이후의 긍정적 기분이 높을수록 코르티솔 수준은 낮았다.

2010년 '성공적인 노화와 신체 활동의 효과'라는 독일의 연구에서 피험자들은 그들이 한 일과 그 당시의 기분에 대한 실시간 자료를 제공했다. 피험자들이 계속 일상 업무를 하는 동안 실시간 자료를 수집하여 자료(생태적 순간 평가)의 신뢰도가 높아졌는데, 이는 실시간 자료가 피험자의 회상 자료보다 우수하기 때문이다. 연구자들에게 제공된 약 2000개의 실시간 측정 항목을 바탕으로, 원예가 만족감과 평온을 촉진하는 동시에 에너지 수준을 높이는 신체 활동임이 드러났다.

미국의사협회의 공식 출판물인 1948년 〈히게이아Hygeia〉에 실린 한 편의 글은 "원예 치료의 주요 이점은 우리 정서의 어둡고 애매한 부분을 다루는 점"이라고 언급했다. 현대 사회의 심리적 고통은 의사의 시간과 자원을 점점 더 요구하게 될 것이고, 미래에는 원예가 일반 진료를 받는 심리적 스트레스 환자들에게 공식적이고 일상적인 처방이 될 것이라고 예측했다. 그 저자는 "하루에 한 번 500제곱피트의 땅(반드시 야외)을 활용하라"는 유머러스한 말에 덧붙여 "환자들은 주변의 약국이 아니라, 구석의 공터, 교외 주변 지역 또는 0.5에이커의 부지에서 치료제를 얻을 것"이라고 말했다. 물론 예측의 반쪽만 현실이 되었다. 즉, 심리적 스트레스가 21세기 의사들의 진료와 시간 제약에 큰 영향을 준 것은 확실하다. 하지만 반세기 이상이 지난 오늘날의 처방전에는 여전히 항불안제와 불면 치료제가 많은 상태이다. 연구에서는 일상적 스트레스가 아주 높은 이들은 자연과 접촉하라는 의료인들의 권고에 가장 큰 도움을 받는 것으로 나타났다. 하지만 공식적인 조언이 없다 보니 환자들은 실천하기를 망설이게 된다.

이제는 원예 처방을 언급한 〈히게이아〉의 예측이 현실이 되어야 한다. 원예는 이완제인 동시에 에너자이저로서 건강과 행복을 촉진한다. 다행히 원예 치료 방법도 많다. 경작하려고 작은 땅을 살 필요도 없다. 땅이 없어도 옥상 정원(소위 고층 원예)과 공동체나 개인이 분양받은 정원으로 원예 치료를 시도할 수 있다. 더욱이 북아메리카 여러 도시의 지역 식물원에서는 집단과 개인을 위한 원예 치료 프로그램을 운영하고 있다. 성실한 의료진의 공식적인 조력과 추후 활동을 필요로 하는 이들을 위해, 숙련된 원예 치료사들은 이미 환자를 감독하고 의료진과 소통할 준비가 되어 있다.

Zoom-in

공동체 정원

100년 전에 대도시가 급속도로 확장되면서, 공터에 공동체 정원이 등장하게 되었다. 처음에는 그 운동을 공터 원예로 불렀다. 땅이 팔리거나 개발될 때 정원을 가꾸는 이들이 땅을 내주기만 하면 대부분의 땅 주인들과 공무원들은 이를 묵과했다. 작가이자 변호사인 볼튼 홀Bolton Hall이 운영했던 뉴욕의 공터원예 협회와 같은 기구에서는 실업자나 어려운 이들이 그 땅을 활용하고 활용 지역을 지정하기로 소유자들과 법적 합의에 도달했다. 1910년 〈기술세계Technical World〉에 한 작가가 소개한 것처럼, 공터 정원은 '우리의 도시에 자연을 되돌려주는' 아주 성공적인 방법이 되었다.

1세기 후인 오늘날에도 공동체 정원은 건재하며, 그중 대부분은 사회경제 측면과 건강 측면에서 어려운 개인과 가족에게 꾸준히 기여하고 있다. 공원과 녹지 형태의 자연에 접근할 경우, 사회경제로 인한 환자들의 불평등이 감소하는 것으로 나타났다. 공동체 정원은 이런 혜택을 높일 가능성이 있는데, 이는 건강과 관련된 정원의 이점이 '녹지를 보는 것' 그 이상이기 때문이다. 샌디에이고에서 토론토에 이르는 공동체 정원은 건강한 농산품을 접할 기회를 높이고 영양 섭취, 신체 활동, 정신 건강, 사회 응집, 지역 생태, 지속 가능성을 전반적으로 촉진하는 것으로 나타났다. 심리학자인 헤더 오크뱃Heather Okvat과 알렉스 자우트라Alex Zautra가 제안한 바와 같이 공동체 정원은 개인, 공동체 및 환경의 회복력에 이르는 길이다.

흙이 뇌에 주는 혜택

조금만 잘 관리하면 흙은 아동에게 아무 피해도 안 준다.
흙은 앗아가는 것보다 주는 것이 훨씬 더 많다. 돈을 의사에게 주는 것보다
아동의 옷에 투자하는 편이 훨씬 더 낫다. 잎과 흙의 모든 숨결이 담긴
아주 질 좋은 섬유를 만들면, 매 순간 순수하고 유익한 기쁨을 느끼게 된다.
흙은 아동에게 최고의 친구다.

– 〈레이디스 홈 저널*Ladies' Home Journal*〉의 편집자 루이사 냅Louisa Knapp의 '아동의 가장 소중한 놀이 친구', 1898

당신이 정말로 원예사의 반열에 있다면, 당신은 흙이나 흙에서 자라는 것을
직접 만지는 것이 정신적·신체적 회복에 어떤 의미인지를 알 것이다.

– 〈집과 정원*House and Garden*〉의 편집자 리처드슨 라이트Richardson Wright의
'사람들은 왜 정원을 가꾸는가?', 1918

항균 물수건, 스프레이, 젤, 비누, 액체 비누를 판매하는 장사꾼들이 겁을 주어 어느덧 서구 사회에서는 모든 것이 '더럽다'는 과장된 생각을 믿게 되었다. 대체로 모든 박테리아를 똑같이 취급해버리는데, 그러다 보니 박테리아는 나쁘다는 이미지를 갖게 되었다. 하지만 모든 박테리아가 나쁜 것은 아니다. 흙과 발효 식품에서 발견되는 일부 박테리아는 우리들에게 유익하며, 우리의 정신 상태에도 긍정적 영향을 줄 것이다. 흙의 박테리아와 정신 건강의 관계는 1세기 전으로 거슬러 올라간다.

1908년 노벨 생리의학상을 수상한 일리야 메치니코프Elie Metchnikoff는 미생물학자와 일반 과학자들 사이에서 후끈 달아올랐던 새롭고 탁월한 주장을 펼쳤다. 그는 위장관을 지나고 거기에 서식하는 대부분의 박테리아가 무해할 뿐만 아니라, 그중 일부는 건강을 촉진할 것이라고 제안했다. 1908년 『생명의 연장The Prolongation of life』에서 그는 불가리아인들과 유럽인들의 놀랄 만한 장수에 주목했다. 그는 이들 지역에서 섭취하는 발효 식품의 박테리아를 분리하여 실험용 쥐에게 먹였다. 박테리아를 먹

흙이야말로 살아서 숨 쉬는 자연이다.

은 쥐는 통제 집단의 쥐에 비해 수명이 의미 있게 길었다. 그는 이처럼 유익한 박테리아 덕분에 위장관 안에서 해로운 박테리아가 배출한 독소가 상쇄된다고 이론화하였다.

물론 메치니코프는 노화와 장수에 초점을 두었지만, 일부 의사들은 박테리아가 정신 건강에 잠재적 이점을 줄 것이라고 생각했다. 1910년 조지 포터 필립스George Porter Phillips는 경구용 불가리아 젖산간균이 성인 우울증 환자의 증세를 호전시켰다고 보고했다. 이윽고 젖산간균 요구르트와 음료수가 정신 강장제로 시판되었다. 그 당시에는 1909년 시카고대학교 연구자들의 보고 내용, 즉 불가리아 젖산간균이 흙에서 자연 발생적으로 생긴다는 내용을 잘 이해하지 못했고, 그것은 오늘날도 여전히 마찬가지다. 그 내용의 시사점은 원예사들의 경우에는 흙을 경작하면서 유익한 젖산간균을 자연스레 접하기가 쉽다는 것이다. 초기의 열정에도 불구하고 정신 건강과 장수에 좋은 젖산간균에 대한 관심이 시들해졌고, 1930년대 중반쯤에는 젖산간균이 사람들의 관심 범위를 벗어났으며, 수십 년 동안 전혀 이목을 끌지 못했다.

그 후 젖산간균과 기분과의 관계는 2003년 과학적 가설을 실은 논문에서 자세히 밝혀질 때까지 잠잠했다. 캐나다에 있는 토론토대학교와 맥머스터대학교의 연구자들은 젖산간균과 그와 유사한 생명 촉진제인 비피더스균이 인간의 기분과 인지에 영향을 준다는 최신 이론을 제시하였다. 이전의 몇 년 사이에 변화된 사실은 이들 박테리아가 몸 전체의 염증과 산화 스트레스를 줄일 수 있다는 점을 새로이 발견했다는 것이다. 앞의 몇몇 장에서 논의한 대로, 사이토킨이라는 염증성 화학물질이 증가하면 건강한 성인에게 우울, 불안, 브레인포그가 생길 수 있다. 위장관을 지나는 극소량의 균마저도 위장관과 연결된 신경을 통해 중추신경

에바 박사의 임상 노트

70세 환자인 마르타는 "손으로 흙을 일구어 아름답고 붉은 토마토를 수확하는 것에 견줄 만한 것은 없다. 정원에 있을 때에는 시간이 존재하지 않는 것 같다" 라고 말했다.

계와 직접 교류하여 기분에 영향을 줄 수 있다는 사실도 새로이 발견되었다.

2009년과 2011년에 발표된 추가적인 임상 연구에서는 경구용 젖산간균과 비피더스균이 성인의 기분 향상, 불안 감소, 인지 기능 개선에 기여하는 것으로 나타났다. 최근의 동물 실험 연구에서는 스트레스를 받는 동물들에게 이들 박테리아를 경구 투입하면, 뇌의 스트레스 호르몬 수준이 떨어지고 기분과 공포를 조절하는 뇌 곳곳의 신경전달물질에 유익한 것으로 나타났다. 그 기제는 아직 밝혀지지 않았으나, 유익한 박테리아는 기분 조절 신경전달물질에 문제를 일으키는 효소를 억제하고, 기적의 성장을 가져다주는 BDNF(건강한 신경세포 유지를 담당하는 화학물질인 뇌유래신경영양인자)의 수준을 유지한다. 또한 동물의 먹이에 추가된 비피더스균은 뇌의 오메가-3 지방산과 혈액 내 트립토판의 수준을 높였다. 트립토판은 뇌의 '기분 좋은' 화학물질인 세로토닌 생성에 필요한 아주 중요한 아미노산이다. 이후의 연구에서는 성인 암 환자들에게 흙에 존재하는 다른 미생물(마이코박테리움 박케)을 경구 투입했을 때 삶의 질, 우울, 불안이 개선되는 것으로 나타났다.

젖산간균과 비피더스균을 비롯해 아주 다양한 미생물이 흙에서 발견되지만, 우리는 오염에 대한 두려움 때문에 흙을 만지려 하지 않는다. 이로 인해 흙을 만질 기회가 줄어드는데, 이는 오늘날 흔한 자연 박탈의 또 다른 예다. 전 세계적인 과학자들은 항박테리아 세계로 인해 알레르기가 엄청나게 증가하였고 미생물 노출 부족으로 면역 체계의 균형이 깨질 것이라고 결론지었다. 추후 더 많은 연구가 필요하지만, 우연적이든 의도적이든 원예 활동(흙을 파고 흙 냄새를 맡으며 흙이 피부에 닿는 활동)을 하면 유익한 박테리아가 비강과 위장관에 접하게 되어, 결과적으로 뇌에 광범위한 영향을 줄 것으로 보인다. 흙과 더러움의 차이를 혼동하던 시기가 지난 지는 한참 되었다. 즉, 더 이상 흙을 더러움과 혼동하지 말아야 한다. 흙이야말로 살아서 숨 쉬는 자연이다.

아이에게 정원을

인지 기능 향상은 원예 활동이 제공하는 또 다른 혜택이다. 원예는 암기, 시공간 기능, 실행 기능을 요구하는 인지적 도전에 도움이 된다. 이런 인지 특성을 활용할 경우에는 뇌의 노화를 방지하는 보호막 형성에도 도움이 된다. 1995년 〈미국노인학회저널*Journal of American Geriatrics Society*〉에 실린 한 편의 연구에서는 원예가 노인들의 치매 위험을 50%나 줄이는 것으로 나타났다. 원예 치료 프로그램(3개월 동안 일주일에 2회)에 참여한 알츠하이머 환자들은 통제 집단에 비해 인지 기능이 향상된 것으로 나타났다. 치매로 인해 원예에 요구되는 인지 능력마저 부족할 수 있기 때문에 자격 있는 원예 치료사의 감독과 적절한 교육이 치료의 핵심이다.

마찬가지로 인생 스펙트럼의 다른 극단인 아동기에도 원예는 인지 기능에 소중하다. 1세기 전 원예 프로그램은 북아메리카의 학교에서 시작되었다. 정원은 휴식을 취하는 놀이터나 단순히 여가를 위해 만들어졌다기보다, 교육 방법의 일부로 통합되었다. 1906년 학교 원예의 선구자인 허버트 헤멘웨이Herbert Hemenway가 말한 바와 같이, "정원은 머리, 가슴, 손을 교육할 뿐만 아니라, 읽기, 쓰기, 셈하기를 실제로 적용할 기회도 제공한다. 원예는 관찰력을 높이고 개발한다. 원예를 통해 아동은 신속하게 아이디어를 파악하고 그 아이디어를 실천한다. 정원에서 지내는 아이들은 정신적, 신체적, 도덕적 발달이 더 빠른 것으로 나타났다. 정원은 수익원이 되고 근면에 대한 애착을 유발하며 재산을 존중하는 마음을 기를 뿐만 아니라 더 멋진 일의 출발점이 되곤 한다."

하트퍼드의 코네티컷 학교 행정가인 헤멘웨이는 생각에 머물지 않았다. 제1차 세계대전이 끝날 무렵 학교 정원과 여름 정원 등의 교육 프로그램이 북아메리카 전역에서 번창하였다. 이러한 붐은 국가적으로 학교 정원군School Garden Army을 만들라는 우드로 윌슨Woodrow Wilson 대통령의 지시에 힘입은 것이었다. 약 400만 명의 소년 소녀들이 '모든 아동에게 정원을(정원 속의 모든 아동)'이라는 구호 아래 활동하기로 서명했다. 원래 그 명령은 전시 중 먹을거리를 생산하기 위해 내려졌으나, 미국 교육국의 운영자는 곧 그 프로그램의 무한한 교육적 가치를 확인하게 되었다. 하지만 제1차 세계대전이 끝나고 1년 후에는 예산이 빈약해 그 프로그램이 겨우 유지되었다. 그러자 학교 정원군의 책임자인 존 L. 렌달John L. Randall은 다음과 같이 말하면서 그 프로그램을 계속 유지해야 한다고 주장했다. "원예는 다른 교과와 아주 밀접한 관련이 있다. 어떤 교과로도 살아서 자라는 식물을 대할 때보다 생명체의 관계, 과학, 미술에 대해 더 진정한 지식을 얻기 어렵다." 그럼에도 불구하고 정부의 자금이 바닥난 1921년, 그 프로그램은 해체되고 말았다.

1948년 미국원예협회 회장이자 저명한 과학자인 헤럴드 B. 터키Harold B. Tukey는 기술에 대한 관심은 높아지는 반면 원예 예술과 그 사회적·교육적 가치가 사라지고 있음을 우려하면서 다음과 같이 말했다. "원예가 너무 많은 것들에 떠밀리고 있다. 우리가 생물학적·업무적 측면에 치중한 나머지 당장 몇 년 안에 아주 긴요해질 사항을 간과하고 있다. 원예는 건강, 안정성, 행복을 의미한다." 터키는 원예가 인간의 성장·학습과 폭넓게 관련되는데, 이는 원예가 과학 교육의 분리를 예방하기 때문이라고 주장했다. 원예를 통해 환경과 연결되면 학생들이 교과의 의미와 시사점을 파악하여 여러 과학 교과에 대한 이해가 촉진된다.

1960년대 후반까지도 학교 정원이 인지적·과학적 성취를 촉진한다는 주장을 지지하는 과학적 증거가 거의 없었다. 1968년 미시간에 있는 디어본의 연구자들은 세 집단 중 한 집단(체험적인 학교 원예 집단, 교실에서 하는 원예 수업 집단, 앞의 두 가지를 전혀 안 받은 집단)에 등록한 공립학교 학생 약 300명에게 55문항짜리 지식 검사를 실시하였다. 연구 결과에서는 체험적인 학교 원예 집단이 수업만 했던 집단에 비해 원예의 원리나 실제와 관련된 사실과 기능을 훨씬 더 잘 기억하고 내면화했다.

아마도 학교 정원이 더 중요한 연구 주제로 자리 잡기까지는 몇십 년이 걸릴 것이다. 그러나 그 추이를 기다려봄 직하다. 2005년 〈호트테크놀로지*HortTechnology*〉에 실린 두 편의 연구에서는 14주짜리 학교 원예 프로그램과 1년짜리 원예 프로그램이 초등학생의 전반적인 과학 점수를 높여

터키가 제시한 과학 연계 효과를 확인시켜주었다. 오늘날의 연구에서는 학교 정원이 표준화 과학 검사의 점수를 증가시키는 것 외에 광범위한 문제 해결 촉진 요소로써 뇌 활동을 개선하는 것으로 나타났다. 현실 세계(특히 학교와 직업계)에서 자신의 행동을 이해하고 그 시사점을 파악하면서 집단 속에서 일하는 능력은 문제를 성공적으로 해결하고 다른 관점에서 사물을 보며 효과적인 의사소통을 하는 데 꼭 필요한 특성이다. 학습 면에서는 높은 시험 점수가 좋겠지만, 현실에서의 포괄적인 도전을 위해서는 배운 지식을 적용하고 이를 바탕으로 교류하며 협력해야 한다. 1년짜리 원예 프로그램을 받은 초등학생이 체험적 원예 교육을 받지 않은 초등학생에 비해 전반적인 생애 기능, 집단에서의 작업 능력 및 자기 이해가 높은 것으로 나타났다.

원예가 뇌에 미치는 영향

어린 시절의 원예 체험은 뇌에 장기적인 영향을 준다. 그 체험을 통해 섭식 방법과 지구에 대한 사고방식이 바뀐다. 1년간의 원예 프로그램(1996~1997년)을 검토한 텍사스 A&M 대학교의 연구자들은 파종, 이식, 농기구 활용, 식물 재배를 하면서 씨앗을 체험한 초등학생들은 원예 중재를 안 받은 학생들에 비해 더 긍정적인 환경 태도를 지닌 것으로 나타났다. 이런 결과는 〈호트테크놀로지*HortTechnology*〉에 실린 연구, 즉 임의로 선정된 대도시 성인들을 대상으로 한 연구와 함께 보면 훨씬 더 큰 의미를 갖는다. 어려서 원예 활동에 적극 참여했다고 보고한 성인들은 나무가 정신 건강과 개인에게 미치는 영향을 고려하는 경향이 더 높았다. 더

구나 학기 중에 초등학생이 지역 농장에서 교육을 받으면 이후에 지역 농산품에 대해 더 긍정적이고 농장 주변에 대해 더 친근감을 느꼈다. 자신이 자라는 지역의 먹을거리와 자연에 대한 아동의 태도를 개선하는 체험이라면 어떤 것이든 아주 긍정적이고, 환경과 건강에 던지는 시사점은 막대하다.

이외에도 원예가 식습관 특히, 과일과 채소를 섭취하려는 성향에 미치는 영향을 제시하는 연구가 많다. 지난 5년간 발표된 다양한 연구들의 결과는 상당히 일관된다. 즉, 학창 시절부터 원예 프로그램에 참여한 아동은 몸에 좋은 채소에 대한 인식, 지식 및 선호도가 높았다. 실제로 정원을 가꾸는 이들의 높은 채소 소비는 50세 이후까지 계속된다. 물론 건강한 농산품을 더 섭취할 경우에는 건강상의 혜택이 크다.

야생지 치료와 모험 치료

원예는 재배 형태의 자연 접촉으로 볼 수 있는데, 그 연속선의 다른 극단에는 원예 못지 않게 유익한 야생 형태의 자연 접촉이 있다. 오늘날 북아메리카에서 적용되는 야생지 치료와 모험 치료의 기원은 유명한 의학 박사이자 작가인 S. 웨어 미첼S. Weir Mitchell의 야생지 치료로 거슬러 올라간다. 그의 논문인 '캠프 치료Camp Cure'는 1874년 〈리핀코츠 매거진 *Lippincott's Magazine*〉이라는 잡지에 실렸고, 마침내 동일한 제목의 인기 도서로 출판되었다. 웨어는 신경 소모로 과로한 많은 도시인의 경우에는 주변의 공원을 산책하거나 당일치기로 전원 여행을 떠나는 정도로는 부족하다고 주장하였다. 주변의 공원을 산책하거나 당일치기로 여행을 다녀

캠프 치료가 진행되는 동안에는 고독과 사유의 기회도 생길 것이다.

오는 것은 불완전한 자연 치료로, 어떤 이들에게는 그 정도만으로도 충분하겠지만 정서적·인지적으로 소진된 많은 도시인들의 요구에 부응하기는 어렵다. 오히려 완벽한 처방은 정신적으로 리셋 버튼을 누르는 것과 비슷한데, 이는 한동안 '생활 방식을 건강하게 바꿀 때에야 가능하다.' 기간은 대개 2~3주 정도이며, 생활 방식의 변화란 4개의 벽을 포기하고 텐트에서 자는 것을 의미한다.

웨어의 캠프 치료는 대책 없이 혼자 짐을 싸서 경솔하게 야생지로 떠나는 것이 아니라, 노련한 가이드와 함께 진행되는 캠프 치료다. 캠프 치료가 진행되는 동안에는 다른 사람들과 사회적 유대가 형성될 뿐만 아니라, 고독과 사유의 기회도 생길 것이다. 웨어는 시각, 청각, 후각 경험을 의식적으로 새겨두면 그 혜택이 더 커질 것이라고 주장했다. 그는 캠프 치료에 참여하는 모든 사람들에게 매일 '사건이 아니라 상황을 기록'하라고 조언하면서 다음과 같이 말한다. "경사진 노란 둑을 비추는 햇빛이 시시각각 변화하면서 반짝반짝 오렌지 빛으로 수면에 반사되고, 물을 통과한 빛은 바닥의 얼룩진 돌을 비춘다, 그리고 우리를 향해 밀려오는 오목한 곡선의 파도가 우리 눈 속에서 진파란색의 그림자, 즉 신비스런 사파이어가 된다." 그야말로 웨어는 야생지에서의 마음챙김을 처방한다.

캠프 치료(야생지 치료)는 그 인기가 유지되었고, 의학 교재에서 줄곧 우울증의 잠재적 치료법으로 여겨졌다. 그런데 1900년대 초반 미국의 여러 주와 지역의 교정공무원들이 비행 청소년과 경범죄를 지은 성인 대상으로 숲 캠프 프로그램을 시작했다. 1935년에 캘리포니아는 미국의 주 가운데 청소년 범죄자를 대상으로 한 공식적인 숲 캠프 프로그램을 최초로 입법화한 주가 되었다. 1960년쯤에는 10여 개의 주에서 사회 복귀를 위한 숲 캠프 프로그램이 활성화되었다. 시간이 지나고 경험이 누적

에바 박사의 임상 노트

걷는 것은 자신을 세계로 열어놓는 것이다.
발로, 다리로, 몸으로 걸으면서
인간은 자신의 실존에 대해 행복한 감정을 되찾는다.
—다비드 르 브르통David Le Breton, 〈걷기 예찬*Eloge de la marche*〉, 2000

애덤은 17세다. 그의 엄마는 애덤의 약물 남용과 낙제가 걱정되었다. 그녀는 그를 치료사에게 보내려고 했으나, 그렇게 해도 그가 나아질 것 같지 않았다. 더구나 골치 아픈 3년간의 이혼 분쟁이 막 끝난 상태라 그녀는 갈피를 잡지 못했다. 어차피 애덤의 아버지는 중독 문제가 있어서 전혀 도움이 안 되었다.

애덤의 엄마는 아들이 법의 테두리를 벗어나 수감될까봐 두려웠다. 나는 그녀에게 자연 존중과 자아 존중을 배울 수 있는 청소년 대상 야생지 프로그램을 찾아보라고 권했다. 애덤은 그런 프로그램을 통해 생존하고 경청하는 방법을 배워야 했다. 특히 야생지 프로그램을 통해 자아존중감을 얻고 타인을 이해하며 자신이 살고 있는 세계를 이해하게 될 터였다.

그해 여름 애덤은 야생지 캠프에 가기를 꺼렸으나, 캠프에 참여한 후에는 완전히 다른 사람이 되었다. 그는 책임감이 생겼고 다시 학교에 다니려 했으며 완전히 변신하려고 했다.

됨에 따라, 권위자들은 그처럼 경비警備가 최소인 환경에서 성공할 가능성이 높은 사람을 선택할 수 있었다. 운영자들은 그들의 숲 캠프 프로그램이 다양한 측면에서 성공적이었다고 보고했다. 즉 그 프로그램에는 참여자들에게 목적 의식과 의미를 주고 다른 사람과 더불어 일할 능력을 북돋우며 지략과 자신감을 높이는 자연 보호 활동이 포함되었다. 적어도 일화 기록에서는 야외 경험이 청소년의 법률 위반을 예방하는 조치임이 분명해졌다.

1960년대 초반 아웃워드 바운드Outward Bound 등의 단체에서는 일반 대중을 대상으로 자연 환경에서 이루어지는 '도전 위주 교육 및 기능 습득 프로그램'을 시작하였다. 얼마 지나지 않아 정신의학계에서 야생지 치료가 정신 건강을 높이는 방법으로 다시 논의되기 시작했다. 1967년 캘리포니아의 정신 건강 전문병원인 스톡튼주립병원의 정신과 의사인 로버트 C. 마틴Robert C. Martin은 10명의 의사와 함께 74명의 환자를 데리고 알파인 호수가 있는 시에라 네바다의 숲으로 떠났다. 마틴 등은 환자들의 기분, 동기, 사회적 상호작용, 행동에 나타난 긍정적 변화와 그들 자신의 체험을 글로 옮겼다. 그들은 의료인에 대한 심오한 관찰도 보고했다. 마틴은 "캠프 여행의 가장 지속적이고 의미 있는 이점은 환자에 대한 의사의 인식 변화로 보인다. 병원의 역할이라는 제약을 벗어나자 의사들의 행동이 달라졌다. 그들은 환자 대 의사가 아니라, 사람 대 사람으로 상호작용하는 경향이 높았다. 이것이야말로 그 체험의 가장 큰 이점일 것이다"고 말했다. 그의 관찰 내용은 급성장하는 생태 치료 운동의 진수이자 정수에 이른 것으로, 그 운동에서는 개인 치료든 집단 치료든 자연이나 녹지에서 진행하는 심리 치료의 중요성을 강조한다(생태 치료에 대해서는 9장에서 좀 더 자세히 논의할 것이다).

1975년 아웃워드 바운드는 정신 질환자들의 요구에 맞추어 프로그램의 일부를 수정했으며, 그 후 의사들은 그 프로젝트의 많은 부분을 큰 병원의 임상 프로그램과 공동체의 정신 건강 프로그램에 도입했다. 아웃워드 바운드 정신 건강 프로젝트에서는 당일치기 여행과 짧은 여행에 적합한 환자를 객관적으로 선정하느라 심혈을 기울이는데, 여기에서 짧은 여행은 아웃워드 바운드의 기본적인 2~4주 프로그램과 달리 대개 2~3일 정도 진행된다. 여러 의학 저널과 심리학 저널에는 호의적인 결과가 꾸준히 발표되고 있는데, 대체로 야생지-모험 체험을 보조 치료법으로 이해하고 있다. 즉, 주요 치료는 아니지만 임상적 성공 가능성을 높일 수 있다. 뉴욕의 록크랜드 카운티 공동체 정신 건강 센터의 심리학자들은 성공적인 4일짜리 프로그램을 소개하며 다음과 같이 말한다. "야생지 도전은 기존의 치료 계획에 맞추어 설계되었다. 그런 야생지 체험을 단순한 휴식 활동으로 폄하하기 쉽다. 즐겁고 안전한 모험과 최대의 치료 혜택을 얻으려면, 준비 단계에는 세심한 계획과 직원 구성이, 캠프 치료 중에는 끊임없는 경계와 직원 연락이 필수적이다."

규정된 치료 분야로서 야생지 체험은 정말 진지하게 접근해야 해서, 성공을 보장하려면 세심한 노력이 뒤따라야 한다. 힘들긴 해도 정신 건강 치료의 보조 치료법인 야생지-모험 중재는 중고도 정신 질환자의 경우에도 과정 수료가 97%이고, 탈락률이 드물 정도로 수료율이 현저히 높다. 자연 중재와 약물이 다르긴 하지만, 사실 주류의 심리 치료 중재나 약물 또는 기타 방법에서도 90% 이상의 수료율을 보이는 경우는 드물다.

숲 캠핑 프로그램은 신체적으로 건강한 대학생의 우울증을 개선하고
알코올 중독자인 성인에게 효과적이다.

숲 치료

가게, 공장, 사무실에서 일하는 수백만 명의 근로자에게 휴식 공간을 제공해야 한다. 그런 공간이라면 고생하는 근로자들이 평소와 달리 불안으로 인한 신경과민과 정신적 긴장에서 벗어나 이완할 수 있을 것이다. 우리는 오늘날의 도시 생활과 정반대인 자연 숲의 평온함과 영감에 의지해야 할 뿐만 아니라, 한때 모든 미국인이 추구하던 특권인 영감과 휴식도 찾아야 한다.

– 〈뉴욕주숲협회저널*Journal of New York State Forestry Association*〉에 실린 오토마르 판 노던Ottomar Van Norden의 글, 1916

삼림욕(숲에서의 명상과 신체 활동)을 통한 생리적·심리적 효과에 관한 연구에서 보통 삼림욕 시간은 몇 시간 또는 한나절 정도다. 캠프 치료 의사인 S. 웨어 미첼은 도시공원에서 한 시간 정도 소요하는 것으로는 부족하다고 여겼다. 최근 한국의 연구자들이 숲 치료(삼림욕을 연구하는 전문 연구자들이 대부분 이 용어를 사용함. www.inform.org 참고)의 효과를 발표했다.

토론토대학교에서 숲 박사 과정을 마친 신원섭 박사는 현재 숲 치료 분야에서 저명한 전문가로 꼽힌다. 신원섭을 비롯한 한국의 연구자들은 일련의 연구를 통해 암벽 등반, 하이킹, 집단 활동 등의 도전이 포함된 5일간의 숲 캠핑 프로그램이 신체적으로 건강한 대학생의 우울증을 개선하고 알코올 중독자인 성인에게 효과적이라고 밝혔다. 그들은 의사들과 협력하여 간단한 숲 체험으로 시작하는 9일짜리 숲 프로그램을 구성했다. 3~6일은 모험적인 도전을 하고, 마무리하는 7~9일은 숲에서의 명상과 상담 등 자기 성찰과 관련된 활동을 한다. 2011년 〈환경건강과 예방의학*Environmental Health and Preventive Medicine*〉에 발표된 통제 연구에서 9일간의 숲 중재 후에 우울 점수가 64%나 감소했다. 50% 이상의 우울 점수 감소는 약물 실험에서도 우수한 효과로 간주된다. 추후 이처럼 체계적인 자연 휴식, 도전 및 심리 치료를 결합한 프로그램이 최신의 정교한 캠프 치료 중재로 자리 잡게 될 것이다.

야생지 치료가 효과적인 이유

우리가 자연과 자연 기반 치료들을 지지하는 것은 분명하지만, 우선 야생지-모험 연구의 방법론적 결점이 문제시될 수 있다는 점도 알아야 한다. 과학 분야의 많은 발표에서는 실제의 야생지 중재 연구 못지 않게 야생지-모험 연구도 연구 설계에 문제가 많다고 비판하였다. 우리로서는 과학자들이 야생지 체험의 진가를 제대로 검토할 만한 창의적인 연구 설계를 고안하길 바랄 뿐이다. 하지만 그 해결책은 만만치 않다. 우울증 환자 대상의 야생지-모험 치료는 설탕 알약과 비교 가능할 정도로 간단한 화학구조를 가진 약물이 아니다. 중재 시 적당한 통제 집단을 확보하기가 무척 어려운데, 야생지 체험 후의 성공을 설명할 수 있는 다양한 변수 때문이다. 사실 증거에 바탕을 둔 논쟁을 제외하고는 야생지 체험이 긍정적 정서를 촉진하고, 내면의 증상, 과거의 고통, 미래에 대한 불안에서 벗어날 기회가 된다는 데 반론의 여지가 없다. 야생지는 마음챙김을 하고 현재에 집중할 최적의 환경이다. 이론적으로 환자들이 보고한 기쁨이 일시적인 찰나에 불과할지라도, 또 다른 정신적 이점을 줄 정도는 된다. 가령, 우울증 환자들에게 그들이 기쁨을 느낄 수 있다는 사실, 즉 무언가를 할 수 있다는 사실을 알려줄 수 있다.

숲 치료와 야생지-모험 치료가 정신 건강을 높이는 데 효과적인지를 판단하려면 당연히 훨씬 더 많은 과학 연구가 필요하겠지만, 최신의

Zoom-in

경고의 말

나는 야생의 오솔길을 좋아한다.
놀람, 갈림길, 숨을 곳, 비밀을 직선보다 좋아한다.
길을 가다 만나는 뜻밖의 경이를.

– 이브 파칼레Yves Paccalet, 〈걷는 행복Le Bonheur en Marchant〉, 2000

성공적인 자연 치료법인 야생지-모험 캠프의 가장 중요한 요소는 바로 운영자이다. 선의의 야외 활동파인 사업가가 운영하는 야생지-모험 캠프와 고도의 훈련을 받은 전문가가 구조화하고 요원을 편성한 야생지-모험 캠프는 전혀 다르다. 이 두 캠프의 큰 차이는 겉으로 잘 드러나지 않지만, 치명적일 수 있다. 내담자가 마케팅 이미지의 베일 뒤에 숨은 비전문가와 잘 맞지 않아 자연이 주는 회복력이 잘 나타나지 않을 수도 있다. S. 웨어 미첼도 전문적인 안내자를 강조했다. 하지만 약 150년 후 이들 프로그램에 대한 규제가 거의 없는데, 천연색의 인상적인 브로셔, 웹사이트, 슬로건이 곧 성공적이고 안전한 야생지-모험 프로그램은 아니다. 북아메리카에서 야생지 가이드와 탐험대 가이드에게 면허를 발급하여 주는 곳이 반도 안 된다. 심지어 면허제도가 존재할지라도 그 타당도가 의심스럽다. 이는 몇몇 관할 구역에서 면허 조건으로 응급 훈련만 요구하는 정도에 불과하기 때문이다. 애당초 그 의도가 정신적 회복이든, 정신 건강 문제의 보조치료든, 야생지-모험 체험을 신청할 때 내담자는 주의해야 한다. 즉, 브로셔와 웹사이트의 화려한 사진보다 운영자의 훈련, 경력, 자격을 살펴봐야 한다.

연구에서는 그 치료의 가치가 뇌의 회복력 증가에 있음을 제시하고 있다. 스티븐 캐플런Stephen Kaplan 박사의 주의 회복 이론ART에서는 다음과 같은 몇 가지 요인 덕분에 자연 환경이 원기 회복에 기여한다고 주장했다. 이는 일상적인 환경을 벗어나고(야생지-모험 치료를 하는 장소가 길가만 아니라면, 이렇게 하기는 쉽다), 끌림을 유발하며, 광대한 자연 환경을 바라보고, 개인의 목적과 기대에 부응하기 때문이다. 특히 자연 환경이 끌림을 유발하고 마음을 깊이 사로잡을 때에는 긍정 심리적 이점이 극대화된다. 야생지-모험 치료의 환경이 캐플런이 제시한 주의 회복 이론의 준거에 부응할수록, 그 결과는 더 좋을 것이다.

야생지 프로그램에서는 집단 역동성이 중요하지만, 개인의 고독, 반성, 명상의 기회도 적극 고려해야 한다. 1964년의 미국 야생지 법안에는 무엇보다도 '고독을 느낄 기회와 원초적이고 자유로운 휴식을 제공하는' 야생지를 지정하도록 구체적으로 규정하고 있다. 오늘날 고독은 외로움이나 사회적 고립, 결국 피해야 할 것으로 연상되어 그 이미지가 상당히 손상되었다. 우리가 유대를 유지하고 정보에 밝아야 한다고 느끼는 전자기기 위주의 세계에서는 고독을 꺼린다. 그러니까 문화적으로 고독을 피하도록 하고 있다. 하지만 야생지에서의 고독은 바로 의사들이 처방해야 할 사항이다. 연구에서는 야생지에서의 고독, 즉 자연 환경에서 약간의 고독을 체험하려는 개인의 선택이 이후에 우리를 압도하는 사회 구조와 환경으로부터 우리를 보호해주는 것으로 나타났다. 물론 약간의 고독이 가장 유익하다. 〈현대문학Current Literature〉 1865년 호의 편집자는 그것을 '고독의 기여'라는 제목으로 다음과 같이 멋지게 표현했다. "즉, 고독을 긍정적으로 보면, 정말 소중한 강장제이다. 우리가 평생 약물(여기에서는 신경강장제의 원료인 퀴닌quinine)의 노예로 살아갈 의도로 퀴닌을 마시지는 않으며, 동굴을 거처로 삼겠다고 동굴에 가는 사람도 없을 것이다."

확실히 야생지-모험 중재의 이점은 이 책에서 지금까지 논의한 여러 가지 자연 요인 덕분일 것이다. 심미적으로 만족스러운 경관, 자연의 소리(소음이 없는 상태), 향긋한 향기, 육안에 안 보이는 음이온, 자연광과 어두움, 동물 등이 그 프로그램의 신체 활동과 도전(회복력을 위한)이 가져다주는 이점을 높일 것이다.

원예와 야생지

원예 활동이나 야생지 활동은 자신, 공동체, 궁극적으로는 지구에 혜택을 준다. 이런 활동은 자아 인식, 긍정적 기분, 창의성, 인지 능력을 촉진하는 반면, 스트레스는 줄인다. 또한 인지적으로 회복되고 상쾌한 뇌는 공감을 잘할 수 있다. 반대로, 소진되거나 압도되거나 멀티태스킹 중인 사람은 공감하기가 어렵다. 집단으로 운영할 때에는 원예 활동이나 야생지 활동이 참여자들 간의 유대감과 공동체 의식을 심어준다. 정원에서 함께 일할 때에는 공동체를 아름답게 꾸미고 유대를 강화하며, 야생지-모험 활동을 할 때에는 자기 희생과 공동체의 결속력이 지닌 중요성도 배운다. 실제로 공동체 의식의 개발이야말로 전반적인 야생지-모험 체험 만족도를 예측할 수 있는 요인이다. 원예 활동과 야생지-모험 활동은 둘 다 미래의 변화를 촉진하거나 적어도 환경 지식과 친환경 태도를 강화한다. 야외 프로그램, 원예 및 야생지 체험은 지구와의 공감을 촉진한다.

고대 아테네인들은 지중해, 그리스의 언덕, 고국의 쾌적한 목초에서 얻은 재료들로 검소한 식사를 하면서 지적이고 현명하게 성장했다. 에스키모인들은 바다표범과 바다물개의 지방을 섭취하고 평화로운 정신을 유지했다. 햇살이 내리쬐는 미국 남부 지역의 원주민들은 강과 바다에서 나오는 오렌지, 빵나무 열매, 바나나, 물고기를 먹고 살았는데, 정신 장애가 거의 없었다.

– 셀던 H. 탤컷Selden H. Talcott, MD, 뉴욕, 1888

8

자연이 담긴 음식

영양-생태심리학

1세기 넘게 북아메리카의 의사들은 영양의 여러 가지 측면, 즉 인지와 뇌 피로에 영향을 주고 단기적으로 정신 상태를 개선하며 장기적으로 우울증과 불안을 예방하는 측면에 대해 언급해왔다. 특히 초창기 연구자들은 업무로 인한 정신적 부담을 누그러뜨리는 최적의 음식에 호기심이 많았다. 1800년대 말쯤 생선은 줄곧 가장 많이 언급된 브레인 푸드였다. 아주 존경받던 영국의 의사 에드워드 스미스Edward Smith는 1873년에 쓴 유명한 책에 "식품으로서 생선의 가치는…… 특히 뇌 활동이 많은 사람들이나 불안과 고통을 겪는 이들에게 적합하다"고 남겼다. 1897년 〈여성의학저널Woman's Medical Journal〉에 기고한 의사들은 사과, 말린 자두, 토마토, 아몬드, 호두가 인지 기능뿐 아니라 뇌와 신경계를 지원하는 주요 음식이라고 홍보했다. 마침내 사업 관계자들이 정신적 수행 능력에 도움이 되는 통곡물 홍보에 나섰다. 가령, 잡지에 그레이프 너트Grape-Nut 시리얼이 '뇌와 신경계에 유익하다'라며 과장 광고를 실었다. 종합해보면, 그들은 요즘 말하는 지중해 식사의 주요 측면을 홍보하고 있었다. 즉, 통곡물, 생선, 기타 수산 식품, 견과류와 씨앗, 천연색 과일, 채소가 주를 이루는 식사 말이다.

인터넷이라는 정보의 바다에서 오늘날과 같은 전쟁이 일어나기(완전 채식주의와 고기에 굶주린 구석기 식단 지지자들 사이에 오가는 언쟁) 100년 전에는 전문가들이 최종적인 브레인 푸드에 합의하지 않았다. 영국의 여왕 빅토리아의 절친이었던 페짓 발부르가Paget Walburga 여사는 육식이 "고차적 능력을 방해할 뿐만 아니라, 아예 없애버린다"고 경고하면서 엄격한 식물 위주의 식사로 명석한 사고가 가능하다고 주장하였다. 그런가 하면 다른 이들은 생각이 달라 최적의 정신적 수행 능력을 위해서는 육식이 필수라고 제안했다. 1871년 〈사이언티픽 아메리칸Scientific American〉의 편집자들은 다음과 같이 말하면서 어느 정도 생선을 지지하는 타협안을 제시했다. "뇌 건강 유지를 위해 어떤 음식이 좋은지는 이미 잘 알려져 있다. 생선, 과일, 채소, 우유, 전분이 풍부한 여러 식품, 통밀 빵, 오트밀이 대표적이다. 하지만 어떤 체질은 엄격한 채식이 잘 맞는 것 같다." 또한 식사는 가능한 한 가공 식품이 아닌 자연 식품을 먹고 과식하지 않으며 요즘 흔한 가공 당분을 줄여야 한다는 점에 대해서는 모두 합의했다.

1900년대 초기의 저명한 의사인 레너드 힐Leonard Hill은 도시 사무원의 자연 결핍과 신체 활동 부족이 '손쉽게 구할 수 있는 당분 탐닉' 때문에 악화되고 있다고 걱정했다. 힐을 비롯한 몇몇 의사와 과학자들은 변화를 감지했는데, 이는 우리 시대에 와서야 입증되었다. 즉, 국가가 발달하고 시골 거주자들이 도심으로 이동하면서, 편리함을 찾아 가공 식품, 설탕, 동물성 지방, 저영양 외식이 주를 이루게 되었다. 가게의 가공 식품과 청량음료가 식단에 올라오면서, 의료계 일부에서는 설탕, 가공 식품, 식품첨가물의 증가에 적신호를 보내고 있다. 1922년에 〈메디컬 스탠더드*Medical Standard*〉의 의사 편집자들은 아래와 같이 '우리에게 유익하지 않은 것은 우리에게 해롭다'는 강경노선을 취했다.

> 식사처럼 중대한 문제에 있어서는 어느 것도 당연시하면 안 된다. 자녀든 자신이든 캔디 가게나 청량음료 가게 또는 페이스트리 가게의 음식을 탐닉하다 보면 몸 안에 삶을 타락시키고 훼손하는 요소를 들이는 셈이다. 즉, 변성되고 활기를 빼앗고 사기를 저하시키는 음식을 탐닉하는 것 말이다. 다시 말해, 어떤 음식이든(인공처리를 거친) 그 성분이 생리적 생명 활동에 피해를 주고 인간의 창조적 과정과 상반된다면 먹기에 부적합하다. 창조적 과정에 안 맞는 음식은 파괴적이기 때문에 자신의 운명을 대할 때 당장 득실이나 성패를 고려해야 할 첫 번째 요소는 바로 식사다.

〈메디컬 스탠더드〉의 편집자들은 변화가 일어나고 있음을 확실히 감지했지만, 그들마저도 우리가 어디로 나아가고 있는지, 현대 기술 사회에서 변성되고 활기를 빼앗는 음료가 주변에 얼마나 많을지는 상상하지 못했다.

균형 잡힌 식사

적어도 완전 식품 형태의 브레인 푸드라는 개념은 20세기 중반에 홀대받기 시작하여 1980년대까지 사이비과학이라는 수모를 당했다. 심각한 비타민 부족이나 무기질 부족에 대해서는 걱정했으나, 음식이 인지적·정신적 건강에 기여한다고 진지하게 생각하는 의사와 과학자는 거의 없었다. 사실 과학자들은 북아메리카의 대중들에게 뇌 피로 해소제로 가끔 흥분제, 고도로 가공된 탄수화물, 청량음료, 캔디, 기타 기술을 이용한 가공 제품을 소개하고 있다. "자동판매기에서 브레인 푸드, 즉 AAAS의 과학적 평가를 받은 캔디와 청량음료를 판매한다"라는 1944년의 잡지기사를 살펴보기 바란다. AAAS는 '미국과학진흥협회American Association for the Advancement of Science'로, 그 협회의 연차대회에서 일부 과학자들은 "청량음료나 캔디처럼 자주 섭취하는 당질 음식이 뇌의 효율성을 유지할 것이다"는 결론을 내렸다. 즉, 음식이나 음료가 뇌의 당 수준을 높인다면 브레인 푸드로 여길 수 있다는 것이다.

현재 청량음료 가게까지 운영하는 일부 약제사들은 탄산 음료가 항균 작용을 한다는 사실을 보여주는 과학적 증거를 제시하고 있다. 그들은 그런 음료가 면역성을 강화하고 과로로 지친 사람들에게 흔히 나타나는 우울증을 예방한다고 생각한다. 게다가 매체까지 '청량음료 가게 낙관론'이나 '청량음료 가게의 이점'과 같은 기사로 광고에 가세했다. 그들은 청량음료에 우울증을 이겨낼 수 있는 회복력이 있다고 말한다. 그런데 캔디와 흥분제로 뇌의 연료 공급이 가능하다면, 누가 생선, 사과, 아몬드, 통곡류를 필요로 하겠는가?

물론 여전히 건강에 좋다고 여겨지는 음식이 있어서, 그나마 영양가 없는 음식과 음료의 품목이 계속 늘어나는 것을 막아주고 있다. 어쨌든 이렇게 늘어난 품목은 모두 자연과 동떨어진 것임에도 불구하고 대단한 '균형 잡힌 식사'처럼 여겨질 수 있다. 이제는 '우리에게 유익하지 않는 식품은 우리에게 해롭다'는 생각이 사라졌다. 호감을 유발하는 광고에서는 정크푸드가 뇌에 활력을 주는 식품으로 보이고, 영양학자들은 '건강에 좋은 음식'을 정크푸드만큼 섭취하면 최악의 음식도 별 문제가 없다고 일축해버린다. 새스쿼치Sasquatch, 미국 북서부와 캐나다 서부의 산 속에 산다고 전해지는 인간 모양의 생명체를 찾기만큼이나 균형 잡힌 식사를 하는 사람을 찾기 힘들 정도이다. 과학자들은 가공 음식의 색소, 방부제, 기타 인공 요소를 걱정하지 말라고 말한다. 어차피 걱정하는 일은 절대 일어나지 않고 모두 기우에 불과하다는 것이다.

완전 식품 위주의 사고思考로부터 캔디바를 사과와 비슷하게 여길 정도로의 사고 변화는 이제야 겨우 알게 된 또 다른 자연 결핍의 등장이었다. 우리는 진화사에서 우리의 발전에 기여한 자연 영양nutrition of nature에 등을 돌리게 되었다. 우리는 음식을 비롯한 모든 형태의 자연을 외면하면서, 경미한 염증 등의 신체적 대가를 치르게 되었다. 일부 연구자들이 말한 대로 우리 몸의 염증은 지난 세기의 식사와 생활 양식 변화로 야기된 것이며, 뇌 건강과 관련된 부작용도 있다. 사실, 우리가 현재 따르고 있는 식습관과 기업식 농업은 환경 문제도 안고 있다. 아래에서는 이에 대해 논의하면서 희망의 메시지를 전할 것이다. 즉, 우리가 지중해 식사나 구석기인들의 식사를 통해 완전 식품으로 돌아가 다시 자연과 연결될 수 있다면, 개인과 지구의 건강에 아주 유익할 것이다. 우리는 우리에게 무해하고 유익한 식품으로 돌아가야 할 절박한 시점에 처해 있다.

생선, 통곡류, 과일, 채소, 견과류, 씨앗 등은 항염 작용과 항산화 작용으로
우리 몸을 이롭게 한다.

필수적인 자연 영양소

이제 긍정 심리, 정신 건강, 인지, 생태학, 지속 가능성의 맥락에서 양질의 영양소가 뇌에 주는 영향은 과학적 설득력을 얻었지만, 많은 이들이 여전히 이를 과소평가하고 있다. 지난 50년간의 엄청난 변화로 우리의 식습관이 바뀐 것은 분명하다. 오늘날의 식사는 과한 측면과 부족한 측면이 공존한다. 우리는 여전히 전통적인 브레인 푸드, 즉 생선, 통곡류, 과일, 채소, 견과류, 씨앗 섭취가 크게 부족하다. 물론 뇌의 연료가 되는 칼로리 공급만 생각하면 선택 기회가 결코 부족하지 않다. 선택 기회를 제공하는 기술이 풍부할 뿐만 아니라, 우리가 저렴하게 바로 섭취할 수 있는 칼로리가 엄청나게 풍부함에도 불구하고, 우리는 여러 가지 측면에서 영양 부족을 겪고 있다. 상대적인 영양 부족으로 과일, 채소, 견과류에 함유된 필수지방과 섬유질뿐 아니라, 항염 작용과 항산화 작용을 하는 식물 영양소가 부족하다.

필수지방

오메가-3와 오메가-6 지방산은 인간의 건강과 뇌 기능에 필수적이다. 이들 영양소는 필수지방으로 알려져 있는데, 그 이유는 이들 영양소가 우리 몸에서 합성이 안 되어 음식으로 섭취해야 하기 때문이다. 오메가-3 지방산은 생선, 수산 식품, 무정란, 방사달걀free-range egg, 사냥한 고기, 방목한 고기, 아마 씨, 호두, 치아 씨, 쇠비름, 다양한 베리류, 견과류, 씨앗에 풍부하다. 주요 오메가-6인 리놀레산은 홍화 기름, 해바라기 기름, 콩기름, 옥수수 기름에 풍부하다. 과거 수렵 시대에는 오메가-3와 오메가-6의 비율이 1:1에 가까웠다. 그렇게 이 두 가지를 적절한 비율로 섭취했을 때에는 뇌 발달과 뇌 기능이 최적화되었다. 인류학적 자료에 따르면, 우리 인간은 최근 몇십 년 전까지 그 비율을 꾸준히 유지해왔다. 하지만 저렴한 완제품인 오메가-6 식용유들이 등장하고 동물 사육 방식이 바뀌면서, 진화 과정 내내 유지되어오던 비율이 깨지게 되었다. 오늘날 오메가-6의 섭취량이 오메가-3보다 적어도 10배, 심지어 20배에 이를 정도로 많다. 이 수치는 1999년 〈미국영양협회 저널 Journal of the American College of Nutrition〉의 국제지방전문가 패널에서 추천한 1:1이라는 이상적인 비율과 너무 거리가 멀어 허용 수준을 벗어난 지 오래다.

이렇게 오메가-6의 비율이 높은 것은 우리의 식용유 섭취가 1960년대 이래 3배나 늘어났기 때문이다. 이제는 개인당 매년 48.5파운드의 콩기름을 섭취하고 있다. 이는 50년 전만 해도 개인당 13파운드에 불과했던 사실과 비교된다. 다른 한편, 북아메리카에서 두 가지 주요 오메가-3 지방산 즉, EPA eicosapentaenoic와 DHA docosahexaenoic acids 각각의 하루 평균섭취량은 130mg에 불과하다. 이 수준은 앞에서 언급한 전문가 패널의 지침보다 500mg 부족하고, 미국심장협회에서 심장병 환자에게 추천한 1000mg보다 800mg이나 부족한 양이다. 구운 음식, 튀김류, 스낵, 샐러드 드레싱 등 완제품 식용유가 우리 주변에 넘쳐난다. 음식을 만들며 추가되는 기름은 대부분 리놀레산이 풍부한 오메가-6일 것이다. 자유롭게 헤엄쳐 다니는 물고기나 여기저기 돌아다니며 먹이를 잡아먹는 동물은 자연에서 나는 풀, 곤충, 조류, 기타 천연 원료인 오메가-3 지방산을 섭취하는 반면, 사육된 동물의 고기나 알류와 양식된 생선은 사료를 먹기 때문에, 자연산 동물이나 생선보다 오메가-6 수준이 훨씬 더 높다. 결국 엄격한 채식주의자가 아니라면 우리의 영양 공급원인 어육류가 섭취한 내용물이 우리 몸에 유입된다.

많은 국제적 연구에서는 오메가-6가 중요하지만 일단 과도해지면 염증성 화학물질 생성에 영향을 주는 것으로 나타났다. 염증성 면역 화학물질(사이토킨)이 조금만 생성되어도 정신 상태에 문제가 생긴다. 실제로 우울과 불안은 과도한 염증성 화학물질 때문에 나타난다. 오메가-3가 부족한 상태에서 오메가-6가 과도할 경우에는 여러 가지 신경질환이나 정신 질환이 나타날 수 있다. 한편, 오메가-3 지방산은 우리 몸에서 항염 작용을 하며 많은 행동 장애나 신경질환에 이로운 것으로 나타났다. 식사로 섭취하는 지방이 뇌세포의 구조와 기능에 영향을 주기 때문에, 이처럼 오메가-6는 과하고 오메가-3가 부족하면 정신 건강과 인지 건강에 문제가 생길 수 있다.

통곡류와 당

과도한 당이 이를 부식시킨다는 사실은 잘 알려져 있는데,
'뇌 부식'도 일으킬까? 최근의 연구에서는 실제로 그렇다고 제시하고 있다.

— 재닛 얀코비약Janet Jankowiak, MD, 〈신경학〉의 사설, 2004

요즘에는 제품에 '통곡류'가 함유되어 있는지에 대한 논의가 많은데, 거기에는 적절한 이유가 있다. 이유인즉, 섬유질이 풍부한 통곡류는 우리 몸에서 염증성 화학물질의 생성을 낮추기 때문이다. 통곡류가 풍부한 식사가 당뇨병, 심장병, 비만을 감소시킨다는 사실은 상당히 검증된 상태이다. 요즘 포장에 만화 캐릭터가 있든 없든 고당분 시리얼을 비롯한 모든 제품에 '통곡류 제품'이란 로고가 있다 보니 마치 우리가 통곡류를 많이 섭취하는 것처럼 보인다. 하지만 안타깝게도 절대 그렇지 않다. 우리가 매일 시리얼로 칼로리를 상당히 섭취한다고 할지라도(우리가 섭취하는 총 에너지의 약 4분의 1 정도), 그렇게 흡수한 에너지의 겨우 3.5% 정도만

통밀가루와 흰 밀가루의 영양

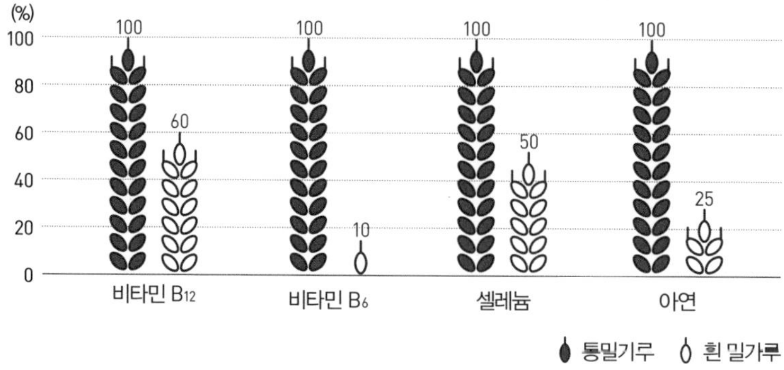

통곡류이다. 이는 우리가 섭취하는 곡류의 96.5%가 가공 곡류라는 의미다.

가공 밀가루는 뇌를 지원하는 천연 영양소(비타민 B군, 셀레늄, 아연)와 섬유질이 제거된 상태이다(이들 영양소 중 어느 한 가지라도 부족하면 우울증에 걸린다). 그런데 영양소로 장난치는 일부 제조사들은 가공된 빵, 스낵, 시리얼에 약간의 통곡류를 다시 넣어 포장지에 '통곡류!'라고 과장할 것이다. 이런 유행어로 포장지를 장식하면, 그 내용물이 균형 잡힌 식사인 양 보인다. 소비자들은 그 제품을 건강에 좋고 섬유질이 풍부하며 저당질 곡류 제품으로 인식한다. 안타깝게도 이런 로고는 영양 면에서 전혀 도움이 안 된다. 앞에서 소개한 캔디를 닮은 시리얼을 생각해보자. 약간의 통밀가루로 제조사에서 디자인한 '통곡류'라는 도장을 정당화하고, 그런 시각 자료 때문에 1인분에 설탕이 15mg 이상이고 섬유질은 1mg 밖에 안 된다는 실상이 가려진다. 미국식품의약국FDA에 따르면, 통곡류의 무게가 51%이면 통곡류로 부를 수 있다는 것이다. 이를 몇 개 분자에서 몇 mg 정도의 극히 적은 양을 의미하는 '통곡류 함유' 제품과 혼동하면 결코 안 된다. 속임수를 파헤치면, 대개 하루 섬유질 소비가

13mg에 불과하다는 것(1세기 전의 전통적인 식사에서 섭취한 양의 33%도 안 됨)을 알게 될 것이다. 오늘날 북아메리카 영양학자들이 권하는 하루 섬유질 섭취량은 21~38g이다.

우리에게 부족하지 않은 한 가지는 당이다. 인슐린 분비를 급증시키는 정제당 섭취는 지난 200년간 8배나 증가했다. 오늘날 식품에 함유된 천연당과 다른 첨가당이 하루 칼로리의 16%를 차지한다. 미국심장협회에서 하루 에너지 공급량 중 첨가당을 5% 미만으로 낮추라고 권고한 사실을 고려하면 이 수치가 얼마나 심각한지를 짐작할 것이다. 흔히 음료수에 첨가되는 고과당 옥수수 시럽의 1인당 연 소비량이 1970년에는 0.5파운드에 불과했으나 1990년대에는 60파운드 이상으로 급증하였다.

단순당은 일시적으로 뇌를 촉진시킬 수 있지만, 그 이점은 단기적이고 후유증이 크다. 당이 높아진 직후 혈당이 떨어지면, 뇌는 '무슨 일이 일어나고 있지?' 하고 궁금해한다. 영양가는 없고 열량만 높은 음식의 칼로리는 말뿐인 약속이 된다. 한편, 섬유질이 풍부한 통곡류는 천천히 분해되어 혈관의 인슐린 수준을 높이지 않고 에너지나 비타민 등의 영양소를 지속적으로 공급한다. 설탕으로 인해 인슐린 수치가 계속 높으면 우리 세포가 그 호르몬(인슐린)에 저항하기 때문에 설탕을 세포로 보내려면 인슐린 수준을 더 높여야 한다. 미봉책에 불과한 설탕을 브레인푸드로 여겨 계속 섭취하게 되면, 인슐린 저항성으로 인해 심장병, 당뇨병, 복부 비만 등이 생긴다. 섬유질이 부족하고 혈중 인슐린이 계속 높으면 염증이 생기고 인지 감퇴와 우울증에 걸릴 가능성이 높아진다.

천연색 과일, 채소, 피토케미컬

과일과 채소 이야기는 통곡류나 필수 지방산에 대한 논쟁보다 훨씬 더 심각하다. 미국 성인이 섭취하는 전체 채소량의 반을 네 가지 식품(얼리거나 구운 감자, 아이스버그 레터스, 양파, 토마토)이 차지한다. 과일과 채소 섭취를 촉구하는 국가나 민간단체의 노력에도 불구하고 천연 농산물을 여전히 간과하고 있다. 위의 네 가지에서 감자를 제외하면, 성인의 29%와 아동의 13%만 하루 5인분 정도의 과일과 채소를 섭취한다. 우리가 과일과 채소 섭취의 기준인 7~10인분에 부응하지 못하기 때문에, 매일 주요 오색 식품(빨강, 녹색, 오렌지/노랑, 자주/파랑, 감자 외의 흰색)을 섭취하라는 미국 농무부의 황금 기준에 훨씬 못 미친다는 것은 새삼스러운 일도 아니다.

영양학자와 교육자들은 다양한 색깔의 식물 식품을 옹호하고 있는데, 이는 그런 식품이 피토케미컬이라는 천연 화학물질을 함유하고 있기 때문이다. 미가공 완전 식품에서는 이런 미세한 화학물질이 식물의 색깔, 맛, 촉감을 결정하고 우리에게 꼭 필요한 항산화제와 항염 보충물을 공급해준다. 이런 화학물질이 신선한 포도, 블루베리, 체리, 사탕무에서는 진한 빨간색과 자주색으로, 시금치와 케일에서는 진녹색으로, 당근과 호박에서는 오렌지색으로, 무와 뿌리에서는 흰색으로, 옥수수에서는 노란색으로 보인다. 우리가 다양한 색깔의 식물을 섭취하면 피토케미컬에 함유된 몸에 좋은 특성을 잘 활용하는 셈이다. 안타깝게도 2006년 〈미국영양협회 저널〉에 실린 아주 포괄적인 연구에서는 진녹색, 진한 오렌지색, 노란색 채소에 대한 하루 평균 섭취량이 1.5인분에 불과해 매우 부족한 것으로 나타났다. 2007년 〈암 교육Journal of Cancer Education〉 지에 실린 한 편의 연구에서는 1600명 이상의 부모를 대상으로 연구한 결과, 일주일 동안 거의 대부분(일주일 중 3.5일) 주요 오색 식품을 섭취하는 사람은 전혀 없었으며 일주일 중에 40%의 부모와 26%의 자녀

우리가 다양한 색깔의 식물을 섭취하면 결국
이들 화학물질에 함유된 몸에 좋은 특성을 활용하게 된다.

만 주요 오색 식품을 섭취했다.

음식으로 뇌를 바꾸다

개인 수준이든 집단 수준이든 식사 개입으로 정신 장애율을
낮출 수 있을 것이라는 생각은 설득력이 있으며 막대한 책임감을 부여한다.
임상 관리, 공중 위생 및 연구에 고무적인 시사점을 준다.

— 마를렌 P. 프리먼Marlene P. Freeman, MD, 하버드 의과대학,
〈미국정신의학*American Journal of Psychiatry*〉의 사설, 2010

과학자들은 식품이 우리 뇌에 긍정적·부정적으로 영향을 미치는 복잡한 기제를 꾸준히 밝혀왔다. 이들 연구에서는 식품과 음료가 산화스트레스와 염증을 촉진하거나 예방하는 식품과 음료에 초점을 맞추고 있다. 앞에서 논의한 바와 같이 건강하고 정서적으로 안정된 성인이라도 염증성 화학물질이 조금만 증가해도, 우울증, 불안, 멍한 상태(브레인포그)가 되곤 한다. 정신 장애와 인지 감퇴는 진행 중인 경미한 염증이나 신경 염증과 관련된다. 산화스트레스도 여러 가지 신경 장애와 정서 장애의 공통 요인으로 부각되고 있다. 활성산소(산화스트레스)는 정상적인 일상 생활과 호흡을 하는 과정에서 산소를 활용한 결과로 발생된다.

염증과 산화스트레스는 서로 배타적이지 않다. 이 두 가지는 악순환을 거친다. 즉 산화스트레스가 염증을 촉진하고 염증이 산화스트레스를 촉진한다. 경미한 염증과 산화스트레스가 계속되면 뇌 보호와 재생 체계에 부담이 된다. 가령, 신경 염증으로 인해 신경세포의 성장과 생존을 지원하는 뇌유래신경영양인자BDNF, 즉 신경 성장 요인이 줄어든다. 결국 산화스트레스와 염증의 순환 고리는 신경세포의 구조에 작지만 중요

한 변화를 일으킨다. 산화스트레스는 세로토닌이나 도파민 등 기분 조절 신경전달물질의 분해를 가속화한다.

결국 염증과 산화스트레스는 중요한 두 가지 방식으로 뇌에 영향을 줄 수 있다. 즉, 뇌세포의 구조를 바꿀 뿐만 아니라, 신경세포에 붙어 신경 교류를 촉진하는 화학물질의 가용성을 바꾼다. 신경세포의 구조적 변화는 신경전달물질이 신경세포의 수용체와 '결합하는' 방식에 영향을 준다. 즉, 신경전달물질이 문을 잠그는 열쇠라고 생각하면 된다. 열쇠가 잘 맞지 않으면, 신경 대 신경의 적절한 교류에 약간 문제가 생길 수 있는데, 그로 인해 기분이나 행동 변화가 나타난다. 신경전달물질의 가용성이 떨어지면 기분과 인지에 부정적 영향을 줄 수 있다.

신경 염증을 예방할 수 있다는 가능성을 바탕으로 과학자들은 정신건강과 다양한 형태의 치매를 치료하는 약물을 개발하는 중이다. 항우울제와 항불안제는 신경 염증을 예방하는데, 그 이유는 그런 약물에 항산화제와 항염증제와 같은 특성이 있기 때문이다. 아직까지는 신경세포의 구조와 기능을 지원하는 식이요법이 과소평가되고 있다. 많은 이들이 피하는 천연색 과일과 채소에 풍부한 피토케미컬은 강한 항산화제이자 항염증제인데, 최근에는 신경 염증의 활성화를 억제하는 동시에 기분을 조절하는 뇌 화학물질의 급속한 분해를 막는 것으로 나타났다. 오메가-3 지방, 섬유질이 풍부한 곡류, 뿌리, 콩류는 신경 염증의 활동을 억제한다. 우리에게 유익한 식품 성분은 기분을 조절하는 신경전달물질의 작동 방식과 활동 정도에 영향을 준다. 식사를 통해 염증과 산화 스트레스를 상당히 조절할 수 있고 섭취한 영양소를 통해 항산화방어 체계의 전반적인 작용도 조절할 수 있기 때문에, 항염증제와 항산화제가 풍부한 식품으로 이 두 가지를 잘 조절하면 뇌가 더 좋아질 수 있다.

다양한 식품으로 염증과 산화스트레스를 확실히 억제할 수 있는 반면, 많은 저영양 식품은 뇌의 부식력을 촉진할 수 있다. 2009년 〈비만연구Obesity Research〉에 실린 획기적인 과학적 논평은 오스트레일리아의 과학자인 개리 에거Garry Egger와 존 딕슨John Dixon의 연구를 소개했는데, 이 두 과학자가 염증 유발 식품은 대개 어떤 식으로든 변형되고 가공되며 '첨가된' 식품이나 음료로 우리 몸의 면역계에서 이를 '외부의 침입자'로 여긴다는 가설을 세웠다고 전했다. 예를 들어, 고당질 식사는 만성 염증 발생을 촉진할 수 있다. 소다수 캔은 고당질 저영양 식사의 대표적인 예다. 최근 연구에서는 8온스짜리 한 잔에도 액상과당이 함유된 것으로 나타났다. 소다수 캔을 마시면 그 후 4시간 동안 산화스트레스가 증가되고 혈중 항산화 수준이 떨어질 수 있다.

과잉 정제된 탄수화물, 동물성 지방, 식물성 지방을 비롯해 전형적인 서구 식사의 다른 성분들도 우리 뇌 세포의 건강에 좋지 않다. 가령, 포화지방과 사육된 가축에서 얻은 고기는 우리의 경미한 염증과 관련된다. 많은 국제적 연구에서는 오메가-6 지방산이 중요하지만 현재처럼 과도하게 섭취하면 염증과 산화스트레스를 크게 촉진할 수 있다고 제시했다. 확실히 뇌는 서양 식사에 끌린다. 하지만 2010년 〈네이처뉴로사인언스Nature Neuroscience〉에 글을 쓴 스크립스연구소Scripps Research Institute의 과학자를 비롯한 일부 과학자들은 매력적인 유혹(달콤하고 지방이 풍부하고 짭짤한 맛)이 중독적일 수 있다는 증거를 제시하였다. 이 글에서는 부식력과 신경세포 교류에 미치는 해로운 영향을 중심으로 그 피해를 살펴볼 것이다.

Zoom-in

행복한 지방

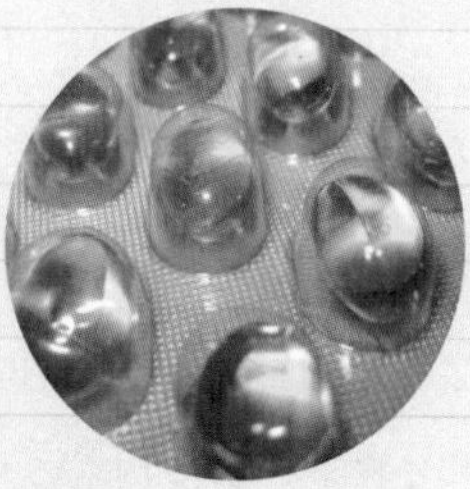

간유는 단순히 약물이 아니라 식품이기 때문에 이런 경우에 매우 중요하다. 인간의 신경세포를 화학적으로 분석한 연구에서 지방의 중요한 위치는 우울 환자에게 가장 유용한 식이요법의 역할을 말해준다.

– 시어도어 H. 켈로그Theodore H. Kellogg, MD, 『정신 장애에서의 영양』, 1887

뉴런막으로 알려진 신경세포 코팅에는 지방 성분의 이중층이 있는데, 오메가-3 지방산이 부족하면 이 부분의 유연성이 떨어져 단단해진다. 또 뇌의 생리 상태와 신경세포의 구조가 변하는데, 이는 우울증으로 인한 변화와 일치한다. 요즘처럼 과도한 포화지방과 콜레스테롤에 오메가-6까지 과잉 섭취하면 뉴런막에 있는 지방 성분의 이중층 구조에 문제가 생긴다. 그런 구조는 조금만 변해도 신경세포 간의 신호전달에 문제가 생긴다. 유전적 취약성과 생활 스트레스에 따른 변화로 우울증과 불안이 발생할 가능성이 높아진다. 뉴런막에 오메가-3 지방산이 결합되면, 신경세포 안팎에 최적의 신호 교류가 증가한다. 오메가-3 지방산은 신경질환 및 정신 질환과 관련된 산화스트레스와 염증을 줄인다. 게다가 '기적적으로 번식하며' 신경을 지원하는 BDNF 생성도 촉진한다. 이런 신경 성장 요인은 평생 신경세포의 성장, 유지, 생존에 중요한 역할을 한다. 켈로그가 옹호한 간유와 오늘날의 생선유에는 오메가-3가 풍부하다. 최근의 통제 연구에서는 생선유 섭취가 아주 까다로운 일부 우울증 환자(치료가 잘 안 되는 우울증)와 건강한 성인의 정신 상태를 개선하는 데 아주 유용한 것으로 나타났다.

식사 패턴과 우울증

1990년대 중반에 시작된 일련의 연구에서 미국건강연구소의 조지프 히벨른Joseph Hibbeln은 국가적으로 생선과 수산 식품 소비가 많으면 우울증, 계절적 정서 장애, 양극성 우울증, 산후 우울증이 비교적 낮다는 사실을 관찰했다. 영국의 다른 연구자들은 연간 설탕 소비량 증가가 높은 우울증을 예언한다고 보고하였다. 특히 과도한 청량음료 소비는 우울증, 심리적 고통, 자살 생각과 관련된다. 여러 가지 사회경제적 요인과 생활양식을 통제한 후, 연구자들은 하루의 청량음료 섭취량이 16온스(0.5리터)이면 우울증 발생 가능성이 60%나 더 높았음을 발견했다.

이들 초기 연구는 식사가 우울 및 인지와 관련된다는 사실을 좀 더 자세히 연구하는 계기가 되었다. 그 후 한동안 점점 더 많은 연구에서 식사 패턴과 기분과의 관련성을 연구했고, 그 결과에서는 주로 자연에 가까운 완전 식품을 섭취하는 것이 우울증 예방에 가장 효과적이라는 결과를 제시하였다. 연구 대상이 영국의 공무원이든, 메릴랜드 주 볼티모어의 건강한 여성이든, 미네소타 주 로체스터에 있는 일차 진료기관의 환자든, 그리스의 크레타에 사는 임신부든, 오스트레일리아의 의무선거 여론조사에서 임의로 선택한 성인이든, 그 결과는 일관되었다. 가공 육류, 튀김류, 설탕, 정제 시리얼, 고지방 유제품은 보통 우울과 관련된 반면, 생선, 과일, 채소, 통곡류는 우울증 완화와 관련되었다. 가공 식품과 서구 식단은 불안과 우울증의 발생 가능성을 약 30% 높인 반면, 질 높은 전통 식사는 그 정도만큼 우울증의 발생 가능성을 낮추었다.

볼티모어의 연구에서 우울증을 호소한 여성들은 패스트푸드 섭취 빈도가 54%나 더 높은 것으로 나타났다. 로체스터 마요클리닉의 연구

Zoom-in

활력 추구

요즘 행복은 많은 관심을 끌고 있는 반면, 활력은 여전히 과소평가되는 자산이다. 심리학자들이 정의한 대로 활력은 안팎의 문제에 직면했을 때의 정서 강도이다. 즉, 활력이 있으면 흥분과 에너지가 넘치고 힘차며 활동적이고 열정적인 느낌으로 모험적인 삶을 살아간다. 활력은 신체적·심리적 웰빙의 탁월한 지표로 충분히 입증되었다. 활력을 줄이는 강력한 요인은 오래 앉아 있는 생활과 스트레스다. 활력 촉진제로는 신체 활동, 활동할 때의 마음챙김, 신체적(자연 속에서 시간 보내기)으로든 영양적(건강에 좋은 식사)으로든 자연과의 연결을 들 수 있다. 가공 식품을 줄이고 완전 식품을 섭취하면 활력이 증가된다.

에서 하루에 과일과 채소를 2~4인분 섭취하는 사람들은 1인분 이하를 섭취한 이들보다 정신 질환 경험 빈도가 41%나 낮은 것으로 나타났다. 심지어 과일과 채소 섭취가 격렬한 운동보다도 정신 질환 경험을 더 예방할 정도였다. 연구자들이 임신 중인 500명 이상의 여성을 대상으로 식사 패턴을 조사한 결과, 서구 식단을 따르는 이들에 비해 생선, 올리브유, 콩류, 과일, 채소, 유제품, 견과류 등으로 차려진 전통적인 식사를 할수록 산후 우울증의 발생 가능성이 50%나 감소한 것으로 나타났다.

최근 스페인에서 수행된 4편의 연구는 조망적 평가 방법을 이용해 점점 늘어나는 증거에 힘을 실어주었다. 이들 연구는 성인의 의료 역사와 식사 패턴을 조사한 다음 몇 년 동안 이들을 추적했으며, 4~6년 동안 1만 명 이상의 젊은 성인을 대상으로 연구했다는 점에서 결코 소규모가 아니었다. 첫 번째 연구에서는 지중해식 식사를 꾸준히 할 경우에 우울증이 예방되는 것으로 나타났다. 그런 식사를 고수할수록 임상적 우울증의 발생 가능성이 30%나 감소했다. 연구자들은 트랜스지방 섭취가 많을수록 우울증 발생 가능성이 높다고 보고했다. 즉, 트랜스지방을 가장 많이 섭취한 이들은 우울증 발생 가능성이 42%나 증가했다. 트랜스지방은 인공으로 영양을 합성한 결과이기 때문에 에거와 딕슨이 말한 '외부의 침입자' 가설에 딱 들어맞는다. 4년 동안 1만 1000명 이상의 성인을 추적한 스페인의 연구에서는 지중해식 식사로 개인의 활력을 예측했다('활력 추구' 참고). 또한 최근의 동일 연구자들이 6년 동안 건강한 젊은 성인 집단을 추적한 연구에서는 식사로 패스트푸드를 먹을수록 우울증 발생 가능성이 36%나 높았으며, 머핀, 도넛, 패스트리 등 시중에서 판매하는 빵 종류를 주로 섭취할수록 우울증 발생 가능성이 높은 것으로 나타났다.

인지 영역에서도 유사한 연구 결과가 제시되었다. 북아메리카와 유럽의 대규모 집단을 대상으로 한 연구에서는 지중해식 식사를 따를수록 노인의 인지 감퇴가 예방되는 것으로 나타났다. 영국의 연구자들은 3세 영아의 엄마나 보육자들이 제시한 영양 자료를 모은 다음 5년 후에 8.5세가 된 아이들을 대상으로 IQ 검사를 실시하는 추수 연구를 실시하였다. 지방과 설탕이 가장 많이 함유된 가공 편의 식품을 소비한 아동은 IQ 점수가 의미 있게 낮았는데, 이는 생선, 녹색, 과일, 채소, 곡류를 많이 소비한 아동과 비교된다. 습관적인 당분 섭취와 포화지방산 섭취가

에바 박사의 임상 노트

마가렛은 아들인 제이크가 걱정되었다. 10세인 제이크는 산만했다. 그는 불안해 보였으며 가끔 우울해했다. 주치의는 그를 ADHD로 진단하고 약물 치료를 권했으나, 마가렛은 그렇게 하는 게 마음에 걸렸다. 그녀는 대안을 찾으러 나를 방문했다. 우리는 그가 달리고 운동하며 창의적 활동을 할 수 있도록 그를 야외로 보내기로 상의했다. 제이크의 식사에 대해서도 이야기했는데, 그는 대부분의 그 또래 아이들처럼 정크푸드를 좋아했다. 그 외에도 제이크는 편식이 심해서 아침에 주로 땅콩버터를 바른 젤리 샌드위치, 시리얼, 팬케이크 중 한 가지와 마카로니, 치즈를 먹었다. 그래서 우리는 건강에 좋은 곡류, 과일, 채소, 특히 진한 잎채소에서 얻을 수 있는 무기질과 비타민뿐만 아니라, 뇌 발달과 균형에 유익한 오메가-3 생선유의 중요성에 대해 이야기했다. 또한 정제당이 뇌, 특히 기분과 ADHD에 미칠 수 있는 부정적 영향에 대해서도 고려했다. 쉽지 않다는 것은 알았지만, 마가렛은 제이크에게 점차적으로 가공 식품과 정제당을 적게 주고 땅콩버터 대신 아몬드버터와 아가베 같은 천연당을 먹였다. 그녀는 그의 채소 섭취도 늘리려고 노력했다. 추후 더 나아지겠지만, 제이크의 기분과 행동은 크게 개선되었다. 하지만 제이크가 설탕을 과도하게 섭취했을 때에는 확실히 눈에 띄게 달랐다.

늘어나면 건강한 성인의 인지 기능도 손상된다. 심지어 건강한 젊은 성인마저도 경미한 염증이 IQ 및 인지 능력 저하와 관련된다면, 염증을 유발하는 식품이 인지 기능을 떨어뜨리는 것은 당연하다.

자연식으로 돌아가라

대규모 집단을 대상으로 한 연구가 오랫동안 건강에 좋은 식사를 해온 이들에 대한 흥미로운 정보를 제시하고 있을지라도, 과학적 관점에서는 소위 중재 연구로만 얻을 수 있는 상세한 정보가 필요하다. 이를 구체적으로 제시하면, 가공 식품이 넘치는 서양 식사 대신 지중해식 식사로 바꾸어 더 많은 자연 식품을 섭취한다면 어떻게 될까? 현재로서는 정신 건강과 인지에 좋을 것 같다. 자연 식품 위주로 식사 패턴을 바꾸면 혈액의 염증 지표가 떨어지고 인슐린 급증이 억제되며 혈액의 항산화 수치가 높아진다. 건강한 성인이 지중해식 식사를 할 때 직접적인 생리적 이점 외에 패스트푸드 섭취도 50% 이상 감소한다.

〈식욕*Appetite*〉의 2011년 호에 실린 최근의 연구에서는 잠시 동안만 지중해식 식사로 바꿔도 뇌에 유익한 것으로 나타났다. 10일 이상 과일, 채소, 고지방 생선, 저지방 천연 유제품, 견과류, 씨앗, 통곡류 시리얼이 풍부한 식사(정제당, 가공 밀가루, 청량음료, 붉은 고기, 미리 포장된 가공 식품을 배제하고)를 하자 정신적 활력이 높아지고 정신이 맑으며 만족스러운 느낌이 들었다. 전형적인 서구 식사를 계속한 집단에 비해 자연 식품 위주로 식사한 집단에서는 일부 인지 기능도 향상되었다.

막상 이런 식사 이름을 들으면 '고액을 들여 배로 운반된 지중해식 식사를 해야 하나' 하고 생각할지 모르지만, 이는 오해다. 자기가 사는 지역의 음식으로 지중해식 식사의 주요 원칙을 대부분 따를 수 있기 때문에 '전통적인 식사'로 생각하면 될 것 같다. 오메가-3가 풍부한 생선과 수산 식품은 미국과 캐나다의 자연산 생선으로 대체할 수 있고, 요즘 북아메리카에서도 포도, 토마토, 통곡류 외에 올리브 나무가 많아 올리브유도 생산된다. 변형되거나 미리 포장된 식사가 아니라 가능한 한 가까운 지역에서 자란 자연 식품으로 차린 전통적인 식사를 하면 영양적 측면에서 다시 자연과 연결될 수 있다.

영양보조제와 뇌

완전 식품 섭취가 어려워지자, 자연의 영양 중 일부를 영양보조제(3만 종 이상의 영양보조제가 있고 현재도 증가 중임) 형태로 재충전하려는 시도들이 있다. 의사들도 일부 영양보조제를 수용하고 있으며, 최근의 연구에서는 심장 전문의의 72%, 피부과 전문의의 66%, 정형외과 전문의의 91%가 자기 환자들에게 보조제를 권하는 것으로 나타났다. 현재 북아메리카인의 60%는 어떤 종류든 비타민 관련 보조제를, 20%는 허브 제품을 복용하고 있다. 일부 보조제(포장된 오메가-3 지방산, 다양한 비타민과 무기질, 식물에서 추출한 항산화제·항염증제)에 대한 연구가 부각되면서 정신 건강과 인지 건강 분야에 고무적인 결과가 나타나고 있다.

보조제와 우울증 감소

통제된 연구에서는 매일 오메가-3 지방산인 EPA를 1~2g씩 섭취하면 치료가 더딘 우울증을 완화시킬 뿐만 아니라, 건강한 성인의 기분도 향상되는 것으로 나타났다. 프로작에 EPA를 첨가하면 위약을 첨가했을 때보다 그 효과가 30% 이상 개선되었다. 생선유 보조제는 아동의 우울증, 학습 장애, 인지에 유익한 것으로 나타났다. 엽산과 아연에 대한 유사한 연구 결과에서는 일반 항우울제에 이들 영양소를 첨가하자 위약을 첨가했을 때보다 그 효과가 훨씬 더 좋았다. 10여 편의 연구에서는 혈중의 아연, 셀레늄, 비타민 B군(특히 엽산과 비타민 B_{12}) 수치가 떨어지면 우울증이 발생한다는 것을 제시하였다. 실제로 혈중 엽산 수치와 혈중 비타민 B_{12} 수치가 낮으면 정신 치료를 한다 할지라도 그 효과가 별로일 것이라고 예측했다. 혈중 엽산 수치가 낮은 상태에서 프로작으로 치료받은 환자는 재발률이 43%인 데 반해, 약물 치료 전에 혈중 엽산 수치가 아주 높았던 환자들은 재발률이 3%에 불과했다.

햇빛이 차단된 실내 생활로 인해 비타민 D도 부족한데, 이 비타민은 기분 조절 신경전달물질에 영향을 준다. 비타민 D의 수치가 떨어지면 주요 우울 장애가 발생할 가능성이 높고 정상적인 신체 사이클에 문제가 생긴다. 이중맹 검사를 이용한 플라시보 통제 연구에서는 매일 400~800IU의 비타민 D를 복용하자 겨울철에 기분이 향상된 것으로 나타났다. 비타민 D는 주의, 열정, 동기, 기민성을 비롯해 긍정적 정서에 의미 있는 영향을 준다. 최근의 통제 연구에서는 크로뮴 보조제가 우울증의 여러 측면, 특히 탄수화물 갈망을 줄이는 데 유익한 것으로 나타났다. 진녹색 잎채소에 풍부한 무기질인 마그네슘 부족도 우울증과 관련된다. 이 연구는 복합 비타민제와 무기질제만으로도 건강한 성인의 기분과 인지가 크게 향상된다는 점을 고려해, 낮은 사회경제적 지위로 인해 그동안 그런 보조제를 섭취하지 못했던 사람들이 꼭 섭취할 필요가 있

Zoom-in

비디오 게임과 과도한 칼로리

주야장천 비디오 게임을 하는 사람들은 비만 가능성이 두 배로 높다. 캐나다의 연구자들은 비디오 게임이 비만을 부르는 이유가 가만히 앉아 있는 것 외에 또 있음을 확인했다. 2011년 〈미국임상영양저널*American Journal of Clinical Nutrition*〉에 실린 연구에서 온타리오 주 오타와의 연구자들은 하루에 한 시간씩 2회 비디오 게임을 하면 칼로리 섭취가 증가한다고 보고했다. 비디오 게이머들은 소모된 에너지를 보충하고도 과외로 163칼로리나 더 섭취한다. 어떤 특별한 식욕과 관계없이 음식 섭취가 증가한다. 같은 해 〈미국영양협회저널〉에 실린 다른 연구에서 다트마우스 의과대학의 연구자들은 스크린 앞에 있으면 스낵은 자주 먹는 반면, 브로콜리나 케일은 거의 안 먹는다는 사실을 발견했다. 이럴 경우 건강에 안 좋은 소금과 고당분을 섭취할 가능성이 아주 높다.

음을 강조했다. 인지적 요구가 높은 과제를 수행하는 건강한 성인이 복합 비타민과 무기질 보조제를 복용하면 피로, 기분, 인지 수행이 개선될 수 있다는 내용의 연구도 존재한다.

완전 식품 보조제

완전 식품에서 추출한 보조제, 즉 수분을 제거하고 파우더 형태로 된 식품에 관한 연구는 대부분 실험 단계이다. 10여 편의 국제적 연구에서는 사과에서 울금에 이르는 영양 보조제가 여러 동물의 만성 스트레스, 우울, 불안에 긍정적 영향을 주는 것으로 나타났다. 3000년 이상 인간이 섭취한 코코아 음료의 핵심 성분인 코코아 항산화제가 기억, 반응시간, 기타 인지 요소를 개선한다는 인간 대상의 연구들이 존재한다. 오랫동안 우울 예방 및 인지 감퇴 예방과 관련된 것으로 알려진 녹차의 항산화 성분이 플라시보 캡슐보다 더 피험자의 기분을 개선시켰다. 인간을 대상으로 한 다른 소규모 연구에서는 항산화제가 풍부한 사과 주스나 포도 주스로 기분과 인지가 향상되었음을 제시했다. 일부 연구가 존재하긴 하지만, 실제의 완전 식품 보조제를 활용한 인간 대상의 연구를 찾기는 어렵다. 가령, 2004년 〈캐나다 영양 실제와 연구Canadian Journal of Dietetic Practice and Research〉에 실린 한 연구에서는 녹차, 곡류, 베리, 포도, 식용 해초를 비롯한 24종의 식물추출 혼합물로 그린 플러스를 받은 제뉴인헬스Genuine Health의 제품을 건강한 성인 여성이 섭취하자 에너지와 활력이 향상된 것으로 나타났다. 최근 멜론에서 추출한 항산화제가 삶의 질, 정신 상태, 인지 수행, 조급증, 스트레스 인식 개선에 기여하는 것으로 나타났다. 프랑스 멜론에서 추출한 보조제는 천연 항산화 슈퍼옥시드 디스무타아제SOD의 함유량이 높아 특히 부패 예방에 아주 효과적인 것으로 보인다. 흥미롭게도 SOD는 우리를 보호하는 항산화 효소로, 심리적 스트레스와 정신 장애가 있으면 현저히 감소된다. 각 성분에 대한 연구와 완전 식품에서 추출한 혼합물에 대한 연구로부터 영양 보조제가 정신 건강과 인지에 중요하다는 점을 알 수 있다.

자연 식품 위주의 식사에 함유된 각 요소를 보조제 형태로 섭취해서 플라시보보다 더 나은 정신적 혜택을 얻었기 때문에, 이들 완전 식품의

Zoom-in

음식과 범죄

캘리포니아 의사회의 부회장인 피터 C. 레먼디노Peter C. Remondino는 범죄가 어느 정도는 부적절한 영양 때문이라고 확신했다. 오프라 윈프리와 오즈 박사 외에 아마존닷컴의 900권 이상이나 되는 책이 이 주제에 관심을 갖기 전부터 이 의사는 지중해 기후와 지중해 식사가 건강에 유익하다는 글을 많이 썼다. 올리브 오일을 섭취하면 불안이 감소하고 친사회적 행동이 촉진된다는 사실을 발견하기 약 1세기 전인 1891년에 그는 다음과 같은 글을 썼다. "국가에서 이 실험을 시도하고…… 몇 갈론의 올리브유를 구입하면 스톡톤과 내퍼의 정신병원에 있는 환자들이 줄어들 뿐만 아니라, 풀섬교도소와 산퀀틴 교도소에 수감자가 넘치지 않을 것임을 확신한다."

100년 후 옥스퍼드대학교의 연구자들은 매일 복합비타민과 생선유를 함께 복용한 성인 범죄자 231명의 행동 변화(플라시보와 비교)를 연구하였다. 약 4개월 후에 실험 집단의 심각한 범죄가 37%(플라시보 집단은 10% 감소)나 감소했다. 최근 221명의 성인 범죄자를 대상으로 한 네덜란드의 연구에서는 그 연구 결과의 핵심 내용을 지지했다. 즉, 복합비타민과 생선유(EPA/DHA 800mg)를 함께 복용하자 실험 집단에서는 범죄가 34% 감소하고 통제 집단에서는 14%가 감소한 것으로 나타났다.

미국 국립건강연구소의 조지프 히벨른 박사는 오메가-3 지방산을 더 많이 복용하는 국가일수록 살인율이 낮다고 보고했다. 그의 추수 연구에서는 서구 국가에서 리놀레산을 과잉 섭취할수록 살인율이 증가한다고 제시했다. 혈액 검사에서는 폭력적인 범죄자들의 혈중 오메가-3 지방산이 낮게 나타났으며, 3000명 이상의 젊은 도시 남성을 대상으로 한 연구에서는 낮은 오메가-3 섭취가 적대적 행동을 예측하는 것으로 나타났다. 낮은 혈중 오메가-3 수치는 잔인한 방법을 통한 자살과도 관련되었다.

그 다음에는 설탕에 대해 살펴보기로 하자. 1만 7000명을 대상으로 한 영국의 코호트 연구에서는 10세 아동이 먹은 총 설탕과자(가령, 캔디)를 조사했다. 수십 년 후의 추수 연구에서는 어려서 설탕을 많이 섭취했던 사람들(34세가 됨)이 난폭한 범죄를 범하는 경향이 의미 있게 높았다. 연구자들이 가족 수입, 양육 방식, 교육 수준 등 많은 변인을 통제한 후에도 그 영향은 여전했다.

오케스트라 효과를 다 활용하면 어떻게 되는지 충분히 짐작할 수 있다. 이런 상황에서는 울금 보조제가 동물의 우울증을 개선시킨다거나 포도의 레스베라트롤이 쥐의 뇌 노화를 둔화시킨다거나 블루베리가 늙은 실험용 쥐의 인지 결함을 없앤다는 등의 동물 연구가 필요하지도 않다. 그런 환원론적 연구를 수행한 지는 이미 10년이 넘었는데, 우리는 그 결과를 활용해 자신의 구원투수인 특정의 브레인 푸드나 자연 식품 추출물이 있다고 흥미 있는 추론을 해보곤 한다. 하지만 영양소가 뇌에 미치는 영향은 아주 복잡해서, 각 영양소가 주는 영향의 합보다 여러 영양소의 복합적인 보호 효과가 더 강력한 것으로 부각되고 있다. 브레인 파워를 높이는 다양한 식품이 있고 이들 영양 성분이 오케스트라와 같은 방식으로 협력한다는 1800년대 후반의 이론이 점점 명확해지고 있다. 이제는 완전 식품이나 적어도 완전 식품 보조제에 대한 그간의 연구 방식을 임상 중재 연구로 전환할 필요가 있다. 기존의 인간 대상 연구는 오늘날 우리의 영양 패턴에 상당히 문제가 있음을 분명히 제시하고 있다.

영양·생태심리학

> 신체적이든 정신적이든 우리의 에너지와 웰빙은 식사의 성분과 질에 크게 좌우된다. 바다와 육수陸水에서 나오는 생선과 기타 식품을 제외하면, 곡물이든 채소든 식물을 먹이로 삼는 동물의 고기든 젖이든 다 흙에서 얻는다. 인간은 자연을 알고 존중해야 한다.
>
> – 미국 국가교육협회, 1951

생태심리학은 지구 자체의 건강이라는 맥락에서 인간의 건강을 보는 신생 학문으로, 인간과 지구가 서로 분리될 수 없다는 개념을 수용하고 있다. 이 분야에서는 영양이 중요한 요소다. 생태심리학을 영양·생태심리학으로 재개념화할 수 있는데, 그 이유를 몇 가지 제시하면 다음과 같다.

- 긍정적 정서는 환경 차원의 책임 있는 행동을 촉진하며, 영양 패턴은 정서에 영향을 준다.
- 출생 전의 영양 상태가 이후의 생태심리학 측면에 영향을 줄 수 있다. 임신이나 모유 수유 동안 섭취한 식품이 평생 개인의 섭식 패턴과 맛 선호도(지역의 전통적인 식사에 맞춰질 뿐만 아니라)를 결정할 수 있다. 다소 충격적인 2010년의 연구는 서구 식사로 인한 경미한 염증이 자녀에게 대물림될 수 있음을 제시했다. 임신 기간이나 모유 수유를 하는 동안 포화지방과 트랜스지방이 많은 식사를 하면 영아기 이후에 염증 유발 화학물질이 증가하고 행동 변화가 나타날 수 있다. 다시 말해 경미한 염증, 고도의 불안, 인지 결함의 발생 가능성이 높은 아이를 낳을 수 있다. 이제는 그 영향이 평생 지속될 수 있다는 사실을 잘 알고 있다.

- 서구 식사의 가공, 설탕 첨가, 가열, 동물사육 기법 등 모든 영역에서 서구 식사가 환경에 미치는 직접적인 영향은 농경지를 다 섭렵하는 콤바인(곡물을 수확하는 농기계)과 같다. 지중해 식사와 지역 고유의 식물 위주 자연식이 훨씬 더 환경 친화적인 것으로 나타났다. 2011년 환경 실무 그룹은 고기 없는 월요일이라는 캠페인으로 유명해졌는데, 그 캠페인은 길에서 760만 대의 차를 없애는 것과 같은 환경 효과를 줄 것이다.

- 과도한 기술, 자연과의 단절, 영양소는 밀접하여 분리하기가 불가능하다. 스크린 앞에서 시간을 보내면 고열량의 저영양 식품과 음료 섭취가 증가하는 것으로 나타났다. 언제 어디서나 접할 수 있는 스크린은 자연과의 단절을 촉진하는 강력한 유혹물이다. 스크린은 몸이든 마음이든 우리를 자연과 단절시키는 동시에 비만을 촉진한다.

- 의료인(건강한 개인과 지구라는 패러다임의 발판scaffolding을 지키는 사람) 자신의 건강이 질 높은 치료 능력에 영향을 준다. 2011년의 연구에서는 직장에서 의사의 영양 부족이 의사 자신의 건강과 직무 수행에 큰 타격을 주는 것으로 나타났다. 확실히 그런 연구 결과는 영양소가 모든 치료를 촉진하거나 방해하는 근원적 요인upstream factor임을 시사한다.

고비용 서양 식사

경제적 가치로만 본다면, 서양 식사는 저렴한 편이다. 패스트푸드점과 편의점에서 5달러 정도로 1500칼로리를 구할 수 있으니 말이다. 칼로리의 에너지원으로만 보면 포테이토칩의 가격이 생당근보다 80%나 저렴하다. 영양 보조제 공급과 같은 '보험 정책'의 혜택을 받을 수 없는 낮은 사회경제 계층에서는 건강에 좋은 식사가 더 필요한 상태인데도 그렇게 하려면 더 많은 비용을 지불해야 한다. 만성 질환, 특히 정신 질환은 재정적·신체적 에너지를 고갈시키는데, 그로 인해 편리하고 저렴한 칼로리가 그들에게 더 매력적으로 보이고, 결국 악순환에 빠져든다.

동물을 가두어 인공 식품으로 속성 사육하는가 하면, 음식의 영양소를 다 벗겨낸 다음 과잉 가공된 식품을 폼 나게 꾸미려고 일부 영양소를 재첨가하는 시스템 때문에, 경제 비용 외에 엄청난 환경 비용이 지불되고 있다. 달콤한 시리얼은 복합비타민 등을 첨가하여 그럴싸하게 만들어진 완전 가공 식품의 대표적인 예이다.

많은 대중매체에서 기사로 다루는데다 소비가 증가함에 따라 이제 유기농 식품이 북아메리카의 상품 진열대를 차지하게 되었다고 무심코 넘기곤 한다. 하지만 이는 현실과 거리가 멀다. 부자들 사이에 유기농 식품이 점차 인기를 얻고 있지만, 소매점에서 판매하는 식품의 96%가 비자연 식품이다. 적어도 유기농 식품이 당연히 주류가 될 것이라고 생각하기 전에 그 가격 격차를 줄일 필요가 있다. 유기농 식품의 가격이 높다는 점이 현재의 제약 요인이다. 완전 가공 식품을 공급하는 기업식 농업과 소비자의 단절을 없애야 한다. 대형 식품회사는 커튼 뒤에 있는 오즈의 마법사와 같아서 현 상태를 계속 유지하면서 무지한 대중에게 모든 환경 문제와 더불어 완제품인 서양 식사를 제공하려 한다. 〈우리가 세계를 먹이다*We Feed the World*〉와 〈식품주식회사*Food, Inc.*〉 등의 폭로성 다큐멘터리가 가끔 등장하고 있음에도 불구하고, 연구에서는 대부분의 일반인들이 커튼 뒤에서 무슨 일이 일어나고 있는지를 모르거나 알려고 하지도 않음을 지적하고 있다.

뇌와 지구에 적합한 식사

상황이 암울해 보이긴 해도 낙관적일 필요가 있다. 이런 문제를 해결하려면 복잡하지만, 자연과의 연결이나 천연 식재료를 활용함으로써 완전 식품으로 편의를 추구하는 유혹을 피할 수 있다. 낙관적인 관점에서 미국의 식품 쇼핑객들 중 50% 이상은 맛, 신선도, 건강, 식품 안전성, 식품의 유기성 등을 편의보다 중시할 것이다. 또 맥길대학교의 연구자들이 〈식욕Appetite〉에 보고한 연구에서는 자연 경관을 시각화하거나 자연 속에 있을 경우에 인공 식품에 대한 갈망이 감소될 수 있는 것으로 나타났다. 심지어 마음챙김하며 몇 분이라도 창문을 통해 자연을 바라보거나 스크린으로부터 벗어나 동물과 놀면서 자연 휴식을 취하면 갈망과 같은 악순환을 차단하기가 용이할 것이다.

활기를 찾은 농산물 직거래 장터, 공동체, 학교 정원은 사람, 농업, 식품의 원거리를 좁히는 데 이바지하고 있다. 미국에 있는 수백여 개의 대학 캠퍼스에서 지속 가능한 식품 프로젝트가 젊은이들의 마음을 움직이고 있다. 조지아 주 애틀랜타에 있는 에모리대학교의 인류학자인 페기 발렛Peggy Barlett 박사가 주장한 바와 같이, 이런 시도들은 폭넓은 변화의 산실이다. 가능한 한 자기 지역에서 자연 친화적인 제철 음식을 지속 가능하게 공급하는 것이야말로 공고한 발판을 마련하는 일이다. 기업체에서도 오전에 도넛을 가득 싣고 회의실로 가는 카트가 그들이 표방하는 소위 지속 가능한 녹색 운동과 맞지 않는다는 사실을 깨닫고 있다.

이는 '건강한 농업, 건강한 영양소, 건강한 사람'이라는 제1회(2010년) 국제컨퍼런스에서 훨씬 더 큰 지지를 얻었다. 그 컨퍼런스는 세간의 이목을 끌만한 과학적 공동 연구인데다 많은 국가의 대표들이 참여했다는 점에서 국제적 관심을 받았고, 생태학, 심리학, 영양소, 식품 공급, 도시 계획이 각기 전체의 일부로서 서로 밀접하다는 생각에 바탕을 둔 사명도 국제적 관심을 받는 데 한몫했다. 조직위원회에서는 "'건강한 농업, 건강한 영양소, 건강한 사람'을 홍보할 때 세 가지 각각의 개념이나 목표

Zoom-in

양식 연어, 스시, 환경

우리는 연어회 1인분을 크게 정당화하면서 생선에 함유된 오메가-3 지방산의 이점을 홍보했다. 하지만 2009년 미국 국립과학원 회보의 한 연구에서는 전 세계에서 생산되는 생선유와 어분의 88%가 양식업에서 소비되고, 스시로 판매되는 양식 연어 2파운드의 사료로 11파운드의 야생 어류(가령, 멸치류)가 소비되는 것으로 나타났다. 양식 연어와 야생 연어의 오메가-3 함유량은 비슷하지만, 양식 연어에는 현재 과도한 지방인 오메가-6가 훨씬 더 많다. 이는 영양·생태심리학에서 중요한 사안이다. 20세기 초의 섭취 패턴에 맞춰 전반적인 오메가-6 섭취량을 줄이면, 전 세계 어류 자원에 부담을 주지 않고도 상대적인 오메가-3 섭취량을 늘릴 수 있을 것이다. 더욱이 양식 어류의 환경 독소인 폴리염화바이페닐PCB에 대한 염려가 계속되고 있다. 지속 가능성만 유지된다면, 캐나다와 알래스카에서 캔으로 만든 야생 연어가 더 좋은 대안이다. 더 많은 정보를 얻으려면 www.seachoice.org를 방문하기 바란다.

가 아니라…… 하나의 통합 모델을 홍보하고 있지만, 건강한 사회와 환경을 지원하고 유지하는 전체의 핵심 부분을 홍보해야 한다"라고 말하고 있다.

서양 식사로 알려진 환경 독소를 억제하기 위해, 서로 긴밀히 얽혀 있는 정부, 영양학자, 회사의 연결고리를 끊으려는 긍정적 조치가 이루

'건강한 농업, 건강한 영양소, 건강한 사람'

어지고 있는 중이다. 이들 집단은 이해관계로 인해 잠재적 갈등이 많고, 합리적인 식품학자들은 그런 갈등을 견디기가 점점 더 어려울 것이다. 미국영양협회의 관심 있는 회원들은 자체적으로 '기아와 환경 영양 실무 그룹'을 구성해 거대한 식품 회사와 거리를 두고 있다. 반격이 일어나고 있으며, 이는 여러 가지 측면에서 초창기의 담배 반대 운동과 비슷하다. 북아메리카인의 반 이상이 흡연을 하던 몇십 년 전만해도 흡연율을 줄이겠다는 공중위생 과제는 진정 불가능해 보였다. 그러나, 아직도 흡연율이 높긴 하지만, 당시보다 50%나 낮아져서 담배 반대 운동 활동가들은 비교적 단기간에 변화가 가능하다는 생각에 동조하고 있다. 사람들이 일부 식재료를 재배·생산하는 데 직접 참여하면, 자연성을 이해하고 나아가 기업식 농업이라는 커튼 뒤에서 일어나는 일에 의문을 가질 것이다. 이제 그 커튼이 조금 걷혔고, 더 많은 식품 소비자들은 결코 마법사가 없음을 알아야 할 것이다. 오히려 커튼 뒤에는 담배 연기, 거울, 배우, 그 밖에 줄을 당기고 스포트라이트를 좌우하는 사람들이 모여 서양 식사라는 쇼를 연출하고 있다. 그 쇼가 계속되면 사람과 지구는 경미한 염증에 시달리게 된다. 영양소는 생태학과 심리학 사이의 중심축으로, 더 위험한 불길의 역류에 대처할 수 있는 잠재적 안전통행권일 수도 있다. 식품 선택이 생태학과 심리학에 어떤 영향을 주는지에 대한 좀 더 의식적인 이해, 즉 자연 접촉과 관심을 통한 더 깊은 이해를 촉구하는 것은 우리 자신과 지구를 괴롭히는 염증을 완화하는 데 도움이 될 것이다.

그러면 여기에서 말하는 자연의 치유력이란 무슨 뜻일까?
내 생각에 자연의 치유력은 혼잡하고 요란한 문명 때문에
시름시름 앓는 우리 인간에게 대자연이 부여해준 선물로,
삶을 유지하고 풍요롭게 하는 데 기여한다. 나의 첫 번째 요점은
인류와 대자연은 오랫동안 뿌리 깊고 폭넓은 관계를
유지해왔기 때문에 이를 간과하면 안 된다. 자연과 친밀함을 유지하면
'일상 생활의 정신병리가 줄어들 것이다.' 별이 쏟아지는 하늘의 장엄함,
산의 신비로움, 영원히 새로운 바다, 공중을 나는 독수리,
피어나는 야생화, 개의 눈에 담긴 표정에서 경이를 느끼지 못하면,
우리 스스로 아주 강력한 치유력을 포기하는 셈이다.

– J. 아서 톰슨J. Arthur Thompson 교수, 영국의학협회 연차대회의 기조연설인 '자연의 치유력', 1914

9

자연의 치유력

자연과 생태 치료의 치유력

자연의 치유력(라틴어로 '*vis medicatrix naturae*')에 대해 관찰하고 논의하려면 히포크라테스가 언급한 "자연이야말로 질병을 치료하는 의사다"라는 말로 거슬러 올라갈 필요가 있다. '*vis medicatrix naturae*'의 의미에 대한 해석은 무수한데, 그 이유는 '자연'이라는 단어 자체의 복잡한 정의로 인해 쟁점이 흐려졌기 때문이다. 많은 이들은 '*vis medicatrix naturae*'가 외부 요인에 의해 늘어날 수 있다고 생각하지만, 보통 'DNA에 새겨진 내부의 치유 반응'으로 정의해왔다. 가령, 피부의 상처가 스스로 재생하는 방식을 생각해볼 수 있다. 우리는 J. 아서 톰슨 교수가 언급한 "자연의 치유력은 우리 밖에 있는 자연과의 의식적인 몰입 및 접촉과 관련된다"는 말 그대로의 해석을 선호한다. 그래서 여기에서는 일단 자연을 경관, 소리, 향기, 식물, 동물, 안 보이는 치유제 등 비인공적이고 비합성적인 환경으로 정의한다. 히포크라테스의 생각대로 자연이 질병을 치료하는 의사라면, 많은 의료인과 보육자의 말대로 자연이 언제 아프고 신경쇠약을 겪는지에 관심을 가져야 한다. 그런데 보고에 따르면, 우리 지구의 의사인 자연계가 앓고 있고 심지어 신경쇠약 조짐을 보인다는 것이다.

생태정신의학과 생태심리학에서는 이런 환경 파괴 실태와 정신과의 관계를 조명하면서 그 해결책을 제시하고 있다. 종합적으로 이들 분야의 정신 건강 연구자들과 임상가들은 인간과 지구의 건강이 철저히 상호의존적이라는 것을 인정한다. 의사를 비롯한 모든 건강 관리 전문가들은 생태 치료를 수용하게 되었는데, 이 생태 치료에서는 다음의 두 가지 접근을 뇌 건강에 적용하고 있다. 생태 치료의 한 가지 측면은 의식적으로 자연과 상호작용하는 것이고, 다른 측면은 환경을 인식하고 이해함으로써 자연에 몰입하는 것이다.

생태 치료를 하려면 마음챙김이 요구된다. 즉, 아무런 의식적 사고 없이 억지로 자연에 돌아가는 활동이 아니다. 자연 접촉이 일부 향정신성 약물과 거의 비슷하게 우울과 불안을 억제하는 효과가 있다고 할지라도 자연을 남용하거나 당연시하면 안 되고, 자연을 진정으로 보살필 때에만 그로부터 혜택을 받을 수 있다는 사실을 알아야 한다. 생태심리 치료에서 환경 인식은 캔을 재활용하거나 생태 가방을 소지하는 것 이상을 의미한다. 그런 것들이 중요한 요인이긴 하지만, 자연의 치유력을 꾸준히 유지하려면 훨씬 더 심도 있는 접근이 필요하다. 결국 생태 치료 시스템은 대나무로 감싼 '녹색' 스마트폰으로 로키 산을 몇 장 찍은 다음 베가스로 자동차 여행을 떠나는 정도의 문제가 아니다. 환경연구 전문가인 로버트 마이클 파일Robert Michael Pyle이 말한 대로, "사람들이 고급 호텔에 묵으면서 시트 하나를 두 번이나 사용했으니 환경보호 활동가의 책임을 다했다고 생각한다면 역효과가 나타날 수 있다."

자연 주변에만 있어도 치료 효과가 나타날 수 있으나, 자연과 의식적으로 상호작용해서 그 혜택을 늘려야 한다. 전자기기를 끄고 자연의 존재 안에서 마음챙김하며 몰입하고 정서적으로 회복되는 진정한 자연 접촉이 환경적 관심을 심화시킨다는 희소식이 있다. 초록 운동 처방과 같은 생태 치료 처방은 상호적인 선순환 속에서 녹지에 대한 관심과 전반적인 환경의 건강을 높인다.

아래에서도 살펴보겠지만, 야외에서는 자연의 치유력과 같은 환경의 직접적인 영향 덕분에 훌륭한 임상가의 능력이 촉진될 수 있다. 의료인들이 자연 환경에서 회기를 진행할 때 녹지가 치료 효과를 촉진하는 이상적 환경이라는 사실이 점차 명료해지고 있다. 이 책을 마무리하는 이 장에서는 가상 자연의 문제점, 즉 마이크로칩을 통한 자연, 플라스틱 나무, 더 많은 자연 배경화면이 자연 결핍에 대한 생태적 해결책이라는 구조적 전제를 비판하면서 1장에서 시작된 논의를 마무리하기로 하겠다.

북아메리카의 생태심리학 역사

북아메리카의 의료사 기록 보관소에는 저명한 의사와 과학자들이 자연 접촉의 치료적 특성을 앞다투어 인정하는 글이 많다. 이는 자연을 외면하면 정신 건강에 문제가 생긴다는 개념을 폭넓게 수용하는 것으로 해석할 수 있다.

1875년 미국공중위생협회의 연설에서 의사 프랭클린 B. 호프Franklin B. Hough는 원시림 보존과 새로운 숲 조성이 공중 위생의 최대 관심사인데,

이는 "숲이 마음에 상쾌함과 평정심을 주고, 특히 정신 노동으로 지치거나 병으로 요양 중일 때는 더 그렇기 때문이다"라고 말했다. 1914년 '자연의 치유력'이라는 연설에서, 톰슨은 "도시가 대부분이던 번영기에 이르러 우리의 자연 접촉이 사라진 듯한데, 이는 매일 외출하는 아동에게도 해당된다. 하루, 1년, 그리고 오랜 세월 동안 아동이 본 것이 아동의 일부가 된다"라고 말했다. 1년 후 뉴욕의 정신과 의사인 앨버트 W. 페리스Albert W. Ferris는 미국임상심리협회 연차대회에서 국가가 꾸준히 심혈을 기울여 '새러토가 스프링스Saratoga Springs(뉴욕 주에 위치한 휴양지-옮긴이)'를 보존해야 한다고 주장했다. 즉 "숲이 우거진 개울, 양치 식물로 뒤덮인 강둑, 맑은 연못, 모래 깔린 해안선, 그늘이 드리워진 골짜기, 양지 등이 서로 조화를 이루어 과민한 환자나 불행한 환자에게 다양성, 흥미, 평온, 만족감, 실존의 기쁨을 안겨준다."

펜실베이니아 공립학교의 교육감인 레스터 K. 에이드Lester K. Ade 박사는 아동의 자연 접촉 부족과 환경 파괴라는 두 가지 문제에 관심이 있었다. 1937년 그는 "오늘날의 산업 발달로 숲, 강, 들판 등 여가를 보낼 수 있는 많은 자연 시설이 파괴, 오염 및 혼잡을 겪고 있다. 현대 생활의 스트레스로 인해 청소년들과 성인들이 인공적인 오락으로 내몰리고 있다. 대부분 인공적인 오락에 의지하는 이유는 중요한 두 가지 상황 때문이다. 첫째로는 자연을 체험하면서 여가를 보내기가 쉽지 않기 때문이고, 둘째로는 상업적 오락을 제공하는 이들이 수익을 추구하기 때문이다."

보존, 기술, 녹음된 오락, 감소하는 자연 접촉, 젊은이들의 자연 결핍으로 인한 두려운 미래, 전반적인 정신 건강에 주는 시사점 등 상호적인 모든 사안을 중심으로 의사, 교육자, 과학자들은 더 나은 미래를 위해 논의를 하곤 했다. 하지만 과학적 신뢰성이 없는 논의만 존재했을 뿐이다. 정신과 의사와 심리학자들이 정통 과학계에 활기를 불어넣긴 했지만, 적어도 환경 친화적인 맥락에서, 자연의 치유력이라는 개념은 과거의 기억에서 곧 잊혀졌다. 과학적 신뢰성을 추구하는 전문 분야에서 그런 연성 개념soft notion이 역사의 뒤안길로 사라지는 것은 당연했다. 북아메리카의 유명한 심리학자이자 컬럼비아대학교 교수인 에드워드 손다이크Edward Thorndike는 식물의 사랑은 "터무니없고 짓궂은 우상 숭배"이고 동물은 "동물에 대한 우리의 감정에 따라 전혀 영향을 안 받는다"고 말하면서, 인간이 아닌 자연계 거주자와의 정서적 유대에 대해 대화하거나 가르치길 꺼렸다. 그는 스스로를 자연주의자라고 일컫는 의사들을 경멸하면서, 그런 의사들은 '사람들이 자기 애인을 심리적으로 해석한 것처럼 그들이 동물을' 심리적으로 해석한 것뿐이라고 말했다. 심리학자들에게 대대로 영향력을 발휘했던 손다이크는 "나방을 모으고, 새 알을 훔치고, 등을 찌른 뒤 아등바등하며 몸을 가누는 운 나쁜 게를 넋 놓고 바라보고, 장난감 동물을 재조립하려고 분해하는 아동은 벌레를 아끼고 소중한 나무를 보살피는 감상적인 자연 공부를 통해 나온 고상한 산물이 아니라, 과학적 접근에 가깝다"라고 말했다.

손다이크의 주장을 추종한 나머지 학계에서는 긍정적인 정신 건강을 위해 식물이나 동물과의 정서적 유대가 중요하다거나 동물과 식물이 그들에 대한 우리의 감정에 따라 크게 달라진다는 생각에 대해 수십 년 동안 침묵해왔다. 동물이나 식물의 운명은 그들에 대한 우리의 감정에 따라 달라지고, 나아가 우리에게도 영향을 준다. 심리학자와 의사들이 자연의 치료적 효과를 깨닫고 활발히 활동하기까지는 수십 년이나 걸렸다. 손다이크의 '뒤집혀 아등바등하는 게'를 보고 공감을 느껴 바로 세워준 아동에게 지구를 과학적으로 구하는 길이 있다는 사실을 깨닫기까지 말이다. 이를 거리낌 없이 말했던 몇몇 저명한 정신과 의사로는 미국의 J. 버클리 고든J. Berkeley Gordon과 칼 메닝어Karl Menninger, 그리고 캐나다의 윌리엄 C. 깁슨William C. Gibson을 들 수 있다. 그들의 논평은 주목할 만한데, 그것은 제약회사들이 정신의학을 주도할 때 그런 논평을 할 정도로 그들이 과감했기 때문이다. 그 당시 녹색에 대한 논의는 비과학적일 뿐만 아니라, 정신의학이나 심리학 집단과 동떨어진 것으로 여겨졌다.

1952년에 쓴 '야생지의 정신의학적 가치The Psychiatric Values of Wilderness'라는 글에서 고든은 상부상조하는 생태 치료의 핵심을 포착했다. 여기서의 생태 치료란 자연 자체가 지닌 취약성을 이해하고, 나아가 정신 건강을 위한 예방의학으로서 비용 효율이 높은 '자연 몰입'을 권하는 것이다. 생태 치료는 "정신 질환을 예방할 수 있고 초기 단계의 정신 질환까지 치료할 수 있는 아주 유쾌하고 저렴한 방법이다. 정신 질환이 발병할 때까지 기다리지 말고 야생 지역의 키 큰 나무, 호수와 강, 산이 주는 평화와 평온을 찾아 자주 방문한다면 말이다. 우리는 자연 자원에 대해 근시안적이고 파괴적인데, 이는 자연 자원이 무궁무진해 보이기 때문이다. 하지만 자연 자원은 결코 무궁무진하지 않다."

메닝어는 환경이 정신 건강에 미치는 영향이라는 주제로 많은 글을 썼고, 1959년에는 계획 중인 국가야생법안을 논의하는 미국 의회에 그의 연구를 보고했다. 그는 "인간이 아닌 자연과 접촉을 유지하는 것은 또 다른 심리적 욕구다. 아마 가장 손쉬운 방법은 애완동물과의 접촉이다. 다소 인공적이긴 하지만, 나무, 꽃, 관목, 잔디, 호수, 개울 등 접근 가능하고 잘 보존된 공원의 유쾌함도 한 예이다. 내 생각에는 아동과 성인의 정신 건강을 위해서는 농장이나 야생지(혹은 야생지에 가까운 곳)와 같이 더 넓은 비도시 지역에 가야 한다." 그는 계획성 부족과 그로 인한 부정적 영향을 논의하면서, "그렇게 실패한 이유 중 일부는 전임자들의 비전 부족 때문이다. 그들은 국립공원이 현재의 10배 정도 필요할 것을 예측하지 못했다. 결국 그들은 야생지 설립을 지금까지 미루어온 셈이다. 그들은 우리가 필요로 하는 도시 공원의 10분의 1도 제공하지 못했다. 그들은 각 개인에게 프라이버시가 사교적 접촉 못지않게 중요하다는 생각을 못했던 것이다."

1965년 브리티시컬럼비아대학교의 정신과 의사이자 신경학 교수인 윌리엄 C. 깁슨은 '정신의학의 필수품인 야생지'라는 강의를 진행했다. 그 강의에서 그는 야생 보존과 공원 개발의 필요성을 역설했다. "정신과 의사인 내 생각에 야생지와 공원의 치료적 가치는 확실하다. 런던공원은 한때 '시민의 허파'로 불렸다. 오늘날 우리는 아주 공공연히 미국의 공원이야말로 우리가 지닌 가장 큰 정신 건강 지킴이라고 외쳐야 한다."

결국 1970년대 초기에 심리학자와 정신과 의사 소모임에서 현대의 생태정신의학과 생태심리학 운동이 불붙기 시작했다. 최초의 생태정신의학 워크숍은 1974년 미국정신의학협회 연차대회에서 이루어졌다. 그 행사에서는 다음과 같은 말로 참여를 촉구했다. "인구 증가, 오염, 부적절한 환경 자원이 삶의 질, 정신 건강, 인간의 상호작용에 영향을 주고 있다. 인간이 지구를 잘 지키지 못해 생긴 정신 질환 관련 지식 분야뿐 아니라, 정신병리학의 원인을 환경 요인에서 찾는 생태정신의학 방법론에 대해 논의할 것이다."

정신 질환은 인간이 지구를 잘 관리하지 못해 발생한 것인가? 마침내 지구 관리에 진전이 보이고 있다. 세계정신건강협회의 모임에 이어 생태정신의학과 관련된 많은 심포지엄을 조직한 뉴저지의 정신과 의사인 아리스티드 H. 에서Aristide H. Esser는 생태정신의학 연구를 다음과 같이 정의했다. "생태정신의학자는 인간-환경 관계의 문제로 인한 정신의학 증후학에 관심을 갖는다. 이런 시도에서 생태정신의학자는 마음을 가다듬고 환경을 조정하는 데 필요한 다학문적 통찰을 활용해야 한다."

비슷한 시기에 유럽의 심리학자들은 '생태심리학'이라는 용어를 창안한 후, 인간의 정신 건강, 현대의 생태학적 문제, 새로운 보존 노력 간의 상호작용에 대한 관심을 표현했다. 더욱이 인터넷과 스마트폰이 나오기 몇십 년 전에 독일의 생태심리학자인 레넬리스 크루제Lenelis Kruse와 카를 그라우만Carl Graumann은 컴퓨터가 편재화遍在化되고 많은 새로운 매체가 밀려와 정보 과부하가 심각해지면서 스크린 기반 오락물에 끌리는 유혹에 빠질 것이라고 예측했다. 이러한 유럽의 생태심리학자들은 시대를 앞서고 있었던 것이다. 그들은 기술 과부하와 환경 부하 모두 개인의 정신 건강 및 심리와 큰 관련이 있다고 생각했다. 결국 그들이 옳았고, 이후 1980년대 북아메리카의 심리학자들에게 생태심리학이라는 개념을 소개하였는데, 이는 전문적 관심이 싹트는 데 절실한 기폭제 역할을 했다. 생태심리학과 생태 치료에 대한 글과 컨퍼런스가 더디지만 충실히 늘어갔다. 그럼에도 불구하고 그 일은 결코 하룻밤 사이에 일어나지 않았고, 2009년에야 처음으로 동료평가 저널인 〈생태심리학Ecopsychology〉이 등장했다. 그간 과학계에서는 체계화된 저널이 없다는 이유로 이 분야를 하나의 학문으로 인정하지 않았다.

그래서 몇십 년 전에 이미 대규모의 전면적인 전문적 지지를 받았을 법한 그 운동이 이제야 겨우 올챙이 수준의 유아기에 들어섰다. 사실 의료인들은 기존의 정신 병리만 다루지 않는다. 해당 분야가 훨씬 더 광범위해서 그들은 긍정적인 정신 건강을 안내하는 전문적 안내자이자 예방의학의 문지기 역할을 하고 있다. 정신의학과 심리학 강의는 대중과 지

Zoom-in

인조 경관과 소비

뇌가 자연의 영향을 받는다는 점을 활용하는 이들도 있다. 심리학자들은 소비를 극대화시키기 위한 마케팅 전략을 개발하여 많은 돈을 벌곤 한다. 소매점 환경은 본래 암울하다. 우울 비율과 토지 이용도를 비교한 대규모 연구를 보면 인공적인 환경 외에 소매점의 토지 이용도 비율이 우울증의 발생 가능성을 높이는 것으로 나타났다. 긍정적으로, 녹지는 소매점의 토지 이용도와 우울증의 부정적 관계를 완화시킨다. 소매점 환경을 화초로 꾸미는 것은 얼핏 이해가 간다. 마케팅 전문가들은 소비자들의 기분이 안 좋으면 소매영업이 감소할까 봐 불안한 나머지, 오랫동안 조명, 아로마, 음악, 색깔 등 기분과 관련된 소비를 높이기 위해 온갖 방법으로 환경을 꾸며왔다.

2007년 비엔나 경제경영대학교의 레나테 부버Renate Buber 박사는 소위 진화론에 따른 점포 디자인, 즉 물, 식물, 동물 등 자연 요소를 도입한 소매점 디자인의 부정적 측면을 발견했다. 확실히 수익 면에서 자연 요소를 도입한 것은 좋은 아이디어다. 하지만 진화론에 따른 점포 디자인이 패스트푸드점에 인접해 있다면 어떤 일이 생길까? 부버 연구팀은 물, 식물, 인조 동물(통제 집단은 나무 기둥)을 배치해 진화 변인을 조작한 후 56일 동안 쇼핑몰의 소비자 패턴을 측정했다. 자연 요소는 마케터가 바라는 모든 것을 다 해주었다. 즉, 자연 요소로 인해 쇼핑객들의 발걸음이 느려지고 특정 장소에 더 오래 머물렀으며 무엇보다도 패스트푸드 매장의 판매가 의미 있게 증가했다. 이제 소비자들은 이런 인공 경관 뒤에 뭐가 인접해 있는지를 알아차려야 한다.

구의 건강에 아주 유익하고, 우리들 모두에게 중요하다. 간접적으로는 일상 생활 및 생활 양식과 관련해 조언을 하는 현장의 다른 건강 지킴이인 가족 주치의들에게 엄청난 영향을 미치고 있다. 훼손된 자연 환경으로 인한 자연 자체의 경미한 염증은 인간의 경미한 염증으로 표출된다. 실제로 산업화 이후에 탄광의 카나리아가 비만, 스트레스, 정신 장애를 크게 겪었다는 사실은 널리 알려져 있다. 오스트레일리아의 예방의학 전문가인 개리 에거는 우리가 카나리아를 살리려는 고상한 노력에는 시간과 자원을 투자하면서도 정작 광산의 갱도를 청소하는 데에는 전혀 신경쓰지 않는다고 말했다.

여기에서 중요한 문제는 '왜 그렇게 오래 걸렸는가?'이다. 우리가 앞에서 제시한 인용문들은 초창기 환경 관리와 정신 건강의 상호 관련성을 인식한 옹호자들의 주장이 왠지 제 기능을 못했음을 보여준다. 시간을 낭비하게 한 몇몇 요인으로는 정치적·재정적 원인, 기술에 대한 자만심, 환원론자의 과학적 접근, 약물 선호, 과학과 공감은 별도라는 견해, 이윤을 추구하는 사업 관계자(편재하는 스크린과 종합적인 오락물에 행복이 있다고 주장하는 이들)를 들 수 있다. 이것들 모두 여전히 그 영향력을 행사할 뿐만 아니라, 단연코 이전보다 더 강하다. 최근의 생태심리학 발전이 고무적이긴 하지만, 모든 게 잘 되고 있다거나 직업적·개인적으로 자만할 위험이 없다고 생각한다면 이는 정말 안이하기 짝이 없다. 우리는 정신과 의사가 환자와 대화 치료를 하느라 시간을 들이고 있다고 추측하지만, 연구에서는 지난 10년간 그런 치료가 큰 감소세를 보인 것으로 나타났다. 더욱이 생태심리학에 대한 최근의 관심은 은연중에 소비자심리학자(자연이 결핍된 식품, 화학물질이 첨가된 제품, 불필요한 물질로 가득 찬 정크푸드를 구입하도록 촉구하는 방식을 회사에게 가르치는 사람들)들이 실제로

자연을 진정으로 보살필 때에만 그로부터 혜택을 받을 수 있다.

할 일이 없을 것이라는 인상을 준다.

새로운 심리 치료실

인간과 자연의 상호 유대에 대한 생태심리학의 메시지 덕분에 일부 의료인들은 자연 요법을 처방할 뿐만 아니라 멋진 야외에서 일하게 되었다. 이는 지정된 공원, 수목원, 식물원, 대도시 녹지에서의 모임을 의미하지만, 치료실 밖의 정원도 포함된다. 야생지와 기타 자연 환경은 1950년대 이래 집단 심리 치료(캠프 치료에 통합되어)에 유익한 것으로 여겨졌고, 지금은 개인 상담에도 활용되고 있다.

2009년의 〈정신의학연구*Psychiatry Investigation*〉에 실린 한 연구에서 연구자들은 중등도 우울증 환자moderate depression와 심각한 우울증 환자 63명을 대상으로 한 한 달간의 치료를 보고했다. 환자들은 병원(첫 번째 집단)이나 숲(두 번째 집단)에서 1주에 1회 인지 행동 치료를 받았고, 세 번째 통제 집단은 지역 사회에서 표준의 외래환자 진료를 받았다. 숲 집단에서는 전반적인 우울 증세가 가장 의미 있게 줄었고, 완치 가능성이 비교적 높았다. 약물만 복용한 집단보다 대개 20~30%가 더 높을 정도였다. 또한 숲에서 치료를 받은 이들은 스트레스 호르몬인 코르티솔 수준, 심박변이 지수, '휴식과 소화'를 담당하는 부교감신경계 등 생리적 스트레스 지표가 훨씬 더 크게 감소했다. 연구자들은 심리 치료 환경이 단순히 장소에 그치지 않고, 치료 자체의 일부가 될 수 있다는 결론을 내렸다. 그 결과는 자연의 치유력을 입증한 것으로, 자연 환경에서 이미 심리 치료를 진행 중인 생태심리 치료자들의 주장을 지지한다.

날씨만 허용한다면 자연 환경에서 진행되는 상담 회기는 녹지가 주는 기분 조절과 인지 촉진 그 이상의 혜택을 준다. 스트레스 감소로 인지 기능이 향상되고, 자연 환경이 주의 피로를 줄여 유능한 치료자의 치료 효과를 높인다. 회기에 산책이 포함될 경우에는 환자들이 신체 활동으로 인한 혜택도 받는다. 자연 환경에서는 상담 전이나 상담 중 또는 상담 후에 마음챙김, 명상, 기타 심신 기법을 활용할 기회가 많다. 더구나 일부 환자들은 그들이 의료인에게 치료를 받으러 간다는 사실이 바로 노출되는 정신과 병동에 가지 않기 때문에 좋아한다. 물론 친구와 함께 걷고 대화하는 모양새의 녹지 상담이 불명예(정신 치료에의 접근성을 방해하는 주된 요인)를 해소하는 만병통치약은 아니다. 하지만 정신 치료가 절실한 이들이 병원에 가는 것을 너무 부담스러워하기 때문에 일부 회기를 병원 밖에서 진행해 좀 더 편안함을 준다면 의미 있는 변화가 나타날 것이다.

비타민 G 처방

지난 40년 동안 영양 사전에는 비타민 G가 리보플라빈 또는 비타민 B_2라고 공식적으로 등록되어 있었다. 그러나 2006년 독일의 건강과학자인 페터 그뢰네베겐Peter P. Groenewegen 등은 널리 활용되고 있는 녹지의 치료적 효과를 일컬어 '비타민 G'로 명명했다. 1차 진료 담당 의사, 정신과 의사 및 기타 의료인들은 이제 도시 녹지, 정원, 수목원, 숲에서 시간을 보내고 운동할 것을 제안하는 비타민 G 처방을 시작하였다. 연구에서는 스트레스에 지친 성인에게 직접적인 비타민 G 처방이 필요한 것으로 나타났다. 이는 스트레스 상태일 때 비타민 G의 혜택을 가장 많이 받을 수 있기 때문이다. 하지만 그들은 처방받지 않으면 휴양림에 갈 가능성이 가장 낮은 사람들이다.

아주 재치 있는 처방자들은 구체적인 처방, 즉 걷기, 하이킹, 정원 관리뿐 아니라, 녹지에서 고독과 명상을 맛볼 기회를 제공했다. 비타민 G 처방은 보통 개인이 거기에 온전히 존재하면 자연의 혜택이 커진다는 것을 강조하는 마음챙김 교육과 함께 주어졌다. 결국 공원을 산책하더라도 스마트폰 스크린에 빠져 있으면 비타민 G가 결핍될 수 있다는 말이다.

플라스틱 나무와 플라스마 스크린

1970년대에는 플라스틱 나무가 자연을 보존하는 방법으로서 경제적 득실trade-off이 될 수 있다는 의견이 제기되었다. 다시 말해, 플라스틱 나무가 실제로 공기를 정화시키지는 못해도, 분위기를 조절해 만족감을 주고 나아가 실제 자연 지역을 유지하는 데 필요한 재정적 부담을 줄여준다는 것이다. 1973년 미국의 도시 계획자인 마틴 H. 크리거Martin H. Krieger는 권위 있는 잡지인 〈사이언스Science〉에서 "많은 사람들에게 플라스틱 나무류로 자연을 체험한다는 느낌을 충분히 줄 수 있다"고 말하면서, 기술을 잘 응용해 인공 야생지를 만들 수 있다고 주장했다. 즉, 플라스틱 산업에서는 모든 대도시 지역에 대나무 정원과 거대한 세쿼이어의 이미지를 담아 꼭 그렇게 진행해야 한다는 것이다. 이 말은 영향력 있는 대도시 계획자의 말로, 가게 창문만 꾸미라는 말이 아니라서, 그의 말대로 한다면 엄청난 양의 플라스틱이 필요할 것이다. 예상대로 생태학자들은 그 말을 거부했다. 특히 휴 H. 일티스Hugh H. Iltis 박사는 "기술이 인간과 자연에 가져올 악몽과 같은 미래를 조망해보려면 크리거의 글을 다 읽어야 한다. 만약 먼 훗날 기술 혁신이 가져다준 싱크대의 음식찌꺼기 처리기로 자연을 다 분쇄해버린 후, 대부분의 자연 요소들이 필수적인 유전적 욕구라는 게 밝혀지면 어떨까?" 하고 말했다.

자연주의자와 생태학자들의 거센 반발이 있었으나, 환경 보존이라는 근사한 말로 포장해 우리를 만족시키는 플라스틱 케이스와 실리콘 칩의 매력을 결코 멈출 수가 없었다. 환경보호를 위해 플라스틱과 가상 자연을 제공하여 실제의 자연을 차단한다는 논리는 말도 안 된다. 실제의 자연과 평생 접촉해야 친환경적인 행동과 자연 복지가 가장 촉진된다는 많은 연구를 통해 플라스틱 주장에 담긴 오류가 적나라하게 드러났다. 매년 국립공원과 주립공원 방문자가 줄어든다고 기뻐하는 것(공원의 인구수 감소가 자연 보존에 널리 기여한다는 또 다른 오류)도 그와 똑같은 오류이다. 얼마나 터무니없는 일인가! 오히려 진짜 기뻐할 사항은 적절히 마음챙김(앨도 레오폴드Aldo Leopold는 이를 '인식'이라고 말함)을 하면서 국립공원이나 지방 도시의 숲과 녹지에 가는 사람들이 더 증가했다는 뉴스일 것이다. 그가 말한 대로, "인식은 어떤 자원을 소비하거나 가치를 저하시키지 않는다는 현저한 특징이 있다. 가령, 매의 급강하는 진화의 드라마로 인식된다. 인식 촉진이야말로 휴양 공학recreational engineering에서 정말 유일하게 창의적인 부분이다."

당연히, 지역을 엉망으로 만들 뿐인 원거리 여행자들이 더 필요하지도 않고, 수렵 기념사진을 찍으려고 하늘을 비행하면서 동물의 스트레스 호르몬 수준을 높이는 소란한 여행자들도 불필요하다. 하지만 마음챙김하면서 자연 접촉하는 이들은 더 필요하다. 자연 보존에 있어서 북

"미스터리에 대해 대화하라! 자연에서의 삶에 대해 생각하라.
바위, 나무, 뺨을 스치는 바람! 단단한 지면! 실제 세계! 상식! 접촉! 접촉!"
– 헨리 데이비드 소로

아메리카의 가장 훌륭한 몇 가지 조치는 지역과 국가의 숲에서 개인적 경험을 쌓은 후 활동하려는 사람들 덕분에 가능했다. 1950년대처럼 국립공원 방문이 급증하면, 방문 기간에 자연과의 의미 있는 연결을 촉진하기 위해 적절히 관리하고 격려하고 교육하면서 우리가 할 수 있는 일을 다 해야 할 책임이 우리에게 있다. 그런 방문이 지역 녹지의 중요성을 의식적으로 인식하는 도약대가 된다는 점이 아주 중요하다. 실제로 그렇게 할 수 있다. 즉, 지역에서든 국가에서든 자연 접촉과 자연 보존 간의 적절한 균형을 유지하고 지지할 수 있다. '잔디밭에 들어가지 마시오'와 같은 관습적인 팻말을 세워 자연 접촉을 금하는 것은 답이 될 수 없다. 물론 소나무로 뒤덮인 이동전화 기지국 아래로 자주 소풍을 가거나 화면보호기를 잘 활용하는 것도 해결책이 아니다. 로버트 마이클 파일 박사가 말한 것처럼, "주변의 굴뚝새도 전혀 모르는 아동에게 남미에 서식하는 콘도르나 남극에 서식하는 알바트로스의 멸종이 무슨 의미가 있을까? 피상적인 자연 접촉으로는 피상적인 보존 방법이 나올 수밖에 없다." 약 150년 전인 1848년에 헨리 데이비드 소로는 다음과 같이 이를 좀 다르게 표현했다. "미스터리에 대해 대화하라! 자연에서의 삶에 대해 생각하라. 바위, 나무, 뺨을 스치는 바람! 단단한 지면! 실제 세계! 상식! 접촉! 접촉!"

아동이 인터넷에 많은 시간을 소모하고 있고 북아메리카에 있는 거의 대부분의 학교에서 인터넷 활용을 가르치기 때문에, 보존이나 생물의 다양성 문제에 대한 인식을 높이기 위해 인터넷을 활용하면 물리적 자연 단절을 보상할 수 있다고 추측할 수 있다. 하지만 지금까지는 썩 잘 되지 않았다. 아동에게 보존 관련 지식과 동물 보호에 대해 질문하던 연구자들은 구글의 내용이 아동의 뇌를 이국적인 동물(가령, 거대한 판다)

에 편향적인 뇌, 지역 생물의 다양성이라는 중요한 측면과 동떨어진 뇌로 만든다는 사실을 알게 되었다. 바로 뒤뜰과 정원에 존재하는 다양한 종(아동과 접촉해야 하는 종)을 보호하려는 인식과 의도가 없었다. 이는 아주 심각한데, 이유인즉 그 아동이 몇 대륙씩이나 떨어져 있는 이국적인 동물보다 지역의 생물 다양성에 훨씬 더 영향을 주기 때문이다. 학교 행정가들이 뒷짐 지고 앉아서 중요한 환경 교육을 인터넷에 맡겨버리면 안 된다. 2011년 〈플로스 원PLoS ONE〉에 실린 연구의 연구자들은 다음과 같은 결론을 내렸다. "우리의 연구는 아동을 스크린에서 떨어뜨려 밖으로 데려가라는 요구를 한 번 더 보탠 것뿐이다." 가상 자연이 자연을 보존하려는 태도에 어떤 효과가 있는지를 평가한 한 편의 연구에서는 상업 매체에서 선별해서 제시한 아주 멋진 자연 경관과 정말 아름답다고 찬사받는 장면(이국적인 거대한 판다와 같이 아름다운 장면)이 자기가 사는 지방의 자연 지역을 구입하고 보존하려는 마음을 줄인다는 사실을 보여주었다. 하지만 가상현실은 현실이 아니고, 사실상 초현실로 표현해야 한다. 바로 거기에 문제가 있다. 그 장면의 탁월함, 화려함, 아름다움이 극대화되어 거대한 판다와 루이즈 호수는 두드러지는 반면, 그와 대조적으로 다른 모든 것은 시시해 보인다. 지역이 뒷전이 아님에도 완전히 밀려나는 것이다.

여기에서 우리의 논점은 정신 건강에 미치는 가상 자연의 효율성에 있다기보다, 의도하지 않은 결과에 있다. 기술에는 항상 의도하지 않은 결과가 따르기 마련이다. 플라스틱 나무와 마찬가지로, 스크린 전자기기를 활용한 대리 자연으로 직접적인 환경 문제를 해결하기는 어렵다. 결국 전자기기는 에너지 소비재이고, 거기에는 채굴을 요하는 귀중한 부품이 들어간다. 스마트폰은 일반 폰보다 에너지를 3.5배나 더 소비한다. 물

실제의 자연은 가상 자연보다 긍정적인 기분, 깊은 반추, 효과적인 문제 해결력을 더 향상시키는 것으로 나타났다.

론 50억 대를 활용한다고 하더라도 휴대폰의 에너지 소비(연간 과외로 불과 몇 시간 운전하는 정도)는 대단치 않아 보인다. 하지만 전체 정보·통신기술의 지상 수신 범위는 믿기 힘들겠지만 전 세계를 항공으로 여행하는 것과 맞먹는다. 상황이 바뀌지 않는 한 전자기기에 필요한 에너지 소비량에 부응하려면 이후 15~20년 안에 핵발전소를 200개는 더 세워야 할 것으로 보인다.

가상 자연의 치료 효과는 의심할 여지가 없으며, 그 효과가 실제의 자연처럼 강력하진 않아도 각 자연 요소를 지지하는 과학적 증거는 존재한다. 확실히 앞에서 논의한 일부 연구에서는 사진이나 비디오로 자연 환경을 보자마자 스트레스가 감소되고 인지 기능이 향상된 것으로 나타났다. 우리는 자연광 박스, 던 시뮬레이터dawn simulator, 귀뚜라미 소리나 새소리가 나오는 음향 전자기기, 음이온 발생기, 향기 치료 장치가 약효 가능성이 있는 인공 자연의 몇 가지 예에 불과하다는 사실을 인정한다. 실제의 자연을 직접 체험하면 정신 에너지, 활력 및 회복이 훨씬 낫겠지만, 가상 숲에 있어도 스트레스가 감소하는 것으로 나타났다. 실제의 자연은 가상 자연보다 긍정적인 기분, 깊은 반추, 효과적인 문제 해결력을 더 향상시키는 것으로 나타났다.

2008년 〈환경심리학저널*Journal of Environmental Phychology*〉에 실린 한 편의 연구에서는 90명의 젊은 성인들을 세 집단으로 나눈 후 30분 동안 스트레스를 주는 일련의 복잡한 인지 과제를 풀게 했다. 세 집단 간에는 의미 있는 한 가지 환경 변인만 달랐다. 즉, 창문으로 자연을 볼 수 있는 집단, 동일한 창문을 통해 고화질의 평면 플라스마 벽걸이 TV로 자연 경관을 보는 집단, 창문이 없는 평벽을 보는 집단으로 나뉘었다. 조도는 세 집단에게 동일했다. 인지 과제 전후에 각 집단에게 5분씩 대기 시간을 주었고 그동안에는 아무것이나 볼 수 있었다. 실제의 자연 경관이 플라스마 스크린 상의 동일 경관보다 참여자의 주의를 더 오래 끌었고, 창밖으로 자연 경관을 본 집단이 플라스마 TV로 본 집단이나 창이 없는 평벽을 본 집단보다 생리적인 스트레스 지표의 회복력이 가장 컸다. 플라스마 TV는 창문이 없는 평벽보다 나았지만, 참여자와 자연 경관 사이에 얇은 유리 한 장만 있는 자연 경관만은 못하였다.

환경 문제와는 별도로, 기술을 통한 자연 도입은 우리(특히 젊어서)의 부정적 적응에 큰 영향을 준다. 젊은 세대가 플라스틱 자연이나 플라스마 자연을 보고 성장하면, 과거를 인식하지 못할 뿐만 아니라, 자연에서의 추억(자연 보존에서 스트레스 감소까지)이 없어 그 여파가 여러 가지로 나타날 수 있다. 더구나 사진의 이미지, 기계에서 나오는 음이온, 가습기에서 나오는 향기 등 인공 자연의 각 요소만으로도 그런 치료 효과가 있다면, 여러 세대 전에 잘 알고 있었던 자연의 광범위한 측면을 우리가 잃어버린 결과는 어떨까? 사실 더 젊은 세대들은 그 환경에 맞게 새로운 기저선 규준이 정해져 있을 뿐 '과거' 경험과의 비교를 통한 기저선이 없어서 '환경에 대한 세대 간 기억상실(워싱턴대학교의 기술, 자연, 인간의 상호작용 전문가인 피터 H. 칸Peter H. Kahn 박사가 말한 기억상실)'이 나타날 것이다. 결국 그런 세대에게는 가상 자연이 정상이 '되어버린다'. 그것이 우리에게 어느 정도 도움이 될 수도 있지만, 과거에 대한 인식 부족과 결합되어 환경 문제가 지닌 심각성을 엄폐하게 된다. 기술로 가상 자연을 도입할 수 있는 곳에 가상 자연을 도입하기 시작하면, 엄청난 결과가 초래될 것임을 고려해야 한다. 칸 연구팀은 이에 대해 다음과 같이 멋지게 표현하였다. "가령, 당신이 누군가에게 인간인 우리가 자연과의 완벽한 관계에서 놓치고 있는 것을 설명하려고 하면, 순진한 사람들은 당신을 멍하니 바라보며 '그런데 난 뭘 놓치고 있다는 생각이 전혀 안 드는데요' 하고 대답할 것이다. 사람들이 지구의 기후변화 등 환경 문제를 인식하더라도 막상 환경 문제를 잘 다루기는 힘들다. 그런데 환경 문제를 인식하지도 못한다면 환경 문제를 다루기는 훨씬 더 어려워질 것이다."

군대와 우주 프로그램의 도움을 받아 선의의 과학자들은 최신식 가상 자연 체험 프로그램을 개발하느라 애쓰고 있다. 틀림없이 소리, 향기, 날씨, 구름 등 자연의 모든 역동적 측면을 최대한 가깝게 모사하려는 그들의 노력은 성공할 것이다. 그들이 가상 자연 기술을 철저히 연구한다 할지라도, 다른 참신한 과학자들은 이 프로그램이 안고 있는 딜레마를 충분히 인식할 것이다. 물론 그 프로그램은 노인, 입원자, 외상자, 격리자(우주, 바다, 북극) 및 기타 특정 용도에 이상적일 것이다. 그러나 다른 한편으로는 그로 인해 환경 문제에 대한 사람들의 인식이 낮아지고 정작 야외에서 보내는 시간이나 자연과 연결되는 시간이 감소할 것이다. 연구에서 제시한 대로 극단적인 가상 자연 기기를 널리 활용하면 사회나 지구에 뜻하지 않은 많은 피해가 나타날 것이다.

여가와 자연 정체성

정신 건강 전문가들은 스트레스를 감소시키는 방법에 대한 질문을 받으면, 대부분 여가 시간을 활용하는 것과 관련된 해결책(대표적인 예로 운동)을 제시한다. 건강에 관한 한, 여가 시간은 여러모로 득실이 있다. 우리가 일, 공부, 가족으로서의 의무를 다한 후의 시간을 어떻게 사용할지가 중요한데, 미국정신의학협회에서는 1960년대에 '여가 시간과 여가 활

Zoom-in

뇌 건강에 중요한 생물의 다양성

1세기 전에 뉴욕의 정신과 의사인 앨버트 W. 페리스는 자연이 정신 치료에 주는 영향은 그 다양성 덕분이라고 주장했다. 그는 1916년 〈현대 병원*Modern Hospital*〉이라는 저널에서 사람들은 의식하지 못하는 환경 요소의 영향을 받는다고 말했다. 그는 병원과 요양원의 녹지에 대해 논의하면서 조경사들에게 다품종을 심고, 기존의 야생 특성(암석 노출지와 덩굴 등)을 유지하며, '획일성으로 인한 기형'을 피할 것을 강조했다. 최근 셰필드대학교의 리처드 A. 풀러Richard A. Fuller 교수 팀에서 수행한 15개 도시의 녹지 환경에 대한 연구에서는 식물과 새의 종이 많을수록 그 혜택이 많은 것으로 나타났다. 자연 환경이 정신 건강에 미치는 영향에 있어서 생물의 다양성이 중요한 변인이었던 것이다.

2011년 호주의 올버리에 있는 차알스스터트대학교의 연구자들은 이 결과를 확장하여 여러 변인을 통제한 후에도 대도시 근교의 웰빙이 종의 다양성, 새의 수, 분포 식물의 총수와 관련된다고 보고하였다. 물론 생물학적 다양성 부족이 정신 상태에 직접적인 문제를 야기한다는 결론을 내리기까지는 많은 연구가 선행되어야 한다. 하지만 이는 선천적으로 자연과 관련되었다는 이론에 신빙성을 더해주고 보존의 우선 순위를 제시하는 데 기여한다. 연구 결과에서는 국립공원이나 야생지처럼 도시와 교외에서도 식물과 동물의 생활 보존을 고려할 필요가 있다고 제시한다. 거대한 세콰이어와 거대한 판다가 당연히 관심을 받을 만하지만, 지역의 관록과 새, 심지어 곤충까지도 인간과 지구의 건강에 중요하다.

용 위원회'를 소집할 때 이미 이 사실을 인정하였다. 그 위원회의 위원장인 알렉산더 리드 마틴Alexander Reid Martin 박사는 의료인들이 여가가 부족한 사람들(적절한 여가 활용에 대한 진지한 안내가 필요한 사람들)에게 많은 관심을 가져야 한다고 결론지었다. 전인全人으로서 놀이, 경이, 경탄, 집중, 반성, 명상, 관찰, 경청, 이완이 가능한 마음 상태를 여가로 정의했다. 결국 그는 마음챙김을 말하고 있었던 것이다. 유휴 시간과 달리, 여가는 아주 중요하고 수면처럼 원기를 회복시켜야 한다. 마틴은 사람들이 사실상 마음챙김 속에서의 여가를 피하려 한다고 주장했다. 물론 그런 여가는 신체 건강에 일부 혜택을 준다. 하지만 적절한 마음 상태로 하지 않으면 기계적 행동에 불과하다. 마틴은 남용된 여가 시간에 대해 염려하면서, "여가를 즐기지 못하는 사람들에게서 유망한 미래를 본 적이 없다. 왜냐하면 그런 사람들은 삶과 자신에게서 소외되고 대리적으로 생활하며 감정이 없어서 상상력 없는 로봇처럼 살아가기 때문에 강박적으로 극단, 끔찍함, 기이함, 섬뜩함을 통한 과잉 자극을 추구한다"고 말했다.

여가 활동으로 폭력 비디오 게임이 인기가 있다면, 이제 마틴의 미래 세계가 우리에게 근접해 있다고 주장할 만하다. 2009년 〈사이코소메틱 메디신Psychosomatic Medicine〉에 실린 최근의 연구에서는 사교, 혼자만의 평온한 시간, 자연과의 소통, 스포츠나 클럽 활동, 지인 방문 등에 보내는 총 여가 시간이 긍정적 기분 및 낮은 코르티솔 수준과 관련된 것으로 나타났다. 최근 다른 두 편의 연구에서는 여가를 통한 건강 촉진제의 정반대 편에 스크린이 있다는 사실을 명백히 증명했다. 특히 연구자들은 신체 활동 및 신체 기능과 별도로 여가 시간 동안 아동과 성인이 스크린을 활용하면 정신적 웰빙이 낮아지고 심리적 고통이 높아진다는 사실을 발견했다.

놀이, 경이, 경탄, 집중, 반성, 명상, 관찰, 경청, 이완이 가능한 마음 상태,
즉 마음챙김 속에서의 여가는 몸을 건강하게 한다.

Zoom-in

마음챙김 요소를 가미한 초강력 비타민 G

사이버 공간은 대단히 주의가 산만한 공간이다.
하이커를 따라 야생지로 들어간 다음, 거기에서 주의가
흩어져 버린다. 사이버 공간은 생명수처럼 현실의 틈새에 유용하게 살짝
스며들지만 결국 기르기로 한 것을 약화시키고 만다.
— 앨버트 보르그만Albert Borgmann 교수

마음챙김이란 자신이 이 순간 경험하는 것에 주의 집중하는 수련으로, 미래의 걱정이나 과거의 경험에 흔들리지 않고 여기 이 순간에 존재한다. 마음챙김은 판단을 멈추고 스트레스 반응을 야기하는 생각을 놓아버린다. 개인적인 판단을 피하는 관찰은 수용, 자기 반성, 문제 해결 능력(피하지 않기)을 촉진한다. 마음챙김은 자연과의 연결을 촉진하는데, 자연과의 연결은 환경에 대한 피상적 관심에서 좀 더 깊이 들어갈 때 결정적인 요인이다. 피부과 의사이자 펜실베이니아 대학교의 교수인 존 H. 스톡스John H. Stokes는 1942년의 교재에서 의대생들과 환자들에게 다음과 같이 조언했다. "자신을 자신 밖으로 데려갈 무언가에 주의 집중해야 한다. 그래서 야외를 걷고, 바람, 구름, 잔디와 나무, 혹시 시내라면 주변의 생물체를 주시하는 것이 좋다." 이는 초강력 비타민 G로, 잎의 세세한 부분, 나무 껍질, 곤충의 활동, 물의 흐름을 집중해서 인식하는 것이다.

마음챙김은 결코 새로운 용어가 아니고 수세기 동안 여러 전통 속에서 그 가치를 논의해왔으나, 최근에야 과학 공동체에서 건강을 증진시키는 마음챙김의 가능성이 주목받게 되었다. 가령, 2011년에 발표된 캐나다의 연

구는 450명 이상의 대학생들을 대상으로 자연과의 연결과 심리적 웰빙이 밀접하게 관련된다는 사실을 검증했다. 마음챙김이 전반적인 정신 건강에 주는 이점에 대한 연구들이 아주 큰 영향을 주고 있다. 마음챙김은 우리의 인지 상태에서 부정적 사고를 없앤다는 장점이 있다. 녹지와 그 주변에 그저 존재하는 비타민 G가 긍정적 사고를 촉진할 수 있다. 비타민 G에 마음챙김을 결합한 결과(마음챙김하는 녹지 체험을 통해 부정성을 없애고 긍정성을 최대화하는 결합)는 부분의 합 그 이상이다. 결국 3배나 강화된 비타민 G라 할 수 있는 녹지에서의 마음챙김 수련을 시도해보자.

소량의 비타민 G만으로도 여가 문제에 대한 해결책을 찾을 수 있다. 지속 가능한 지구에서 비타민 G가 뇌에 주는 혜택을 높이고 진심으로 녹색을 보살피도록 사람들을 격려하려면, 여가 중에 어느 정도 자연과 공감해야 한다. 우리가 꼭 차세대의 존 뮤어, 헨리 데이비드 소로, 길린 더글러스Gilean Douglas가 될 필요는 없다. 하지만 우리가 스크린에서 조금이나마 벗어나 자연에 몰입하고 지구와 연결될 수 있다면, 우리 모두와 지구에 많은 혜택이 주어질 것이다.

2009년 〈건강심리학저널*Journal of Health Psychology*〉에 실린 한 연구에서는 약 550명의 도시 남녀를 대상으로 자연과의 연결 척도를 살펴본 결과 전반적인 심리적 웰빙, 활력, 특히 유의미함과 높은 점수가 관련된 것으로 나타났다. 유의미함 척도에서 높은 점수를 받은 이들은 자신이 목적 의식이 있고 자아실현을 하고 있으며 만족스런 삶을 살아간다고 인식했고 사회적 고립을 느끼지 않았다. 유의미함은 '사회 매체'와의 연결 지표가 아니라, '사회'와의 연결 지표이다. 한 개인이 자연과 연결됨을 느낄수록, 자신 이외의 좀 더 광범위한 무언가에 의미 있게 참여한다는 느낌이 커질 것이다.

자연과의 연결과 정신 건강과의 관계를 연구하는 캐나다의 심리학자 엘리자베스 K. 니스벳Elizabeth K. Nisbet은 연구 대상 전반에서 자연과의 연결과 개인의 웰빙 간의 관계가 높았다고 보고했다. 민간기업 간부, 고위직 공무원에서 대학생에 이르기까지 긍정적인 관계가 뚜렷했다. 또한 2011년 〈심리과학Psychological Science〉에는 니스벳을 비롯한 칼튼대학교 연구팀의 연구 결과가 실렸는데, 자연 접촉이 긍정적 기분을 촉진하고 나아가 자연과의 유대를 촉진하는 것으로 나타났다. 연구자들은 자원자들을 모집할 때 그들이 자원자의 인성과 캠퍼스 지역에 대한 인상을 조사하는 연구에 참여한다고 믿도록 했다. 하지만 실제로는 캠퍼스와 그 주변의 특정 지역으로 가는 다양한 길을 걷게 한 다음의 심리적 효과를 평가했다. 한 집단은 건물과 터널을 지나고 다른 집단은 녹지가 있는 야외를 지났다. 기대한 대로 녹지를 겨우 15분간 걸었음에도 정신 상태가 긍정적으로 변하였다. 생태 치료 전문가들이 오랫동안 관심을 가져왔던 더 중요한 발견은, 길이 다르면 기분이 다를 것이라는 사실을 피험자들이 미리 예측하지 못했다는 점이다. 도시의 자연이 주는 혜택에 대한 예측 부족은 실제로 녹지 회피를 설명하는 요인이다. 자연과의 연결 감소로 우리가 그 혜택을 잘 모를지라도 낙관할 만한 이유가 있다. 즉, 결정적으로 연구자들이 자연에서의 산책이 기분을 촉진하고 자연 접촉을 통한 기분 향상이 자연과의 연결을 높인다는 사실을 제시한 것이다. 이는 약간의 자연 정체성만을 유발시켜도 유지될 수 있는 '행복한 사람과 행복한 지구의 순환cycle'이다. 한 개인은 다양한 정체성을 가질 수 있고 이

Zoom-in

당신은 자연과 연결되어 있는가?

연구자들은 자연과의 연결 정도를 평가하기 위해 다양한 심리 검사를 활용하고 있다. 가령, '자연과의 유대 척도Connectedness to Nature Scale', '자연 관련성 척도Nature Relatedness Scale', '자연과의 연결성 척도Connectivity to Nature Scale'가 있다. 이들 척도는 대개 다음과 같은 문항과의 일치 정도를 중심으로 가중치를 둔다.

- 나는 자연과 하나됨을 느낀다.
- 나는 야외 활동을 즐긴다.
- 나는 자연계의 요소와 개인적 유대를 느낀다.
- 자연과 나의 관계는 내 정체성의 중요한 부분이다.
- 동물, 식물, 지구와의 연결이 내 생활 양식에 영향을 준다.
- 나의 웰빙은 자연계의 웰빙과 연결된다.
- 나의 행동이 자연계의 건강에 영향을 줄 수 있다.
- 자신과 자연은 지속적인 순환의 일부이다.
- 식물과 야생동물을 보호해야 한다.
- 나는 가끔 자연을 찾아 야외로 나간다.
- 나는 한적한 곳에서 여가를 즐긴다.

연구자들은 그런 문항과의 일치도가 환경에 대한 관심과 환경 보호 행위를 예측할 수 있다고 밝혔다.

는 세월이 흐르면서 달라질 수 있지만, 개인이 정체성에 부여하는 가치는 건강에 큰 영향을 미칠 수 있다. 가령, 자신을 건강하다고 생각하는 성인은 식품의 영양학적 특성에 대한 정보를 더 많이 찾고 과일과 채소를 더 섭취하며 자녀들의 건강한 식습관을 촉진할 것이다. 사람들은 자연이 주는 심리적 혜택을 좀 더 인식할 필요가 있다. 이 과정에서 교육과 비타민 G 처방이 도움이 될 수 있다. 자연 정체성과 보존·친환경적 태도가 정적 관계라면, 니스벳과 그의 동료인 존 젤렌스키 박사가 제안한 대로 주변의 자연을 체험하는 것만으로도 지속 가능성에 이르는 행복한 통로를 열 수 있다.

자연의 치유력과 미래 도시

나는 지식 애호가이고 아테네에서 인간으로부터 배울 수 있다.
하지만 들과 나무는 나에게 아무것도 가르칠 수 없다.

– 소크라테스, 파이드로스에서, B.C. 360

도시는 열망, 교육, 예술, 상업, 문화, 건축, 기술, 응집력이 넘치는 경이로운 허브다. 확실히 인간은 사회적 동물이므로, 도시 중심지가 성장하고 번성하는 것은 결코 이상한 일이 아니다. 이후 몇십 년 내에 시골이 도시로 다 바뀌어 북아메리카인의 90%와 전 세계 거주자의 70%가 도시인이 될 것이다. 하지만 이렇게 불가피한 추세를 보면 몇 가지 걱정이 앞선다. 시골의 성장과 달리, 도시 인구의 증가는 삼림의 파괴를 유도하고 영양소가 부족한 가공육과 기타 가공 식품 소비를 높이기 때문이다. 도시 입장에서는 원거리에서 물건을 운송하면 확실히 비효율적이기 때문에 도시인의 편의를 위한 가공 식품은 소위 도시의 효율성을 높이기 위한 방안의 일부이다. 물론 도시는 붐빌 뿐만 아니라, 사색하고 정신을 회복할 녹지 공간이 부족하다는 우려도 있다. 이 책에서 논의된 연구들은 녹지를 조성하기 위해 열심히 노력하려는 공무원, 도시 계획자, 의료인들의 생각에 영감을 줄 것이다. 특히 도시의 생물 다양성이 정신 건강에 긍정적인 효과를 미친다는 것과 도시 녹지를 잠깐만 접해도 자연과의 연결에 영향을 줄 수 있다는 최근의 연구 결과를 진지하게 고려할 필요가 있다. 하지만 우리는 그렇게 될 것이라고 장담할 수 없다. 사실 2011년 9월 〈사이언티픽 아메리칸Scientific American〉에서는 전체 호를 '더 나은 도시의 밝은 미래'에 할애했으나, 정신 건강과 사회 정의를 위해 도시 녹지와 숲이 중요하다는 사실을 전혀 언급하지 않았다. 이는 우리가 꼭 해야 할 일이 있음을 잘 보여준다. 종합해볼 때 우리는 우리가 뽑은 공무원, 도시 계획자, 의료인들이 공중 위생에 비타민 G 결핍이 어떠한 영향을 미치는지 이해하도록 촉구해야 한다. 소크라테스에게는 미안하지만, 도시가 아무리 멋지고 경외감이 있을지라도 그들은 들과 나무가 우리에게 많은 것을 가르쳐준다는 사실을 알아야 한다.

공원과 녹지 접근성은 사회경제적 건강 불평등의 격차를 줄여준다. 사회경제적으로 어려운 대도시 학교는 주변에 숲이 없다. 오히려 그런 학교는 산업 지역, 편의점, 많은 패스트푸드점 등 소위 회색지대에 둘러싸여 있는데, 이는 부유한 지역의 5.5배 이상에 해당된다. 녹지가 가장 필요한 학령기 아동의 식판에 녹색 영양이 없고, 아이들은 녹색 경관도 보지 못한다. 도시에는 신체 활동을 촉진하는 공원과 녹지가 필요하다. 또한 J. 아서 톰슨 교수가 말한 대로 모든 시민은 경제적 지위와 무관하게 자연의 치유력을 활용할 자격이 있고 자연으로 마음을 보살펴야 한다. 결국 자연의 치유력을 개인이 긍정적으로 인식할 때에야 비로소 자연 보존과 지속 가능성에 관한 대중의 지지를 전폭적으로 얻을 수 있을 것이다. 그러나 자연의 치유력을 부정적으로 인식할 때에는 시민들이 무력감을 느끼고 환경 보호를 포기할 것이다.

2020년 무렵에는 정신 장애, 특히 우울증이 의료 서비스의 관심을 압도할 것으로 예측되는데, 도시는 결코 우울증의 만병통치약이 아니다. 우울증, 불안, 정신분열증은 시골 사람들보다 도시 사람들에게서 훨씬 많은 것으로 보고되고 있다. 이것이 문제의 핵심이자, 이 책을 쓴 이유이기도 하다. 정신이 건강해야 비로소 건강할 수 있다. 자연과 뇌 건강의 관계에 대해 이 책에서 다루었던 모든 논의는 "정신 건강 없이는 건강도 없다"는 말로 요약될 수 있다. 그 말이 세계건강기구와 영국왕립의과대학 정신과의 공식적 요지이긴 하지만, 그렇다고 해서 슬로건만은 아니다. 긍정적인 정신 건강은 현대의 의료 서비스 문제에 대한 대부분의 논의에서 상당히 근원적인 문제에 속한다. 정신 장애는 전염성이든 비전염성이든 무수한 질병 발생률에 영향을 미친다. 우울과 불안은 기존의 질병에 끼어들어 상황을 악화시킬 뿐만 아니라, 도움을 구하거나 건강한 생활 습관을 따르는 것을 방해한다. 불안과 우울은 인체의 노화를 가속화한다. 우울증은 자살률뿐 아니라 기타 조기 치사율도 높이는 것으로 나타났다.

기술(적어도 최근 오락을 더 끌리게 하는 스크린, 전자기기, 애플리케이션으로 새롭게 정의되는 기술)은 정신 장애의 흐름을 늦추는 데 도움이 안 된다. 도시의 라떼 가게를 더 이용한다고 해서 정신 건강 위기라는 대세를 막지 못했고, 앞으로도 마찬가지일 것이다. 우리는 예방적인 형태의 근원적인 해결책이 필요하고, 비타민 G 자체가 정신 질환을 예방하는 영

자연의 치유력을 개인이 긍정적으로 인식할 때에야
비로소 자연 보존과 지속 가능성에 관한 대중의 지지를 전폭적으로 얻을 것이다.

양소로 입증되고 있다. 늘어나는 우울 환자, 자연 소외자, 불안 환자(미래에는 훨씬 더 많겠지만)에게 조제한 영약을 배달하려고 지금 다 준비된 세미트레일러의 운전석에 올라가는 트럭 운전사가 있다고 생각해보자. 그가 고연비의 대형 트럭으로 미래의 도시에 아무리 많은 프로작을 운반해도 사실 별 도움이 안 된다! 미래학자들은 곳곳에 배치된 더 많은 스크린과 바코드 스캐너, 바로 준비되어 먹을 수 있는 패스트푸드, 소위 사이버 연결의 꾸준한 효율성 증가에 힘입어 테마공원 등 기술 진보로 가득 찬 더 좋고 더 유망한 도시를 마음껏 꿈꾼다. 하지만 지구와의 연결, 현대의 자연 단절, 정신 건강, 나아가 이들과 실제적인 생활 녹지 공간의 관계를 무시하는 기술관료적 낙관주의는 플라스틱 수지로 된 바위에 부딪혀 박살날 것이다.

블로그에서 나와 대기 속으로

유독성 정보에 대한 존 뮤어의 견해가 어떤지는 확실히 말할 수 없지만, 그는 분명히 많은 말보다 행동을 선호하는 것 같다. "아무리 많은 말을 해도 결코 한 사람이 이렇게 많은 것을 다 알 수 없다." 적절하게 인식하고 주의 깊게 계획하면 낙관적일 수 있다. 여러 가지를 충분히 살펴보고 이 책을 덮을 무렵에는 낙관주의자가 늘어날 것이다. 스크린과 유독성 정보의 강력한 유혹이 여전히 강력한 역류로 남아 있지만, 과학 연구에서는 스크린 과부하와 자연 소외라는 두 가지 문제를 조명하기 시작했다. 최근 과도한 스크린 시간과 치료제로서의 자연, 그리고 이 두 가지가 지닌 시사점에 대해 흥미로운 몇몇 연구가 발표되었다. 의식 있는 정책

Zoom-in

자연을 위해 자연에서 하는 자원봉사의 혜택

정신 건강 전문가들은 가끔 스트레스를 줄이는 동시에 스크린 앞에 붙어 있으려는 유혹을 벗어날 방법으로 자원봉사를 권한다. 모든 자원봉사가 똑같이 유익한지는 잘 모르겠지만, 우리는 환경을 위한 자원봉사가 긍정적인 신체 건강 및 정신 건강과 관련된다는 사실을 알고 있다. 자연 환경을 보호하는 자원봉사에 실제로 참여하면 비타민 G를 섭취할 수 있고 강한 자연 정체성이 촉진되며 사회적 네트워크가 넓어진다. 2011년 〈환경심리학 저널*Journal of environmental Psychology*〉에 실린 한 연구에서는 자연 속에 있으면 잘 알려진 신체 활동과 사회적 상호작용 등의 이점 외에 활력을 촉진하는 것으로 나타났다.

입안자, 계획자, 의료인들이 적절한 신호 체계를 마련할 수 있을 것이다. 기술에 빠져 허우적대는 동안 역류에 주의하자. 또한 우리는 꼭 필요한 구명 기구를 비타민 G 형태로 제공할 수 있다. 여러 의학 분야에서 수행된 흥미로운 다양한 연구에 힘입어, 우리가 비타민 G에 대한 과학적 인식이 고조되는, 변화의 한가운데에 있기를 바란다. 자연과 인간의 관계에 참여한 몇몇 과학자들의 각 연구들이 이제는 널리 확대되어 현장에 있는 의료인들의 집단적인 관심사가 되었다. 의료인, 계획자, 정치가를 바꾸려면 소로의 말만으로는 부족하다. 그것은 우리가 과학의 시대에 살고 있기 때문이다. 우리는 자연이 곧 치유력이라는 과학적 증거를 제시해야 하는데, 실제로 그런 일이 일어나고 있다. 이제 효과적인 활용 방법과 결핍의 영향을 탐색한 많은 연구를 통해, 비타민 G에 대한 과학적 평가는 그 고비를 넘긴 것으로 보인다.

우리의 낙관주의는 팽창하는 도시의 미래에도 적용된다. 옥상의 나무와 식물을 더 활용하면 보기도 좋고 생물의 다양성이 촉진되며 환경적 이점도 있을 것이다. 공동체 정원은 지구와의 연결을 유지하는 아주 중요한 방법이고, 지속적인 성장 추세를 보일 만반의 준비가 되어 있다. 하지만 옥상 정원과 공동체 정원이 산책할 수 있는 공원은 아니다. 더 좋은 진녹색 도시를 만들려면, 생물의 다양성이 풍부하고 식물이 울창한 공원이 필요하다. 더 많은 곳에 더 많은 나무를 심고 도시의 숲과 국립공원을 개발한다면, 창의성을 촉진하고 시민의 웰빙에 긍정적 영향을 주는 도시가 될 것이다. 지구 상에서 가장 행복한 도시는 두툼한 그린벨트가 있는 도시라는 말은 결코 우연이 아니다. 국립공원이 '아메리카의 최고 아이디어'라는 말을 들어왔는데, 이제 우리는 시내의 도시 숲, 그린벨트, 핵심 녹지를 확대하는 것이 북아메리카의 '더 좋은 아이디어'가 될 날을 그려본다.

1968년 서던캘리포니아 대학교 의과대학의 정신과 학과장이었던 에드워드 스테인브룩Edward Stainbrook은 다음과 같이 말했다.

> 위안을 주는 영속적인 지구를 자주 인식하고 접촉하는 것만으로도 심리적 안정을 찾는 데 상당히 도움이 된다. …… 그것은 인간이 자신감 있고 확신에 차고, 기쁨에 넘쳐 자신의 본성과 우리가 알고 있는 것의 더 위대한 본성을 다음과 같은 세계로 바라볼 때에야 비로소 가능하다.

즉, 인간이 자신의 운명을 안내하는 선구자로서 기량을 발휘하는 세계 말이다. 그곳은 서서히 진화하는 자연의 변화로 인해 인간이 다다른 곳이다. 우리는 지구를 딛고 있는 발로 자연과 동행할 수 있다. 그렇지 않으면 점증하는 플라스틱과 합성수지로 인한 극단적 위기에도 불구하고 우리는 물질주의와 기술을 부추기는 선동자를 따르는 형국이 될 것이다.

오늘날의 기술 관료적인 계획자들이 처음부터 뉴욕 시나 밴쿠버를 계획한다면 그들이 그렇게 값비싼 땅에 센트럴파크와 스탠리파크를 만들까, 하는 궁금증이 생긴다. 우리는 그들이 그렇게 하기를 바란다. 기회가 또 오는 일은 드물고, 그간의 경험에 비추어보면 녹지를 고려하지 않은 도시 계획을 무효화하려면 자연을 의식하는 시민과 환경보호 단체의 엄청난 노력이 필요하다. 사실 우리와 마찬가지로, 스테인브룩은 도시 녹지(인간의 역사상 이 시점에서 아주 중요한)를 통해 지구와의 연결 조건에 일부라도 부응하면 도시 확장과 더불어 인간이 번영할 것이라는 낙관적 견해를 취했다. 이제는 앞에서 인용한 스테인브룩의 이야기와 함께 다음과 같은 질문을 던지며 이 책을 마무리하기로 하겠다.

당신은 오늘 비타민 G를 섭취했는가?

옮긴이의 말

나의 고향은 노령산맥 아랫자락에 자리한 산골 마을이다. 난 산나물을 캐고 나무를 하며 칡, 찔레, 야생 과일을 찾아다녔다. 때로는 풀을 뽑고 새참을 나르며 토종 과일, 봄나물, 우렁을 찾아 산 아래의 작은 논밭을 누볐다. 논밭 사이에는 온갖 재미거리를 담은 작은 개울이 숨어 있었다. 덤불에 가린 개울의 가재, 다슬기, 송사리는 나의 소중한 친구였다. 여름날 저녁에는 모닥불을 피우고 멍석에 앉아 낮에 잡은 다슬기를 핀으로 빼 먹으며 더위를 식히곤 했다. 별이 쏟아지는 새벽녘의 밤하늘은 나를 신비한 상상의 세계로 이끌었다.

이 책을 읽으며 문득 회상해본 나의 어린 시절이다. 자연과 나는 '따로'가 아니라, '하나'였다. 그 당시 나는 자연을 벗어난 나를 감히 상상할 수도 없었다. 이제 나는 대도시에서 생활하며 이 거대한 도시와 하나가 되었다. 전형적인 촌사람에서 현대적인 도시인으로 변신한 것이다. 얼핏 보기엔 엄청난 발전이다. 그런데 과연 그럴까?

이 책은 이 질문에 대한 답을 명쾌하게 제시해준다. 물론 오래전부터 소설가, 작가, 낭만주의자들은 자연을 찬미해왔다. 그러나 과학적 근거를 추구하는 학계에서는 이들의 찬미를 사이비과학인 양 폄하해왔다. 하지만 이제는 학계에서도 선구자들의 찬미를 적극 지지하는 파격적인 연구 결과들을 제시하고 있다. 그중 두 가지만 꼽아보면, 우선 거시적으로 자연 경관은 인지 피로를 줄이고 스트레스 호르몬인 코르티솔의 수치를 낮추며 편도체를 안정시켜 우리에게 평화를 준다. 그 다음 미시적으로 음이온, 향기, 자연광, 피톤치드, 음식, 물, 흙은 코르티솔을 낮추고 전반적인 정신 건강에 유익하다. 편의상 이렇게 간략하게 자연이 주는 혜택을 제시했지만, 사실 자연의 혜택을 일일이 다 제시하는 것 자체가 불가능할 것 같다. 그래서 이 책에 소개된 과학계의 연구 결과들을 보면, '자연이야말로 신이 내린 축복이구나' 하는 생각을 잠시도 놓을 수 없다.

현대의 도시인들은 시멘트 벽, 매연, 양이온, 과잉 정보, 가공 식품, 스트레스에 시종 노출되어 자연 소외를 겪고 있다. 결국 우리의 몸과 뇌를 다각도로 혹사하는 셈이다. 그렇게 몸과 뇌를 혹사한 결과가 최근 들어 연일 언론에 등장하고 있다. 현대인을 위협하는 각종 신체 질환, 폭력, 우울증, 분노 조절 장애, 불안 장애 등이 급증해서다.

다행히 일각에서는 자연 체험을 지지하는 움직임이 보이고 도시인의 오아시스인 도시 숲이나 공원을 조성하는 움직임도 활발한 추세이다. 하지만 많은 이들은 여전히 학업이나 업무를 수행하는 내내 자연 소외에 내몰리고 있다. 심지어 여가 시간에도 많은 이들이 텔레비전이나 스마트폰 등 과잉 정보에 노출되어 인지 피로에 시달리고 있다. 급기야 요즘에는 스마트폰이 이불 속까지 점령해서 과잉 정보, 인공광, 전자파로 우리를 위협하고 있다.

우리가 앞으로도 계속 이렇게 인공 경관 속에서 가공 식품에 맛들여지고 양이온에 노출되어 과잉 정보를 처리한다면 우리의 몸과 뇌는 탈진될 수밖에 없다. 더구나 어린 시절에 자연 접촉이 적으면 심리적 스트레스에 대한 보호막과 인지 회복의 기회가 없다는 연구 결과도 있다. 이처럼 엄연한 연구 결과에도 불구하고 현대인은 여전히 몸과 뇌를 극도로 혹사하는 동시에 자연 소외를 가속화하여 자연이 주는 축복을 외면하고 있다. 그나마 성인들은 의식적으로 느끼진 못했으나 자연 몰입을 맛보던 추억이 있어 자연 소외를 극복하기가 용이하다. 하지만 어린아이들의 경우, 자연에 대한 추억마저 없어 자칫 자연 소외가 자연 박탈로 치달을 수 있다. 이제는 노소를 막론하고 몸과 뇌를 회복할 특단의 조치가 필요한데, 그것은 바로 자연 몰입이다.

자연 몰입은 오랜 진화사 동안 우리 인간에게 내재화되어 우리의 몸과 뇌를 오늘에 이르기까지 건재하게 지켜왔다. 결국 자연 몰입이야말로 우리 인간의 몸과 뇌가 최적화될 수 있는 요람이었던 셈이다. 하지만 오랫동안 자연 몰입에 익숙했던 인간이 현대에 이르러 갑작스레 자연 소외에 직면함에 따라 각종 스트레스 장애와 정신 장애를 겪고 있다. 이런 문제로부터 자유로워지려면, 자연 몰입을 생활화해야 한다. 아울러 진정한 자연 몰입을 위해서는 자연과의 단순한 동행同行이 아니라, 동행同幸하는 방법을 찾아야 한다. 우선 자연 식품을 즐기고 이불 속까지 들어온 스마트폰을 끄고 집 안에 화초를 들이며 간단한 먹거리를 재배하는 것부터 시작하자. 그리고 주변 녹지를 마음껏 누린 다음, 숲과 해안으로 가자.

김유미

도판의 출처

약칭 fl – www.flickr.com/photos

1장

15쪽 Rites of Spring : Trees Budding ©versageek(fl/versageek)
23쪽 Sakura Cherry blossom Fukuoka ©zaimoku_woodpile(fl/11250735@N07)
28쪽 Sanzen–in ©kimubert(fl/52147872@N00)
31쪽 13756882 ©www.shareimage.com
39쪽 13849125 ©www.shareimage.com
41쪽 _DSC8043.jpg ©Nishimura Mikiya (fl/mikiya_shagaa)
43쪽 14267271 ©www.shareimage.com

2장

51쪽 HTC HD7 15©Osman Kalkavan(fl/23455580@N03)
53쪽 Beach Palm Trees Riviera Maya ©Grand Velas Riviera Maya(fl/33887484@N08)
61쪽 Child with Apple iPad©Intel Free Press(fl/54450095@N05)
63쪽 iPhone – In Hand ©William Hook(fl/83542829@N00)
67쪽 TV hell ©Paul Stevenson(fl/53496815@N00)
72쪽 Early–Morning Hike (1) ©Nicholas A. Tonelli(fl/nicholas_t)
75쪽 위 30311113 ©www.shareimage.com
75쪽 아래 Fresh herbs on my balcony ©Suzette(fl/suzettesuzette)
76쪽 Walden Pond ©Jeremy T. Hetzel (fl/jthetzel)
77쪽 DSCN9458©MM DecArch(fl/mm_decarch)

3장

87쪽 위 Lake Wood, Uckfield–Water Lilies and Reflection ©Dominic Alves(fl/64097751@N00)
87쪽 아래 Ladybird ©William Warby(fl/wwarby)
89쪽 Broken Trees ©2Tales(fl/stigster)
95쪽 Summer©Ryan Hyde(fl/36655009@N05)
98쪽 Morse code plant ©Quinn Dombrowski(fl/quinnanya)
101쪽 flowers–1150128c ©peter(fl/el_cajon_yacht_club)
105쪽 Take a Hike ©Chris Leung(fl/9051339@N05)

4장

111쪽 Spring Forest ©Gunnar Grimnes(fl/82775126@N00)
115쪽 위 Daisies ©Kelly Sikkema(fl/95072945@N05)
115쪽 아래 Ghost Pepper Plant ©Eli Christman(fl/51625243@N06)
117쪽 Sunshine–through–Tall–Reeds–__74405 ©Emilian Robert Vicol(fl/free–stock)
123쪽 Early a.m. beams of light – take two ©Beth Scupham(fl/22519875@N08)
125쪽 LED–Taschenlampe ©Last Hero(fl/25005243@N04)
128쪽 light–green–trees ©Jill Kemerer(fl/jillkemerer)
131쪽 Airplane Window © contraption(fl/88531234@N00)
133쪽 14385302 ©www.shareimage.com
137쪽 Sun and Orb ©OC Always(fl/47246800@N03)
138쪽 위 PULA–PULA (Basileuterus culicivorus) ©Dario Sanches(fl/dariosanches)
138쪽 아래 Your foot ©Katie Brady(fl/62223337@N00)

5장

145쪽 Nintendo Wii ©Rob Fahey(fl/35341360@N00)
149쪽 위 Iron Horse Bicycle Race Durango Women 12 ©Ethan Lofton(fl/eleaf)
149쪽 아래 Hike ©Loren Kerns(fl/lorenkerns)
153쪽 Henley jogs ©markheybo(fl/cybercafe)
155쪽 Tree climbing ©Jeff Kramer(fl/jeffk)
161쪽 summer is here!!©amira_

a(fl/46646401@N06)
165쪽 Walks of life ©Bahador(fl/bahadorjn)

6장

171쪽 Lucy among the fallen leaves(Netham Park) ©Andrew Bennett(fl/bluesky4691)
177쪽 cute cat wiskers ©www.freeimageslive.co.uk
182쪽 Squirrel! ©flamouroux(fl/23909906@N05)
185쪽 Aquarium de Barcelona ©Emilio J. Rodríguez–Posada(fl/emijrp)
189쪽 Mary's dog Mimi ©Mike Baird(fl/72825507@N00)
191쪽 The watching dog © aivas14(fl/66930454@N04)
195쪽 bee on sunflower(crop) ©John Lodder(fl/jlodder)

7장

203쪽 Autumn at Heidi ©macinate(fl/16971123@N05)
208쪽 Autumn Garden ©John5199(fl/62787780@N06)
211쪽 Summer Garden, Munstead Wood ©Sarah(fl/sarahgardenvisit)
213쪽 My Organic Garden ©Bukowsky18(fl/24917549@N04)
215쪽 Tomatoes hanging overhead ©sylvar(fl/44124401501@N01)
221쪽 Nagasaki Autumn Leaf ©Marufish(fl/8819274@N04)
223쪽 Autumn still life ©Gisle Hannemyr(fl/66932077@N00)
226쪽 autumn color © muffinman71xx(fl/23220337@N06)
229쪽 cattails ©liz west(fl/53133240@N00)

8장

238쪽 Reward for work : Blueberries ©@rsseattle(fl//95869159@N02)
245쪽 Asian Persimmons ©Carly Lesser & Art Drauglis(fl/60509459@N00)
249쪽 Alien fish oil ©rjp(fl/12708857@N00)
251쪽 pumpkin ©www.shareimage.com
253쪽 fruit ©plumandjello(fl/65003002@N00)
257쪽 Large Chips – Zest Wraps QV AUD4 Camera 360 ©Alpha(fl/avlxyz)
259쪽 ©www.shareimage.com
265쪽 chinook salmon©Pacific Southwest Region(fl/usfws_pacificsw)
266쪽 Rice ©Jiří 伊日(fl/92903415@N05)

9장

277쪽 Astana #013 ©Liz Jones(fl/41881001@N05)
279쪽 위 winter's tears ©Katrina DeFrancesco(fl/49662217@N07)
279쪽 아래 Snow Coat ©Lukas Kästner(fl/26672996@N07)
284쪽 sea spray ©Susan L.(fl/44351311@N04)
287쪽 위 Canada Geese V Formation on Foot ©Ted(fl/frted)
287쪽 아래 Trotting Canada Geese ©Ted(fl/frted)
291쪽 Sanderling birds were lined up at water's edge ©Mike Baird(fl/72825507@N00)
293쪽 위 _MG_2246_7_8Enhancera ©mark byzewski(fl/33499543@N08)
293쪽 아래 _MG_2222_3_4Enhancera ©mark byzewski(fl/33499543@N08)
294쪽 Flower Study 2 ©Willie Strausser(fl/61033555@N03)
297쪽 Ella the Snow Dog ©John Talbot(fl/laserstars)
301쪽 Bluebell Flower Buds ©Dominic Alves(fl/64097751@N00)
303쪽 Seedling Planting ©USFS Region 5(fl/usfsregion5)

찾아보기

ㅈ

자연 몰입

초판 발행 2014년 9월 22일

지은이 에바 셀허브, 앨런 로건
옮긴이 김유미
펴낸이 김정순
책임편집 허영수 김소희
디자인 이혜령
마케팅 김보미 임정진 전선경

펴낸곳 (주)북하우스 퍼블리셔스
출판등록 1997년 9월 23일 제406-2003-055호
주소 121-840 서울시 마포구 양화로 12길 24(서교동 선진빌딩) 6층

전자우편 henamu@hotmail.com
홈페이지 www.bookhouse.co.kr
전화번호 02-3144-3123
팩스 02-3144-3121

ISBN 978-89-5605-759-0 03100

이 도서의 국립중앙도서관 출판시도서목록(CIP)은 서지정보유통지원시스템
홈페이지(http://seoji.nl.go.kr)와 국가자료공동목록시스템(http://www.nl.go.kr/kolisnet)에서
이용하실 수 있습니다.(CIP제어번호: CIP2014025582)